Michael P. Veit

Unterwegs nach Schonda

John Nelson Darbys Auslegungen
des Kolosserbriefes,
übersetzt und kommentiert von Michael Veit

disserta
Verlag

Veit, Michael P.: Unterwegs nach Schonda. John Nelson Darbys Auslegungen des Kolosserbriefes, übersetzt und kommentiert von Michael Veit, Hamburg, disserta Verlag, 2022

Buch-ISBN: 978-3-95935-584-1
PDF-eBook-ISBN: 978-3-95935-585-8
Druck/Herstellung: disserta Verlag, Hamburg, 2022
Covermotiv: © pixabay.com

Bibliografische Information der Deutschen Nationalbibliothek:
Die Deutsche Nationalbibliothek verzeichnet diese Publikation in der Deutschen Nationalbibliografie; detaillierte bibliografische Daten sind im Internet über http://dnb.d-nb.de abrufbar.

© disserta Verlag, Imprint der Bedey & Thoms Media GmbH
Hermannstal 119k, 22119 Hamburg
http://www.disserta-verlag.de, Hamburg 2022
Printed in Germany

Vorwort

Die in diesem Buch übersetzten Texte richtete John Nelson Darby (1800 – 1882) explizit an gläubige Christen. Wen meinte er damit? Sicherlich nicht einfach alle diejenigen, das machen seine Aussagen immer wieder deutlich, die in irgendeiner Weise Mitglied in einer etablierten Kirche waren und sich mehr oder weniger an deren Lehren und Praktiken hielten.

Christen im Sinne Darbys waren und sind Menschen, die sich in Glauben und Leben allein am Wort Gottes, der Bibel, orientieren, und deshalb nicht wenige Erscheinungen und Lehren in den großkirchlichen Traditionen ablehnen (müssen), die sich nicht auf die Bibel gründen.

Gläubigen Christen geht es aber keineswegs allein um eine Art Freude am Ablehnen, viel wichtiger ist die positive Seite des Ganzen, nämlich das Heilshandeln Gottes mit den Seinen. Echte Christen haben erfahren dürfen, dass Gottes Sohn Jesus Christus für sie ganz persönlich am Kreuz gestorben ist und vor Gott ein für allemal die Strafe für ihre Sünden bezahlt hat. Diesen Jesus, der Seine Liebe zu ihnen so unter Beweis gestellt hat, lieben sie und folgen ihm bedingungslos nach. Jesus ist das Wichtigste in ihrem Leben geworden, alles Andere, hinter dem die Menschen gewöhnlich her sind, Macht, Geld, Ehre usw. verblasst da völlig im Hintergrund.

Sind Sie Christ, Christ im obigen Sinne?

Möge dieses Buch Ihnen eine Hilfe dabei sein, zu erkennen, was wirklich zählt im Leben, in Ihrem Leben, falls Sie nicht Christ sind, und möge es Ihren Glauben vertiefen und helfen, Christus noch besser kennen zu lernen und noch mehr zu lieben, wenn Sie es schon sind.

Inhalt

Vorwort

Inhalt

1. Einleitung

- In der "offiziellen" Kirchengeschichte kommt John Nelson Darby trotz seines umfangreichen Werkes bestenfalls als Randnotiz vor. Dabei war Darby aber durchaus kein frommer Dilettant, sondern als Pfarrer der Anglikanischen Kirche mit der griechischen und hebräischen Sprache bestens vertraut und arbeitete strikt mit den wissenschaftlichen Methoden „Biblischer Textkritik" [1], die damals angewendet wurden (und bis heute werden).

- Seine Publikationen, Predigten und Vorträge bildeten einen gewissen Hintergrund für die damals entstehenden freikirchlichen "Brüdergemeinden". Keineswegs war Darby der "Gründer" dieser Bewegung, wie immer wieder kolportiert wird. Ebenso wenig war er der "Erfinder" des "Dispensationalismus" oder der "Typologischen Bibelauslegung" und ähnlicher theologischer Seitenlinien, die im 19. Jahrhundert eine Blütezeit erlebten, deren Ursprünge aber schon damals jahrhundertelang zurücklagen.

- Ähnlich wie die Reformatoren vor ihm stellte Darby während seines Pfarrdienstes zunehmend Widersprüche zwischen den offiziellen Lehren der Kirche und den Aussagen der Bibel fest, ebenso wie kirchlich gängige, der Bibel aber nicht gemäße Praktiken und monierte dies - ebenso erfolglos wie seine reformatorischen Vorgänger.

- Die damals entstehende Brüderbewegung, der sich Darby dann anschloss, machte sich einige der Thesen Darbys zu eigen.

Die bis heute bestehende Bewegung (schon bald mit dem Spottwort "Dabysten" benannt) bezieht sich auch heute noch gelegentlich auf Darby, kennt aber, wie ich in etlichen Jahren feststellen konnte, seine Schriften überhaupt nicht wirklich, ebenso wenig wie den ganzen Reichtum christlichen Glaubens und Lebens, den diese ausgearbeitet darbieten. Darbys verschiedene Kommentare zum Kolosserbrief sind, mit Ausnahme seines Überblicks über sämtliche

---

[1] *Wissenschaftliche **Textkritik (nicht: Bibel**kritik!) befasst sich damit, alle bis dato gefundenen Fragmente von Bibeltexten hinsichtlich ihrer Nähe zum Urtext (der uns ja nicht mehr vorliegt) zu bewerten, sie zu ordnen, und dadurch zu einem Grundtext zu gelangen, der dem Urtext möglichst nahe ist.*

biblischen Bücher (Synopsis genannt), überhaupt nicht übersetzt. Auch die Menge erbaulicher Literatur der Brüderbewegung zum Kolosserbrief ist vergleichsweise gering und geht oft an der Sache vorbei.

Meine Untersuchungen sollen demgegenüber verdeutlichen, dass in Darbys Kolosser - Kommentaren im Grunde nahezu der gesamte Reichtum seiner Theologie ausgebreitet ist (ohne dabei den erwähnten Seitenlinien und Randthemen genauer nachzugehen, die innerhalb und außerhalb der Brüderbewegung inzwischen oftmals für die eigentlich wichtigen Erkenntnisse gehalten werden). Das Buch soll dies interessierten Lesern[2], Laien wie Theologen, in möglichst allgemein verständlicher Sprache aufzeigen.

Die oben in aller Kürze vorgestellten Informationen werden in einem nächsten Schritt zunächst in den folgenden Abschnitten dieser Untersuchung in einem etwas ausführlicheren Rahmen dargestellt, zusammen mit gewissen Problemen, die sich daraus für das Gesamtvorhaben ergeben.

John Nelson Darby (1880 – 1882) ist, und das gilt in noch stärkerem Maße für seine Werke, außerhalb der Brüderbewegung, zumindest in Deutschland, kaum bekannt, auch nicht im Rahmen der wissenschaftlichen Theologiegeschichte an den Universitäten. Dies zeigt sich sehr schnell, wenn man in den deutschen Universitäts-Bibliotheken nach seinen Veröffentlichungen oder nach Büchern über seine Person und sein Wirken sucht. Insgesamt wurden in Deutschland in den fast 140 Jahren nach Darbys Tod lediglich zwei (!) Doktorarbeiten über ihn und sein Werk verfasst. Darauf wird später im Zusammenhang mit Fragen der Quellensituation noch näher einzugehen sein.

Hier soll lediglich erwähnt werden, dass es sich bei diesen beiden Arbeiten um ein 1971 erschienenes relativ dünnes Bändchen (der Umfang entspricht den damaligen Anforderungen an eine Doktorarbeit) von Erich Geldbach handelt sowie eine 2008 herausgekommene, äußerst umfangreiche, über 600 Seiten starke Untersuchung über bestimmte Aspekte der Theologie Darbys von Berthold

---

[2] Die Leser weiblichen und diversen Geschlechts sind hier und auch in allen anderen Fällen mitgemeint, ohne dass dies auf besondere Weise kenntlich gemacht wird. Dies soll mit dazu beitragen, den Lesefluss zu erleichtern.

Schwarz. Letztere kann getrost als deutschsprachiges Standardwerk zu Darby angesehen werden. Von daher wird in diesem Buch noch des öfteren auf ihn und seine Forschungsergebnisse Bezug genommen, insbesondere deshalb, weil er auch die englische und US-amerikanische Darby – Forschung, die im Vergleich zur deutschen äußerst umfangreich ist, in seine Arbeit mit einbezogen hat. Offensichtlich hat die Theologie John Nelson Darbys in diesen Regionen (und wohl auch in den ehemaligen Kolonien des British Empire) bis heute einen weit größeren Einfluss auf das christlich – religiöse Geschehen, als man es aus deutscher Sicht vermuten würde.

Die Gründe für den desolaten Zustand der deutschen Darby – Forschung sind sicherlich vielfältiger Art. Eine nicht ganz unwichtige Rolle dabei spielt wohl, dass Deutschland bereits die große Kirchenspaltung der Reformation durchlaufen hatte und die beiden Großkirchen das Aufkommen freikirchlicher und ähnlicher religiöser Bewegungen von vorne herein mit Argwohn betrachteten und diese (und deren Theologie) schnell unter "Sektentum" abhakten, um das man sich nicht weiter zu kümmern brauchte. Dazu kommen wohl auch Gründe innerhalb der "Darbysmus" genannten Bewegung selbst, die einer Steigerung ihres Bekanntheitsgrades eher indifferent gegenüberstand, da solche Bestrebungen schnell zu weltlichem Ehrgeiz führen können, und derlei Dinge deshalb Gott überließ.

Grundsätzlich geht es in dieser Arbeit aber nicht um die Erforschung der genannten Probleme und Defizite der deutschen Darby – Forschung. Es geht auch nicht um die Darstellung weiterer Details aus der Lebens - oder der geistlichen Entwicklungsgeschichte Darbys oder den Versuch einer Gesamtdarstellung seines theologischen Schaffens, auch nicht um seinen Einfluss auf die spätere Theologie- und Kirchengeschichte. *Im Grunde geht es überhaupt wenig um die Person John Nelson Darbys selbst, sondern eher über die Inhalte seiner Äußerungen zum Kolosserbrief, letztlich somit über Jesus Christus und unsere Stellung zu und in Ihm.* Dies wird im Lauf der Untersuchung deutlich werden.

Diese Arbeit möchte bestimmte Texte Darbys zum Kolosserbrief zunächst einfach so nehmen, wie sie in unserem Blickfeld in deutscher Übersetzung auftauchen (was logischerweise zunächst eine Übersetzung erfordert) um sie ihrem *Inhalt* nach genauer zu untersuchen und zu verstehen. Meine feste Überzeugung ist, dass dies manchem Leser eine völlig neue Sicht neutestamentlicher Zusammenhänge ermöglichen, Fehlvorstellungen korrigieren und möglicherweise auch Einfluss auf die individuelle bisherige und zukünftige Lebensführung geben kann.

Mir persönlich ist kein anderer Theologe bekannt, der diese Thematik in größerer Klarheit und Deutlichkeit formuliert als John Nelson Darby. Seine Aussagen zum Kolosserbrief sind zeitlos, deshalb können all die vielen anderen Dinge, die es noch über seine Person und sein Werk zu erforschen gibt, getrost Anderen überlassen werden und brauchen nicht Gegenstand dieser Untersuchung zu sein.

Bezüglich der Themenbereiche, die bereits erforscht sind, ist es für den Leser im Zeitalter des Internets auch kein Problem, Informationen zu Fragen, die ihn noch spezieller interessieren, an einschlägiger Stelle zu finden.

Generell bin ich im Übrigen der Ansicht, dass es der deutschen wissenschaftlichen Theologie weltweit schlecht ansteht, sich praktisch überhaupt nicht mit einem Autor zu befassen, der nicht nur ein enormes schriftliches Werk hinterlassen hat, sondern sich darüber hinaus auch im Rahmen seiner ausgiebigen Reise- und Vortragstätigkeit mehrmals in Deutschland aufgehalten und mit Carl Brockhaus und Wilhelm von Poseck zusammen die bis heute weitverbreitete "Elberfelder Bibel" herausgegeben hat. Darby selbst hat, zusätzlich zu bestimmten Teilen der Bibel, diese auch insgesamt ins Deutsche übersetzt.

Darüber hinaus sehe ich ein Problem darin, dass den deutschen evangelischen Religionsgemeinschaften und Kirchen durch diese Haltung der Nichtbeachtung entscheidende geistliche Impulse verloren gegangen sind und gehen, die sie doch so dringend nötig hätten, zeitlose, auf die Bibel gegründete Impulse in schnelllebiger Zeit.

2. Besondere Probleme und Einzelfragen

Bevor nun aber mit der Übersetzung grundlegender Schriften Darbys zum Kolosserbrief begonnen werden kann, ist es nötig, etliche Probleme zu erörtern, die Einfluss auf die konkrete Auswahl der Texte und die endgültige Gestalt dieses Unterfangens haben können und werden.

2.1 Quellenlage

Von nicht zu unterschätzendem Einfluss ist hier, in welcher Gestalt die zu übersetzenden Artikel eigentlich vorliegen. Festzuhalten ist, dass Darbys Werke dem Leser heutzutage in der Regel in der Form von 34 Bänden mit dem Titel "The Collected Writings of J.N. Darby. Edited by William Kelly", also als "Die Gesammelten Werke J.N. Darbys. Herausgegeben von William Kelly", abgekürzt meist "CW", zur Verfügung stehen, die insgesamt 710 Einzelartikel Darbys enthalten. Hinzu kommen noch acht weitere Bände, die aber nicht weiter in der Reihe der 34 fortlaufend nummeriert sind. Diese 42 Bücher plus die oben erwähnte "Synopsis" umfassen allerdings bei Weitem nicht das gesamte Schriftwerk Darbys. Noch immer gibt es Teile, die auf Veröffentlichung warten.

Die Entstehungs- und Veröffentlichungsgeschichte der CW ist verhältnismäßig kompliziert und bedarf, wie auch Berthold Schwarz betont, noch immer grundlegender wissenschaftlicher Erforschung.

Mir selbst liegen 40 Bände der CW vor, und zwar in der Reprint-Ausgabe von H.L. Heijkoop von 1971, die abgesehen von der Wahl modernerer Buchstabentypen, soweit ich durch Vergleich feststellen konnte, genau der Erstauflage entspricht, einschließlich aller Überschriften und Fußnoten, selbstverständlich weiterhin in original viktorianischem Englisch, später mehr dazu.

Erschwert wird die Befassung mit den CW dadurch, dass die Einzelschriften nicht nach Entstehungsdatum geordnet sind, sondern von Anfang an unter bestimmten Oberbegriffen zusammengefasst und veröffentlicht wurden, übersetzt etwa "Lehrhaft", "Kirchlich", "Evangelistisch", "Verteidigend" etc. Auf das

Entstehungsdatum wurde dabei keinerlei Rücksicht genommen. Alle Artikel sind zwar (wohl von Darby selbst) mit Überschriften versehen, die allerdings im Hinblick auf den dann folgenden Artikel nicht immer zielführend sind. Dies ist wiederum Darbys spezieller Art des Schreibens geschuldet, von der unten noch zu reden sein wird.

Im Rahmen der Gesamtausgabe gibt es auch einen Registerband, in dem die Schriften Darbys mehrfach geordnet nach verschiedenen Gesichtspunkten aufgelistet werden. Hierdurch ist es relativ leicht möglich, die Aufsätze, in denen Darby sich ausführlicher dem Kolosserbrief gewidmet hat, in den diversen Bänden aufzufinden.

Verschiedene Fragen bleiben allerdings offen (s.o.) oder erschließen sich oft nur indirekt, etwa die Frage, ob es sich bei den einzelnen Schriften ursprünglich um Konzepte für Vorträge, Mitschriften von Referaten, zur Veröffentlichung vorbereitete Traktate, Antworten auf Anfragen oder was auch immer gehandelt hat, die Kelly dann gesammelt und unter bestimmten Gesichtspunkten geordnet herausgegeben hat, und ob er dies im Einzelfall mit oder ohne Rücksprache mit Darby getan hat, etwa, weil dieser auf Reisen war usw.

Generell ist aber davon auszugehen, dass weder William Kelly noch die folgenden Herausgeber Änderungen an den Texten selbst vorgenommen haben, sodass uns die Einlassungen Darbys zu bestimmten Themen immer noch genauso vorliegen, wie er sie verfasst hat bzw. wie sie mitgeschrieben wurden. Diese für eine genaue wissenschaftliche Erforschung der Theologie John Nelson Darbys äußerst unbefriedigende Situation lässt sich teilweise wiederum mit dem gewissen Desinteresse erklären, das innerhalb der Brüderbewegung gegenüber derlei Problematik bestand und besteht. Darby selbst hat sich mehrfach zu Fragen der Wissenschaftstheorie geäußert (so etwa in der Arbeit "Science And Scripture" - "Wissenschaft und Schrift" in CW 31) und die zu seiner Zeit aufblühende Wissenschaftsgläubigkeit eher negativ beurteilt. Auch hierzu später mehr.

Berthold Schwarz hat mich dankenswerterweise darauf aufmerksam gemacht, dass eine spezielle Gruppierung der Brüderbewegung, die Raven-Taylor-

Symington-Hales-Brüder vor einiger Zeit eine engagierte Erforschung der Geschichte der Brüderbewegung begonnen und in diesem Rahmen einen Band mit Daten zum Thema CW herausgegeben hat. Hier sind in der Tat fast sämtliche Schriften Darbys mit einer Datierung versehen, allerdings leider lediglich mit den Daten der ersten Veröffentlichung, nicht mit denen der Abfassung.

2.2 Auswahl der zu übersetzenden Einzeltexte

Zu entscheiden ist nun, welche Schriften aus den CW am geeignetsten erscheinen, dem Leser einen möglichst umfassenden und fundierten Eindruck der Kolosserbrief – Auslegung Darbys zu vermitteln.

Erstes und oberstes Kriterium der Auswahl ist dabei sicherlich die Ausführlichkeit der jeweiligen Arbeit. Dass hier nicht jedwede Äußerung, bei der sich Darby in irgendeiner Weise und innerhalb verschiedenster Zusammenhänge auf den Kolosserbrief bezogen hat, in Frage kommen kann, ist unmittelbar einleuchtend.

Darby hat zu verschiedenen Gelegenheiten Überblicke und Einleitungen zu diesem Paulusbrief gegeben, die sicherlich zu berücksichtigen sind. Daneben hat er sich aber auch häufiger ausführlicher zu spezielleren theologischen Fragestellungen, die sich unmittelbar aus der Lektüre des Kolosserbriefes ergeben geäußert. Auch diese sollten bei der Auswahl sicherlich berücksichtigt werden, ebenso wie Texte, die den Inhalt und die Aussagen des Kolosserbriefes im Vergleich mit anderen Paulusbriefen hervorheben und verdeutlichen.

Eine Auswahl nach Erscheinungstermin oder orientiert an der fortlaufenden Nummerierung der CW ist aus den oben erläuterten Gründen nicht möglich und wäre auch vom Inhalt der Einzelschriften her nicht immer sinnvoll.

Andererseits ergeben aber auch diese unterschiedlichen Inhalte keine hinreichende Grundlage für eine bevorzugte Auswahl und Reihenfolge der zu übersetzenden Darby-Schriften. In der bereits oben erwähnten ganz speziellen Art des Schreibens Darbys, auf die ja an anderer Stelle noch genauer eingegangen werden soll, liegt es begründet, dass es auch bei gleicher Thematik zweier oder mehrerer Artikel kaum wörtliche Wiederholungen gibt. Dies wiederum liegt daran, dass Darby an sich gleiche theologische Grundaussagen in immer wieder anderen Zusammenhängen, wie etwa praktischen Beispielen und seelsorgerlichen Ratschlägen veranschaulicht.

Es zeigt aber auch, dass Darby, im Unterschied zu so manch anderem Bibelausleger, im Laufe der Jahre seine Kommentare nicht immer wieder einmal hätte ändern müssen, weil es andere wissenschaftliche Erkenntnisse gegeben hätte[3].

Umgekehrt bedeutet das, dass man nicht einfach bestimmte Teile der Texte bei der Übersetzung unbeachtet lassen kann, ohne dabei auf wichtige und den Leser geistlich erbauende Teile aus dem enormen Schatz Darbys zu verzichten, und ohne dass dem Leser wesentliche Details des Kolosserbriefes entgehen würden. Darüber hinaus pflegt Darby in den einzelnen Artikeln sofort und ohne Umschweife zum Thema dessen zu kommen, was er den Lesern bzw. Hörern mitteilen möchte, sodass sich auch hier kein Kürzungspotential ergibt.

Schließlich habe ich mich für die Übersetzung von 14 Artikeln entschieden, die ich für das Verständnis des Reichtums des Kolosserbriefes und die sich daraus ergebenden Konsequenzen für äußerst wichtig halte. Diese Schriften befinden sich in den CW 16, 27, 31 und 34, etwa 150 Seiten in der eng gedruckten Heijkoop-Ausgabe. Auf ein Eingehen auf Darbys diesbezügliche Ausführungen in der "Synopsis" habe ich verzichtet, da dieser Text jedem Interessierten ja längst in deutscher Übersetzung zugänglich ist. Darüber hinaus wurde der Synopsis – Artikel von Darby von vorne herein für eben diesen Zweck konzipiert und formuliert, sodass ihm die Darbys Schriften oft kennzeichnende Spontaneität und Frische fehlt. Ich rate aber dennoch, diesen Text im Anschluss an die Lektüre der von mir übersetzten Texte zu lesen; im Anschluss deshalb, weil nach dem Lesen der Einzeltexte der Synopsis – Text einfacher und flüssiger zu lesen ist und alle Erkenntnisse aus diesen sehr schön zusammenfasst.

---

[3] *Ich möchte betonen, dass sich meine theologischen Kommentare zu Darbys Texten in diesem Buch bewusst allein auf dem Boden seiner Arbeiten zum* Kolosserbrief *bewegen. Eine Beurteilung von Darbys schriftstellerischem Werk insgesamt wäre nur dann seriös möglich, wenn man das Gesamtwerk gelesen und genauer untersucht hätte. Davon bin ich noch weit entfernt (und, wie ich vermuten muss, manch anderer Autor, der sich in irgendeiner Form über Darby geäußert hat, ebenfalls).*

Ich betone, dass mein Buch ja zunächst wesentlich darauf abzielt, *dem nicht englischsprechenden Leser bisher nicht übersetzte Darby-Texte in deutscher Sprache zur Verfügung zu stellen.*

2.3 Übersetzungsfragen

Unter den Problemen, die eine Übersetzung von Darby – Texten ins Deutsche erschwert, ist sicherlich an erster Stelle das viktorianische Englisch, in dem die Artikel geschrieben sind zu nennen. Viele Ausdrücke der damaligen Zeit existieren im heutigen Englischwortschatz entweder überhaupt nicht mehr, oder sie haben einen Bedeutungswandel oder zumindest eine andere Rechtschreibung erfahren. Manche der damaligen Wörter und Begriffe sind nur schwer direkt übersetzbar. Eine wichtige Rolle in den Kolosserkommentaren Darbys spielt beispielsweise u.a. das Wort "meet" oder auch "meetness". Von der derzeitigen deutschen Bedeutung kennen wir dieses Wort fast nur als Verb ("to meet someone") mit der Bedeutung "jemanden treffen" oder als Substantiv "Meeting" (Treffen, Sitzung etc.).

Im viktorianischen Englisch bedeutet "meet" aber "passend, geeignet". "Meetness" bezeichnet dementsprechend ein "Passend-Gemacht-Sein". Die in heutigen deutschen Bibelausgaben gebrauchten Ausdrücke "angenehm", "fähig" etc. haben bei Weitem nicht die gleiche Tiefe der Aussage wie im viktorianischen Englisch. Auch das englische Wort "to quicken" existiert heute praktisch nicht mehr. Es bedeutete seinerzeit etwa "erhöhen, lebendig machen, wachsen".

Der Ausdruck "wrought" (etwa "gewirkt, erwirkt, errungen") war seinerzeit das Partizip Perfekt von "to work". "To shew" entspricht dem heutigen "to show", die heute übliche Partizipialform "shown" hieß früher "shewn". "To have a single eye" drückte kein Sehdefizit aus, sondern bedeutete, dass jemand seine gesamte Aufmerksamkeit ausschließlich auf eine Person oder Sache gerichtet hielt. Ist von dem Schmalen Pfad in der Nachfolge Christi die Rede, spricht Darby des Öfteren von dem Pfad, den nicht einmal das „Auge des Geiers" sehen kann. Dies bezieht sich auf Hiob 28,7 im englischen Text. Das Wort „Geier" (vulture) ist in deutschen

9

Bibelausgaben fast immer durch „Adler", „Raubvogel" o.ä. ersetzt.

Soweit einige Beispiele, die Reihe ließe sich noch lange fortsetzen. Hat man sich allerdings eingearbeitet, wird man mit derlei Ausdrücken, die sich ja durchaus auch wiederholen, mehr und mehr vertraut, sodass ein zeitraubendes Nachschlagen (das übrigens auch nicht immer Erfolg bringt) nicht mehr jedesmal nötig ist.

In diesem Zusammenhang sei erwähnt, dass Darby bei Vorträgen und Schriften zum Kolosserbrief auch gerne Zitate aus anderen biblischen Schriften einstreute, um seine Aussagen zu erläutern oder zu betonen. Es war damals nicht ohne Weiteres üblich, dabei die Bibelstelle mit anzugeben, Darby setzte bei seinen Hörern und Lesern eine Komplett - Vertrautheit mit der Bibel voraus, wie er sie selbst auch besaß, und wie man sie auch heute noch am ehesten in Brüderkreisen vorfindet. Natürlich entstammten diese Zitate aus der ihm vorliegenden genehmigten King-James-Bibel, einer ausgezeichneten Übersetzung, die immer noch weit verbreitet ist.

Wesentlich schwieriger als der Umgang mit den eingestreuten Schriftzitaten ist jedoch Darbys Art und Weise des Schreibens bzw. Vortragens insgesamt. Darbys langjähriger Weggefährte und Schriftenherausgeber Kelly kommentierte dies so: "Er (Darby) schrieb schnell, wie die Gedanken in seinem Geist erschienen, meist ohne ein Wort zu verändern. Er mochte Kettensätze, manchmal mit Einschüben, um die Wahrheit umfassend auszudrücken und um Missverständnisse zu vermeiden. Wer dies nicht gewohnt war, dem erschien es schwierig zu lesen, und es war auch kaum möglich, es bei einem flüchtigen Darüberlesen zu verstehen."

Darbys Erwiderung hat inzwischen einen gewissen Bekanntheitsgrad erlangt: "Du schreibst, um gelesen und verstanden zu werden, ich denke nur auf Papier". An anderer Stelle ergänzte er: "Mein Schreibstil dient dazu, bei der Wahrheit anzukommen und ist nicht meine Ausführung, wenn ich schon dort angekommen bin. Wenn die Leute es auf sich nehmen und meine Schriften ganz durchlesen würden und dann warten, von Gott belehrt zu werden, würden sie vielleicht manches finden, was ihnen vorher nicht so klar war, bis es erklärt wurde."

Genau diesen Effekt erlebe ich, das sei mir hier gestattet zu erwähnen, auch bei mir selbst.

Sicherlich ist es von Nutzen, wenn man das Lesen längerer, verschachtelter Sätze sowieso gewohnt ist. Das eigentliche Problem für den Übersetzer besteht insofern weniger im Verstehen der Sätze an sich, als vielmehr darin, dass man diese in ihrem Aufbau nicht einfach in die deutsche Sprache übertragen kann. Wenn man dies täte, würde der deutsche Text für unsere Ohren und unser Sprachempfinden äußerst künstlich klingen. Als Beispiel sei hier die im Englischen oft benutzte Wendung "there is" bzw. "there are" genannt, die man nicht jedesmal einfach mit "da ist" bzw. "da sind" übersetzen kann, weil es sich im Deutschen einfach hölzern und den Lesefluss störend anhört.

Hier stellt sich nunmehr die Frage, was eine Übersetzung denn in ihrem Wesen eigentlich ist, und was sie leisten kann, und was nicht.

Untersucht man die hierzu veröffentlichte sprachwissenschaftliche Fachliteratur, stellt man fest, dass diese, um den Begriff der Übersetzung zu erläutern, fast immer das Wort "Übertragung" zu Hilfe nehmen muss (etwa: Übersetzung ist die Übertragung einer sprachlichen oder schriftlichen Äußerung in eine andere Sprache etc.). Findet man dann doch eine Veröffentlichung, in der der Unterschied zwischen "Übersetzung" und "Übertragung" genauer untersucht wird, stellt sich schnell heraus, dass man hier nicht unterscheiden kann, ohne den kulturellen Hintergrund sowohl des zu übersetzenden als auch des schließlich übersetzten Textes mit einzubeziehen. Damit ist gemeint, dass es eben einfach nicht möglich ist, einen Text oder eine Rede "mechanisch" Wort für Wort in eine andere Sprache zu "transformieren". Um sich vorzustellen, wie das dann aussehen würde, genügt schon die Erinnerung an ältere Windows - Übersetzungsfunktionen, oder an aus dem Chinesischen per Computer übersetzte Gebrauchsanweisungen früherer Zeiten für bestimmte Geräte etc.

Worum es geht, ist vielmehr, die Aussagen eines Textes im Zusammenhang mit dessen kulturellen Gegebenheiten so zu übersetzen/übertragen, dass die wesentlichen Aussagen dieses Textes möglichst genau von demjenigen begriffen werden, der die Übersetzung dann innerhalb seines eigenen kulturellen Bezugsrahmens liest oder hört. Im Fall der Darby – Texte kann man das etwa an der bereits oben erörterten Redewendung "to have a single eye" verdeutlichen. Wenn Darby uns auffordert, uns auf einen biblischen Sachverhalt zu konzentrieren, um ihn uns anzueignen, dann sollten wir dies nach heutigem Sprachgebrauch nicht nur "mit einem einzelnen Auge", sondern mit all unserer Kraft und mit all unseren Sinnen tun.

Die im folgenden Kapitel beginnende "Übersetzung" von Darbys Artikeln kann von daher weder eine präzise eins-zu-eins Übersetzung, noch eine reine Übertragung sein. Mein Ziel ist es, eine Übersetzung zu präsentieren, die sich, wenn irgend möglich, wortgetreu an Darbys Originaltext anlehnt. Wenn dies nicht möglich ist, möchte ich den Text so übertragen, dass möglichst viel von dessen inhaltlicher Aussage übernommen und erhalten wird. Einige einzelne Begriffe oder Redewendungen werden im laufenden Text in Klammern im Original ergänzt, z.B. dann, wenn die Übersetzung ins heutige Deutsch mehrdeutig erscheinen könnte. Es erscheint mir sinnvoll, zunächst einen oder mehrere Artikel Darbys zu übersetzen, und erst dann in einem Einschub auf Darbys Stellung zur Bibel genauer einzugehen. Der Leser hat dann bereits Beispiele vor Augen, wie sich das konkret auf Darbys Schriftauslegung auswirkt.

3. Kommentierte Übersetzung ausgewählter Texte zu verschiedenen Abschnitten des Kolosserbriefs

Nachdem die Auswahl der Texte und Fragen der Übersetzung oben erläutert wurden, stellt sich jetzt die Frage, inwieweit die Texte nun noch mit Kommentaren meinerseits zu versehen sind. Ich möchte in dieser Hinsicht möglichst sparsam vorgehen, da es sich ja in diesem Buch um eine Dreiecksbeziehung Kolosserbrief – Darby – Leser handelt mit dem Hauptziel, dem Leser den Kolosserbrief und die Tiefe seiner Aussagen, letztlich also *die Person Jesu Christi näher zu bringen.*

Von meiner Seite wird es daher im laufenden Text eher wenig Kommentare geben, allenfalls zuvor kurze einleitende Aussagen und hinterher einige zusammenfassende Sätze und zum nächsten Kapitel überleitende Bemerkungen[4], da ich davon überzeugt bin, dass Darbys Aussagen für sich selbst zu sprechen in der Lage sind und biblische Sachverhalte präziser auf den Punkt bringen, als es mir möglich wäre. Den Anfang machen zwei Texte, die trotz ihrer Kürze gleich mitten ins Zentrum der Überlegungen und Erkenntnisse Darbys führen und den Leser zudem mit grundlegenden biblischen Begriffen, die im Kol eine wichtige Rolle spielen, bekannt machen.

3.1 Tot mit Christus, auferstanden mit Christus[5]

Es sind genau diese beiden Wesensarten des Christenlebens hier auf der Erde, die Darby in seinen Einlassungen zum Kolosserbrief immer wieder aufgreift, erläutert, von Fehlverständnissen abgrenzt und auf die Konsequenzen hinweist. Dies ist offensichtlich notwendig, da der Natürliche Mensch stets darauf aus ist, mit seinem eingebildeten "Selbst" Irgendetwas zu seinem eigenen Heil beitragen zu können oder zu müssen.

---

[4] *Derlei Zusätze (ebenso wie die Hervorhebung einzelner Begriffe im fortlaufenden Darby-Text) von meiner Seite sind im Folgenden stets in Kursivschrift gehalten, damit der Leser leicht erkennen kann, ob es sich an diesen Stellen um direkte Äußerungen Darbys hält oder nicht. Begriffe, die von Darby selbst hervorgehoben sind, erscheinen in Fettschrift. Dass bestimmte Wörter (meist Pronomina, die sich direkt auf die Person Gottes bzw. Christi beziehen) in der Übersetzung grossgeschrieben sind, folgt den Gepflögenheiten des viktorianischen Englisch.*

[5] *Dead with Christ, Risen with Christ (Colossians 2:20; Chap 3:1), Erstveröffentlichung 1850, CW 27, 290 ff*

Worum es Darby aber geht, ist es, dass der Christ die Fakten, die die Bibel klar aufzeigt, akzeptiert, die völlige Abhängigkeit von Jesus Christus und seiner Gnade annimmt, und sich dieser neuen Freiheit bereits hier auf der Erde erfreut.

Von daher geht Darby also gleich zu Beginn seiner Arbeit auf die in der Überschrift genannten Aspekte ein, nämlich:

a. tot zu sein gegenüber dem, was hier ist

b. gesinnungsmäßig auf das Himmlische orientiert zu sein (heavenly-minded).

Daraus ergibt sich die Argumentationskette:

Wenn (wherefore) ihr nun den Elementen (rudiments) dieser Welt mit Christus gestorben seid, schreibt der Apostel, warum seid ihr dann noch Untertanen von Verordnungen (ordinances)[6], als ob ihr noch in der Welt leben würdet?

Der Ausdruck "Elemente dieser Welt" beinhaltet da vielfältige religiöse Wege (goes a vast way). Ich muss aber nicht nur der Sünde tot sein, sondern jeder Art von Religiosität der menschlichen Natur. Der jüdische Glaube beinhaltet diese Art von Religiosität, und er wurde von Gott gepflanzt (cultivated), brachte aber nichts als "wilde Trauben".

Wenn wir also nicht sehen, dass wir auferstanden sind, werden wir in Wirklichkeit die menschliche Natur anstatt Gott kultivieren. Er selbst hat das schon versucht und sagt uns (Jes 5), dass über das hinaus, was Er getan hat, nichts mehr getan werden kann.

Der Mensch versucht aber umso stärker (to strive), die Religion der menschlichen Natur zu kultivieren, und Sünder auf andere Weise als durch den Tod in den Himmel zu führen. Wir sind tot und auferstanden, und das ist einfach himmlisch. Tod ist also Voraussetzung, ist die echte Kraft gegen Sünde, und erhebt zum Prinzip, dass wir "der Sünde tot" sind (Rö 6). Uns selbst tot zu sehen gibt uns gesegnete Freiheit! Wir haben ein neues Leben!

Christus hat seinen Platz da eingenommen, wohin Tod und Auferstehung ihn gebracht haben. Und da, wo Christus ist, bin ich auch. Es ist in jeder Hinsicht ein

---

[6] *Dieser Begriff spielt bei Darby, wie sich noch deutlicher zeigen wird, eine wichtige Rolle und bezieht sich sowohl auf kirchliche Autoritäten insgesamt als auch auf die Einzelvorschriften religiöser Gemeinschaften.*

anderes Leben, und dieses Leben hat seine eigene Welt und seine eigene Interessenssphäre: "Die, die nach dem Fleisch sind, kümmern sich um die Dinge des Fleisches, aber die, die nach dem Geist sind, um die Dinge des Geistes." (Rö 8,5) Auferstehungsleben manifestiert sich durch Wandel[7] in dieser Welt wie entrückt, zurückgezogen, nicht gesteuert (inactuated) von den weltlichen Belangen. Ein Christ hat neue Motive. Wenn ich einen Menschen durch die Welt wandeln sehe, unbeeindruckt von den Dingen dieser Welt, sage ich: "Der ist entweder verrückt – oder mit Christus auferstanden". Leider sind wir aber nicht so beständig (consistent) wie Geistesgestörte. Alle Motive dieser Welt können die neue Natur nicht berühren. Freundschaft mit der Welt, Suche nach Reichtümern, Ehre und Macht, also alle Motive, die den Menschen antreiben, haben keinen Einfluss auf meine Neue Natur.

Verwirrung kommt dann auf, wenn wir ein Motiv haben, das nicht vom Himmel kommt. Wann immer ich mich selbst oder Andere in Schwierigkeiten sehe, ist ganz sicher solch ein fremdes Motiv am Werk. Ständig besteht eine Tendenz, von dieser Eindeutigkeit der Blickrichtung (singleness of the eye) abzuweichen. Wenn wir zum ersten Mal die Erkenntnis vom Leben in Christus empfangen, geben wir bereitwillig zu, dass demgegenüber alles "Dung" und "Schund" (dross) war (Phil 3).

Aber wenn sich Verfall einschleicht, kommt wieder Bewegung in unsere "alten" Motive. Nach und nach, und ohne dass wir es recht bemerken, beginnen hundert Dinge, die ich vorher überhaupt nicht beachtet habe, die vorher gar keine Wirkung auf mich hatten, zu Motiven zu werden. Die Leute sagen: "Was ist denn Schlimmes dabei?" Fange ich erst einmal an abzuwägen, was hierbei oder dabei Schlimmes ist, ist die Tendenz zum Verfall da. Es mag ja wirklich nichts Schlimmes dabei sein, aber allein das Nachdenken darüber zeigt, dass ich nicht völlig mit dem beschäftigt bin, was himmlischen Ursprungs ist. "Du hast deine Erste Liebe verloren." Es geht gar nicht um große Sünden, aber hier zeigt sich der Verfall unter den Heiligen.

---

[7] *Die Begriffe "walking, walk" werden i.d.R. durch den etwas altertümlichen Begriff "Wandel" übersetzt, da dieser dem englischen bzw. biblischem Vorbild entsprechend die gesamte Lebensart und Lebensführung beinhaltet, also viel mehr als eine bloße Art der Fortbewegung von A nach B.*

Wenn der Sinn (sense) für Gnade abnimmt, entsteht in der Praxis Abfall. Unsere Motive müssen in Gott liegen.

Manchmal werden dann Anstrengungen gemacht, entsprechenden Wandel und Dienst zu praktizieren. Wurde vorher Gnade gepredigt, heißt es jetzt, da Verfall im Alltagsleben eingesetzt hat, dass man Praxis predigen soll.[8]

Was aber umso dringender betont werden muss, ist Liebe, die Erste Liebe. Nicht Gesetzestreue, sondern Liebe wird die Seele wieder in Ordnung bringen (restore). Wo das Gefühl für Liebe und Gnade sich verringert, kann gleichzeitig durchaus das Gewissen ungewöhnlich aktiv werden, denn es verurteilt den Versuch, Liebe und Gnade erzwingen zu wollen – und heraus kommt Gesetzlichkeit. Wenn das Gewissen aber durch Liebe und Gnade in Gang gesetzt ist, dann ist das keine Gesetzlichkeit. Geheiligte Praxis entsteht dann, auch im Kleinen.

Es gibt ein oder zwei Fehler, in die wir fallen können:

- den Fehler, Frucht zu predigen (obwohl noch gar keine Früchte hervorgebracht wurden) und

- den Fehler, sich wohlzufühlen, wenn gewisse Dinge wieder auf uns Einfluss nehmen, und uns den Eindruck vermitteln, dass das, was wir vorher in Ordnung fanden, doch nur Gesetzlichkeit war.

Hier ins Detail zu gehen, lohnt nicht, denn: Christus ist das große Motiv für Alles! Wenn wir Details in Ordnung bringen wollen, müssen wir über unsere Auferstehung in Christus in Kenntnis sein, denn hier liegt die wunderbare Wahrheit und Freiheit.

Ein weiterer wichtiger Punkt ist die Art und Weise (tone) sowie der Geist unseres Wandels. Gottvertrauen und Sanftmut des Geistes zeichnet den Heiligen aus. Dazu müssen wir bei Gott zuhause sein. Die beabsichtigte Wirkung, derart in Christus zu wandeln, wobei wir den Herrn immer vor uns setzen, ist es immer, uns in Ehrfurcht (reverence) wandeln zu lassen: Niedrigkeit, Anbetung, Ruhe, Leichtigkeit (ease) und Glückseligkeit.

---

[8] *Gemeint ist damit, dass hauptsächlich (wie heute üblich, wenn nicht gar ausschließlich) über das rechte moralische Verhalten gepredigt werden soll, anstatt über grundsätzliche Themen wie etwa Gericht und Gnade etc.*

Gehe ich an einen ungewohnten Ort, z.B. in ein großes Haus, zeigt man mir gegenüber vielleicht viel Freundlichkeit – aber wenn ich wieder gehe, fühle ich mich doch wohler, bin froh, wieder draußen zu sein. Wäre ich in diesem Haus aufgewachsen, wäre mein Gefühl anders.

Die Seele ist dann nicht nur für sich selbst glücklich in Gott, sondern sie wird auch den Geist, der in diesem Haus herrscht (tone), mit nach draußen tragen. Aus ihrer Freude in Gott heraus verschwinden Sorgen, und sie wird sich durch die zehntausend Dinge, die ihr Sorgen machen könnten und bei einem Anderen Ängste hervorbringen könnten, hindurchbewegen, ohne auch nur im Geringsten besorgt zu sein. Egal, um was es geht, wir bringen die Ruhe des Geistes in alle Umstände hinein, während wir in Gott verweilen (to abide).

Wenn ein Mensch mit Christus auferstanden ist und sich also bei Ihm aufhält, wird sich das auch entsprechend zeigen. Wir werden uns nicht vor den Veränderungen um uns herum fürchten. Wir werden leben, nicht in dummer Apathie und Lustlosigkeit, sondern in der Ausrichtung unserer Zuneigungen und Energien auf unseren Herrn. Ein großartiges Ergebnis (evidence) meines Beim-Herrn-Seins ist Ruhe. Ich habe mein Teil woanders, und ich gehe weiter meinen Weg.

Ein weiteres Ergebnis ist Vertrautheit in Gehorsam (confidence in obeying). Diese wiederum ergibt sich aus der Gemeinschaft (fellowship) mit dem Vater und mit seinem Sohn Jesus Christus – Gemeinschaft nicht nur in der Freude, sondern auch in den Gedanken des Vaters und des Sohnes. Der Heilige Geist, die Dritte Person der gesegneten Dreieinigkeit, ist unsere Kraft, mit unseren Neigungen in die Dinge Gottes einzutreten.

"Der Vater liebt den Sohn" - in welch eine Position bringt mich das in dem Wissen, was die Gefühle des Vaters hinsichtlich Seines geliebten Sohnes sind!

In dieser Position, die wir dann innehaben, wird unser Denken und Trachten dann mit Dingen erfüllt, die diese Welt zur Kleinigkeit machen – ein Atom in der Weite der Herrlichkeit, die schon da war, bevor die Welt war.

Nicht einmal dreieinhalb Seiten in der Heijkoop-Ausgabe lang, bringt dieser Artikel dennoch, wie bereits in meinen einführenden Sätzen angedeutet, in komprimiertester Form den bei Darby so wichtigen theologischen Aspekt des "Christus in uns" ins Zentrum der Betrachtung. Immer wieder wird der Leser dahin geführt, wo er jetzt und bleibend mit und in Christus ist.[9]

Gleichzeitig versteht sich der Text als äußerst seelsorgerlich-praktisch für unser Leben hier, indem er bestimmte Gefahren thematisiert und ihren geistlichen Hintergrund bloßlegt, deutlich insbesondere in seinen Ausführungen zum Einschleichen von Verfall, denen aber sofort der Hinweis darauf folgt, wo Heilung und Rettung zu finden ist: Allein bei Jesus Christus, in dem Bewusstsein, dass wir fleischlich tot und mit Ihm auferstanden sind – woraus sich dann Ruhe, Furchtlosigkeit vor Veränderungen, eine andere Sicht der Wichtigkeit weltlicher Dinge ergibt etc. Die Warnung ist deutlich: Motive, die nicht vom Himmel sind, Motive, die auf die Welt zielen, sind niemals Motive des Neuen Lebens!

All dies mag dem Leser, der weder Bibel- noch Darby - Kenner ist, eher seltsam und wenig fassbar erscheinen, vielleicht auch schwierig nachzuvollziehen. Vom In-Uns-Sein von Seiten Christi, vom Neuen Leben und neuer Position zur Rechten Gottes ist normalerweise in den Kirchen und christlichen Religionsgemeinschaften eher selten die Rede. Was bedeutet denn also nun dieses "Mit-Christus- Gestorben" - und "Mit-Christus-Auferstanden"-Sein? Wie soll man sich das vorstellen? Wie soll das gehen: "ganz auf Christus ausgerichtet" zu sein? Diese Ruhe und Furchtlosigkeit, von der da die Rede ist – wie bekomme ich die? Bevor die Klärung all dieser Fragen in Angriff genommen werden kann, ist aber zunächst noch ein ganz anderes Problem zu klären, nämlich: Wenn ich also "mit Christus auferstanden" bin, wo bin ich denn dann jetzt? Bin ich an einem anderen Ort als vorher? Ich bin aber doch noch auf der Erde, bin ich hier denn dann noch der Alte Mensch oder schon der Neue – wie passt das alles zusammen? Die im folgenden Kapitel übersetzte und kommentierte Schrift Darbys setzt genau hier an, und zwar in einer Deutlichkeit, an die man sich u.U. erst gewöhnen muss. Diese Deutlichkeit entspricht aber durchaus der Eindeutigkeit der biblischen

---

[9] Voraussetzung ist dabei allerdings, dass der Leser bereits an Jesus Christus glaubt und bereit ist, mehr und Genaueres über dieses sein neues Leben zu erfahren. Eine solche Person wird von Darby, wie erwähnt, der Bibel entsprechend "Heiliger" genannt.

Aussagen im 3. Kapitel des Kolosserbriefes, auf die Darby sich hier ohne Abstriche bezieht.

3.2 Auferstanden mit Christus [10]

Hier haben wir nun die gesegnete Seite unserer Position vor Gott, das wunderbare Fundament, auf dem wir stehen: Die Tatsache, mit Christus auferstanden zu *sein*. Im Vordergrund steht hier nicht, dass Christus für unsere Sünden gestorben ist, sondern dass *wir* tot und auferstanden sind – und *das* ist der Ausgangspunkt der Belehrung.

Das Kapitel "Alter Mensch", "Kinder des Alten Adam", ist für uns komplett abgeschlossen (done altogether), und auch mit der Welt verbindet uns nichts mehr. Aber: Wir sind zwar auferstanden mit Christus, aber noch immer in der Welt. Der *Christ* wird andererseits als überhaupt nicht mehr in der Welt lebend gesehen. Daraus ergibt sich zwingend: "Wenn ihr mit dem Christus auferstanden seid, sucht die Dinge, die oben sind", das heißt (Kap.2): "Unterwirf dich keinen Verordnungen (ordinances), als ob du immer noch in der Welt wärst". Du lebst *nicht* in der Welt, du bist tot! Also richte jetzt deine Bemühungen auf die Dinge oben. Da gehörst du hin; du bist dort noch nicht angekommen, aber der Neue Mensch ist nicht in dir, um dich wieder in irdische Dinge einzugliedern. Der Geist zeigt dir nicht die "Dinge Christi", damit du weiter irdische Dinge tust, sondern um dich davon zu befreien. In Geist, Denken und Trachten sollten wir also da oben sein.

Mit der Welt verbindet uns eigentlich nur die Tatsache, dass wir aus ihr weggestorben sind.

Es heißt nicht "Du musst (*der Welt gegenüber*) sterben", sondern "Du *bist* tot" - *das* ist der Zustand des Christen. Christus ist gestorben, und weil Er mein Leben ist, ist mein Leben dort oben verborgen in Ihm. Das ist vollständige Verbindung mit Christus.

---

[10] *Risen With Christ (Colossians 3:1-17), Jahr der Erstveröffentlichung unbekannt, CW 34, 470 ff*

Er ist gestorben – ich bin gestorben

Er ist verborgen dort oben – mein Leben dort ist verborgen

Er wird erscheinen – ich werde mit Ihm erscheinen

Umfassende (thorough), vollständige, gesegnete Verbindung mit Christus – das ist der Platz, an den wir gestellt sind, und es ist der Ausgangspunkt des Charakters dieses Lebens, dargestellt (displayed) *auf einer Erde, zu der wir nicht gehören.*

Wenn ein Engel hier wäre, würde er das tun, was Gott von ihm will – aber mit der Erde als Ziel seines Lebens hätte er nichts zu tun.

Der Apostel gesteht nicht zu, dass wir hier überhaupt ein Leben haben, sondern sagt bezüglich unserer Glieder: "Deshalb lasst eure Glieder, die auf der Erde sind, absterben, bringt sie zu Tode". Allem, was vom Fleisch kommt, darf der Christ auch nicht für einen Moment nachgehen (to allow).

Merke: Das ist etwas ganz anderes, als der Sünde sterben. Abtöten (to mortify) ist genau das Gegenteil: es ist zu Tode bringen. Das ist *Kraft*. Wenn ich sage: "Ich muss sterben", dann lebe ich noch. Wir sind tot gegenüber der Sünde, der Welt und dem Gesetz. Christus ist gestorben – wir sind gestorben. Was für Ihn gilt (is true), gilt für uns.

Jetzt, wo wir Leben und Kraft haben, sollen wir diese Dinge zu Tode bringen. Wenn ein Mensch tot ist, gibt es keine Lust, keinen Eigenwillen, kein Tun des Fleisches mehr. Ich soll mich **für tot erachten** (reckon myself dead), nicht mich daran machen, der Sünde zu sterben, denn das könnte ich nicht, der Alte Mensch, das Fleisch, möchte nicht sterben.

Der Apostel sagt: "Erachtet euch selbst als tot". Ihr seid gestorben – dann legt auch den Alten Mensch ab. "Unser Alter Mensch ist mit Ihm gekreuzigt, damit der Leib der Sünde zerstört werde."

Sünde ist "im Fleisch verurteilt" (condemned). Jetzt habe ich die Machtposition, alles Übel, das das Fleisch hervorbringen könnte (would), abzutöten. Tötet eure Glieder, nicht euer Leben in Adam[11]. Ihr seid tot, deswegen tötet eure Glieder. Wenn ihr sie handeln lasst, ist es das Fleisch. Der Christ hat Macht in Christus:

---

[11]   *D. meint hier wohl das biologische Leben insgesamt.*

20

"Ich vermag alles durch Christus, der mich kräftigt (to strengthen), und alles Unbeständige (inconsistent) durch das Leben, in dem diese Kraft ist, abzulegen (put down).

Das Leben ist mit Christus in Gott verborgen, aber unsere Glieder sind auf der Erde, und Paulus sagt: Jetzt haltet sie im Zaun, ihr habt die Kraft dazu in Christus! Es gibt keine Befreiung (deliverance), bevor du diese Kraft hast. "Das Gesetz des Geistes des Lebens in Christus hat mich vom Gesetz der Sünde und des Todes befreit."

Wir müssen darauf achten, dass wir nicht nachlässig sind und diese Dinge wieder aufsprießen (spring up) lassen. Vielmehr haben wir die Macht zu sagen: Kein einziger Schößling (sprout) des alten Bestandes (stock) soll wieder aufsprießen! Der alte Baum ist beschnitten und veredelt[12]. Der alte Bestand mag beginnen zu sprießen, aber das ist nicht der Baum im üblichen Sprachgebrauch – er ist veredelt. Wir wissen, dass der Altbestand da ist, und da ist auch unser Fleisch. Wir müssen aber daran denken, dass wir jetzt Kraft haben und dürfen uns nicht entschuldigen! Unser Wille ist nicht verändert, aber wenn Christus unser Gegenstand ist, ist Kraft da. *Gesetz der Sünde und Tod gibt es noch immer, aber ich bin ihm nicht mehr verpflichtet*, es hat keinen Anspruch auf und keine Gewalt über mich. Es hat genug Kraft, wenn wir es zulassen, aber wir haben eine Kraft, die völlig überlegen ist. Der Herr lässt uns hier, damit wir unsere Sinne darin üben, Gut und Böse zu unterscheiden und getestet und versucht zu werden.

Das Fleisch ist da, aber wenn wir von Christus erfüllt sind, dann sind wir Herren (masters) darüber. Wenn wir nicht von Christus erfüllt sind, beherrscht es uns. Es ist unser Fehler, wir haben keine Entschuldigung. Wir haben das Leben Christi darzustellen, oder das Fleisch handelt, und der Alte Mensch wird dargestellt.

Der Apostel sagt, Ihr lebt überhaupt nicht mehr im Alten Menschen. Ihr lebt in Christus, und ihr werdet nicht mehr in diesen Dingen wandeln.

In Vers 7 wendet er dies auf den Wandel an. Dieser erfordert, dass wir die Kraft auch aktiv nutzen. Wenn wir nicht völlig von Jesus erfüllt sind, hat das Fleisch

---

[12] *wö.: gepfropft (grafted)*

bald die Oberhand. Wir müssen uns mit der Kraft Christi bewaffnen und das Fleisch aktiv im Zaum und völlig am Boden halten.

Nicht nur in der Schlacht muss ich die Rüstung tragen: Alles, durch das wir in dieser Welt hindurchgehen, ist entweder

- Gelegenheit zum Gehorsam des Neuen Menschen oder
- Gelegenheit zur Versuchung des Alten Menschen.

Der Herr betete in Agonie in Gethsemane; und als sie kommen, um Ihn mitzunehmen, sagt Er: "Wen sucht ihr?". Er war mit seinem Vater hindurch gegangen, und das war ein Beispiel an Gehorsam, als es soweit war. "Der Becher, den mir mein Vater gegeben hat, sollte ich den nicht austrinken?"

Petrus schlief im Garten, und als der Herr ein mutiges Bekenntnis hätte hören können, flucht er und schwört, dass er Ihn nicht kennt. Wenn wir von Christus erfüllt wären, wären Versuchungen nur Gelegenheiten zu gehorchen und Gott zu verherrlichen. Wir brauchen Selbsterkenntnis und angemessene Sorgfalt des Herzens zum Überströmen für Christus selbst, sodass, wenn die Versuchung kommt, wir nicht darauf eingehen, denn es ist eine Gelegenheit zu gesegnetem Gehorsam.

In Vers 8 kommen wir zu etwas anderem – die Rede ist nicht von Lust, aber das Fleisch ist nicht unterworfen. Wir haben gar nicht einmal das Gelüst, ärgerlich zu sein, aber es ist nicht unterworfene Natur, und das ist nicht Christus. Es ist ein zweiter Schritt: "Legt auch dies alles ab".

Mit den ganzen Übeln, die Gott verabscheut (to abhor) - und in seinen Kindern verabscheut Er sie sogar noch mehr als bei anderen, Seine Freude an uns ändert nichts an Seiner heiligen Natur – haben wir abgeschlossen, jetzt legt die ab, die einen nicht unterworfenen Willen ausdrücken und eine ungehemmte (unarrested) Tätigkeit des Fleisches. Wenn ein Mensch etwas zu mir sagt, und ich reagiere leidenschaftlich darauf, das ist nicht Christus. Es ist ein Produkt von ungezügeltem Fleisch. "Lügt euch nicht an!" Satan war ein Lügner und Mörder - wir sollten Lüge und Gewalt ablegen. "Ihr habt den Alten Menschen abgelegt (der Glaube hat das bewirkt) und den Neuen angezogen" - bringt doch jetzt nicht die

Früchte des Alten! Der Neue ist "erneuert in der Erkenntnis nach dem Bild Dessen, der ihn geschaffen hat."

Der Neue Mensch kennt Gott und hält nichts für richtig als das, was dem Wesen Gottes entspricht (to suit). Er ist nicht nur ein intelligentes Geschöpf, aber er wird nicht als solches empfangen, der Christ kennt darüber hinaus die Liebe Gottes und die Heiligkeit Gottes in Christus. Das ist das Wissen, das der Glaube von Gott hat. Es gibt auch keine Maßeinheit des Pfades, auf dem ich wandeln soll, als Gott selbst. Genau dahin ist der Christ versetzt. Handle im selben Geist und Charakter, wie er in Christus dargestellt ist!

Hat Er dir nicht Gnade erwiesen, als du ein Feind warst? Dann geh und zeige Gnade! War Er nicht voll Erbarmen gegen Undankbare? Dann geh und tu das Gleiche! "Seid vollkommen, wie euer Vater im Himmel vollkommen ist."

Vers 11: Hier gibt es kein Motiv, kein Leben, keinen Wesenszug als Christus. "Christus ist alles und in allem". Ich bin kein Jude, Heide, Engländer usw. - Ich bin in Christus als meinem Leben und "Christus ist mein Leben". Wo wir hineingebracht werden, ist Christus, und mein Gegenstand ist Christus und sonst nichts. Das Leben war in Ihm ausgedrückt, und seine Kraft ist in uns lebendig. Durch Erlösung werden wir hineingebracht, und Christus ist ihr ganzer Gegenstand und Wesenszug. Es ist Christus subjektiv in mir und objektiv außerhalb meiner. In Christus selbst erhalte ich Gotteserkenntnis. Er selbst ist das Abbild des lebendigen Gottes. Schau Christus an, und du siehst das alles in einem Menschen. *Christus ist alles und Er ist im Christen.* Die ganze Lebenssphäre und der ganze Gegenstand des Christen ist Christus. Auch die ganze Liebe des Vaters ist in Ihm völlig geoffenbart, und am segensreichsten ist, dass ich an Seinem Platz bin.

Vers 12: "Zieht deshalb an als die Auserwählten Gottes, heilig und geliebt." War nicht Er der Auserwählte Gottes? Er war Gottes geliebter Sohn.

Nachdem der Apostel nun Christus eingebracht hat, richtet er den Blick auf das, was wir in der Praxis uns zu eigen machen (put on) sollen:

"Das ist euer Platz", sagt er. Ihr seid die Objekte der Freude Gottes, heilig und geliebt. Seine Natur ist in euch; wandelt jetzt im Bewusstsein dessen, und euer

Herz wird imstande sein, die Dinge anzulegen, die zu Christus passen. Wenn Christus uns an diesen Platz gestellt hat, erwartet Er Frucht. Er hat den Baum beschnitten, und es sind die Einpfropfungen, die leben. Dann, so Paulus, zeigt doch diese gesegnete Frucht. Wenn Christus mein Leben ist, dann ist Er in mir und Er ist mein Objekt. Denkt daran: Er sagt, was ihr vor (before) Gott seid – wandelt in dieser Zuneigung und in diesem Bewusstsein.

Ihr sollt den Sinn dafür haben, wie ein Kind den für die Liebe seiner Mutter. Ein Kind weiß, wohin es gehört, und es sollte sich dementsprechend verhalten (walk) und seine Mutter erfreuen; aber zuerst muss es wissen, wohin es gehört. Auch ohne das kann es jede Pflicht erfüllen, aber das ist nur Show, sein Herz ist nicht darin. In Epheser haben wir das Gleiche: "Seid deshalb Nachfolger Gottes als geliebte (dear) Kinder". Geht und handelt wie euer Vater.

Hier haben wir einen anderen Aspekt der gleichen Sache: "Zieht deshalb an als die Auserwählten Gottes, heilig und geliebt." Das ist der Charakter Christi, und ihr seid am gleichen Platz, was die Beziehung betrifft.

Lasst uns den Geist betrachten, der zu einem solchen Platz gehört – der Platz Christi in dieser Welt: Es ist hart, niedergeworfen und niedergetrampelt zu werden, aber es ist das, was Christus hatte. "Denn wenn ihr Gutes tut und deswegen leidet, dann tut es geduldig, denn das ist angenehm vor Gott." Das ist der Charakter Christi. Tat Er nicht Gutes und litt geduldig dafür? Tut es! Es ist wichtiger, den Charakter Christi zu behalten, als meinen Mantel. Im Herzen funktioniert das so. Ich erwarte keine Gerechtigkeit in einer Welt voller Sünde. *Meine Sache (business) ist es, den Charakter Christi vor der Welt darzustellen – Freundlichkeit und Demut in einer falschen (wrong) Welt.*[13] Das ist Überlegenheit.

Wenn ein Mensch mich peinigt (vexes) me, sind wir auf dem gleichen Grund. Wenn ich den Geist Christi habe, den Geist der Kraft, erhebt er mich über das Fleisch.

---

[13] *Wenn Christus also für die Seinen alles getan hat, was notwendig war – was bleibt uns denn dann noch zu tun übrig, solange wir noch auf dieser Erde sind? Mit „den Charakter Christi...darzustellen "gibt uns Darby eine erste kurze Antwort auf diese Frage. Ausführlichere Überlegungen dazu erfolgen noch an anderen Stellen seiner Auslegungen des Kolosserbriefes.*

Aber all dies ist nicht natürliche Nettigkeit. Er sagt: "Über all dies Liebe (charity), die das Band der Vollkommenheit ist" - die echte Liebe Gottes, die eine Sache vollkommen macht und göttlich, und nicht nur eine freundliche Natur. Diese sehen wir ständig, aber sie hat keine Kraft zu Widerstehen, keine Charakterfestigkeit, sie kann nicht "Nein" sagen. Es gibt jede Menge Leute, für die ist es eine Qual, "Nein" zu sagen, und, wo es den Geist betrüben (to grieve) würde, nicht "Nein" zu sagen. Das ist menschliche Freundlichkeit, nicht göttliche Liebe.

Dieses Band der Vollkommenheit ist eine heilige Sache. Freundlichkeit wird der Versuchung nicht widerstehen. Wenn ich aber die Gnade Christi habe und göttliche Liebe und Kraft, komme ich da hindurch – es ist eben göttliche (divine godly) Liebe und Gehorsam.

"Lasst den Frieden Gottes in euren Herzen regieren." Mit einem Geist des Friedens und ungetrübtem Heiligen Geist kann man sich des Friedens freuen, ohne schlechtes Gewissen Gott gegenüber.

Dann fügt er hinzu: „Seid dankbar", denn ich bekomme alles von Gott. Ich kann aber nicht für alles dankbar sein, wenn mein Wille nicht gebrochen ist. Aber in dem Moment, in dem ich Gott als den betrachte, der die Haare auf meinem Kopf zählt, dann genieße (to glory) ich in Drangsal und rechne alles als Freude an, jede Versuchung, jede Prüfung.

Da ist der Platz des Christen – der Platz Christi, der in seinem Herzen herrscht – durch die Welt wandelnd in Frieden, dankbar für alles, was er bekommt, denn es gereicht ihm zum Guten. Er kann sich jetzt der Dinge seiner eigenen Welt freuen: "Lasst das Wort Christi reichlich in euch wohnen." Das ist die positive Welt, in die du gebracht bist: "Die unergründlichen (unsearchable) Reichtümer Christi". Das ist kein Kopfwissen, sondern geistlicher Natur.

"Singt dem Herrn mit Gnade in euren Herzen." Wir kennen Gottes Wege und Gedanken aus dem wunderbaren Wort, das wir haben, und wir haben die Gesinnung (mind) Christi. Die Weltmenschen singen in ihrer eigenen Freude, ihr singt gemeinsam dem Herrn. Der Christ erfreut sich jetzt seiner eigenen Welt mit

Herzenszuneigung. Wir haben die Regel für sein Verhalten (conduct): sie ist sehr einfach, sehr umfassend (sweeping) und ungewöhnlich genugtuend für das Herz, das wirklich den Willen Gottes tut: **"Was immer** (whatsoever) **ihr tut, ob in Wort oder Tat, tut alles in dem Namen des Herrn Jesus Christus"**.[14] Betrachten wir dieses "Was immer ihr tut, tut alles in dem Namen des Herrn Jesus Christus", dann bringt es uns das gesamte Prinzip und Motiv für unser Verhalten durch die Offenbarung einer Person, die alles für uns ist, nicht eine, die uns alles verbietet. Wie viele Entscheidungen haben wir im Verlauf der Woche zu treffen, gar nicht einmal im Hinblick auf absolut verbotene Dinge, eher: Was ist daran Schlimmes? Tue ich es im Namen des Herrn? Nein? Dann driftest du vom Herrn weg – und *das* ist das Schlimme, für einen Christen sehr schlimm. Ob Haus- oder Kleiderkauf, oder wie ich meinen Haushalt organisiere, ist es "im Namen des Herrn Jesus"?

Kommen wir dann zu dem Ergebnis: es lässt den Herrn draußen (gar nicht einmal: es wendet sich völlig von Ihm ab) und es lässt das Selbst herein? Genau das ist es, was der Wille des Fleisches ist!

Der Christ hat das Privileg, ganz alltägliche Dinge, und zwar alle, im Namen des Herrn zu tun. Musik, Theater – gehst du dorthin im Namen des Herrn Jesus? Die Dinge werden zu meinem persönlichen Gegenstand, das ist das Problem. Gott sandte Jonathan Honig zur Erfrischung, als er durch den Wald ging, und er wurde davon erfrischt. Richtig und gut. Aber hätte er nach Honig gesucht, hätte das bedeutet, nicht mehr die Kämpfe des Herrn zu führen. In den Opfern war kein Honig vorgesehen – aber wenn Gott ihn sendet, ist es richtig, sich davon zu erfrischen, und ich kann dankbar dafür sein.

Die Frage ist, an welche Stelle der Gedanke (mind) des Menschen gesetzt ist und lebt. Wenn eine Person ernsthaft den Willen Gottes tun will (und der Heilige Geist

---

[14] *Mit diesem Zitat aus Kol 3,17 leitet Darby nun einen kurzen Aufriss einer Verhaltensethik für unsere Noch-Existenz hier auf der Erde ein. Diese Verhaltensethik ergibt sich, völlig schriftgemäß, direkt aus der Gesinnung des Neuen Menschen, der der Welt gestorben, aber mit Christus auferstanden ist. Diese Grundsätze tauchen in Darbys Auslegungen immer wieder auf, kürzer oder ausführlicher, in immer wieder anderen Zusammenhängen und Beispielen. Weiter unten wird dies noch einmal von mir aufgegriffen und näher erläutert.*

könnte uns nicht in unseren Eigenwillen führen, um uns zu amüsieren und uns selbst zu gefallen, dafür ist Er nicht hier unten), wenn eine Person also bemüht (anxious) ist, Gott gemäß zu leben und für keinen Anderen, dann sagt er: Gib mir eine Regel für die Dinge, die im Alltag so auftauchen. "Tut alles in dem Namen des Herrn Jesus." Dann lebe ich mit Ihm im Alltag.

Angenommen, mein Vater möchte, dass ich dieses Buch so und so ablege, ich mache es aber ganz anders. Das mag unwichtig sein, aber es ist ein Beweis, dass mir mein Vater egal ist. Wenn der gesegnete Herr mir alles ist, dann versuche ich, alles in seinem Namen zu tun. Wir mögen etwas vergessen, leider tun wir es auch, aber wenn es mir auf dem Herzen liegt, einer Person zu gefallen, dann vergesse ich nichts. Wenn ich also so in allem wandle, werde ich noch mehr von Christus schmecken, und es wird mir festes (fixed) Glück geben, anstatt den Geist wegen irgendeinem Unsinn, der mir in ein paar Jahren völlig unwichtig ist, zu betrüben. Wir sollten Christus vor uns haben in allem, was wir tun. In unserem Betragen (conduct) denken wir viel an die, die wir lieben, und so werde ich auch im Kopf haben, was Christus erfreut, wenn ich Ihn liebe. Danach schaut der Herr als Der, der uns geliebt hat und sich selbst für uns in Gnade gegeben hat.

Weil Christus alles für mich ist, und ich Ihn als mein Leben habe, muss ich jetzt auch in Ihm wandeln, und alles in dem Namen des Herrn Jesus tun. Ich bin sicher, es ist genau das, was uns glücklich macht. Wir werden erfahren, was für schwache Geschöpfe wir sind, und das ist demütigend und zugleich sehr nützlich. Dieses Wandeln mit Ihm gibt uns Erkenntnis des Geheimnisses Seiner Gegenwart und Seines Rates (counsel), wie Er selbst sagt: "Ich selbst werde mich ihm offenbaren". Die Folge davon, mit Ihm zu leben, ist das echte (positive) Leben des Herzens in der Freude an Gottes Gegenwart. Sind wir damit zufrieden, wie Lot zu leben, und uns mit dem Bösen zu quälen, in dem wir mittendrin sind? Oder geben wir es auf, und es wird uns erfreuen, an die Zeit zu denken, wenn der Herr kommt und sagt, wie Er es zu Abraham getan hat: "Ich bin dein Schild, und deine alles überragend große Belohnung"? Sind wir zufrieden, wenn Gott das sagt? Man hat es an Abrahams Wandel gesehen. Er wurde "der Freund Gottes" genannt; und Gott sagte: "Soll ich vor Abraham verbergen, was ich tue?" Das Geheimnis des Herrn war in seinem Herzen.

Wir finden dann, was schon immer der bemerkenswerte Ausdruck dessen war, was das Leben des Christen ist, und wie es in uns wirkt. All das hat damit begonnen, den Alten Menschen abzulegen und den Neuen anzulegen. Gott hat sich in Christus völlig geoffenbart, und wir haben die göttliche Natur empfangen. Jetzt sind wir in der Lage, in der Seele das so Geoffenbarte zu verstehen, nämlich, was Gott ist – Christus das Muster für unseren Wandel, und Er selbst gleichzeitig unsere Stärke, es zu tun.

In diesem Teil der Auslegung des Kolosserbriefes betont und erläutert Darby besonders deutlich, dass das Leben und damit die Lebensführung des Christen hier auf der Erde in jeglicher und ausschließlicher Weise von seiner Verbindung mit dem auferstandenen und verherrlichten Jesus Christus bestimmt wird und bestimmt zu sein hat. Dies ergibt sich aus der Tatsache, dass der Herr selbst bereits alles geleistet <u>hat</u>, was zu unserer Rettung und Verherrlichung zu leisten nötig war. Ergebnis ist u.a., dass wir bereits Neue Menschen, somit eine komplette Neuschöpfung <u>sind und nicht erst werden müssen. Nach wie vor ist der Christ aber immer noch auf seiner "Wüstenwanderung" hin zu Gott, obwohl er in und mit Christus längst dort angekommen ist.</u> (Daher der Titel dieses Buches.) Diese Neuschöpfung unserer Person umfasst sämtliche Bereiche unseres Erdenlebens, zunächst unserer Gesinnung, die sich nunmehr ausschließlich auf Christus bezieht und an Ihm und Seiner Gesinnung orientiert. Der Christ <u>möchte</u> in allen Dingen seinem Herrn und Retter immer ähnlicher werden, Ihn in dieser Welt, wie Darby es nennt, "darstellen". Er befindet sich aber eben noch immer in einer Welt, die ihn ständig wieder in ihren Bann ziehen und von Christus ablenken möchte. Dies stammt von Satan, das Werkzeug dazu ist das "Fleisch".

Darby ist es sehr wichtig, festzuhalten, dass es nicht nur die wirklich "schlimmen" Dinge sind, die uns in Versuchung führen und in Sünde enden können, sondern dass <u>jedwede</u> Sache in der Welt dazu dienen kann, uns vom Herrn abdriften zu lassen und nach und nach zu immer größerer Entfremdung führen können.

Als Neuer Mensch hat der Christ aber auch die Kraft, dem entgegenzuwirken. Er will das durch seine Neue Gesinnung und entwickelt durch seine "Kraft von oben" entsprechende Handlungsweisen.

Ich möchte es so zusammenfassen: Durch die von Darby immer wieder betonte "Präsentische Eschatologie" (Jesus hat bereits alle zukünftigen Dinge zu unserem Besten geregelt, das ist quasi schon Gegenwart geworden) bekommt der Mensch auch eine Neue Gesinnung, die sein entsprechendes Handeln ermöglicht (aus seiner Neuen "Gesinnungsethik" entsteht eine Neue "Handlungsethik").

Auch wenn es Darby wichtig ist, dies immer neu zu betonen, teilweise mit einer ungewohnten Rigidität (Was nicht zu 100 Prozent zu Jesus hinführt und auf Ihn gerichtet ist, führt von Ihm weg.), ist aber keineswegs "Darbys" Theologie, sondern entspricht genauestens den biblischen Tatsachen, wie sie u.a. auch im Kolosserbrief vorgefunden werden.

Was weiterhin manchen Leser erstaunen mag, ist, dass Darby fast ausschließlich von "dem" Christen spricht, sodass die Frage auftauchen könnte, warum, zumindest in den beiden bisher vorgestellten Schriften, so gut wie nie von einer Kirche, Freikirche oder sonstiger Religionsgemeinschaft die Rede ist, die ihren Mitgliedern ihre Regeln, Lehren und Verhaltensweisen nahe legt und vorschreibt. Insbesondere mag auch dies noch nicht völlig klar sein: Wer ist eigentlich ein Christ? Wen genau bezeichnet Darby so? Welchen Stellenwert hat dabei eigentlich die Taufe, der Priester, die Beichte etc.? Gibt es eine "richtige" Konfession? Mit diesen Dingen befasst sich u.a. der folgende Kommentar Darbys:

3.3 Alles in Christus und Christus Alles[15]: Ein Wort über Fäulnis und Betrügereien

Eine eindeutige Übersetzung der Überschrift ist schwierig. Bereits der erste Teil der Überschrift könnte übersetzt auch lauten: Alle in Christus und Christus Alles. Der zweite Teil spricht über durchweg negative Dinge, die sich nicht genauer bezeichnen lassen. Die o.g. Übersetzung ist insofern eine Auswahl aus verschiedenen Möglichkeiten. Am wenigsten ungewohnt für den deutschsprachigen Leser wäre wohl der Ausdruck "Lug und Trug". Die enge Verbindung der beiden Teile der Überschrift erscheint sicherlich ungewohnt. Darby beginnt wohl deshalb und auch mit direktem Blick auf die Probleme in Kolossä, die er gleich zu Beginn nennt, seinen Kommentar mit dem Hinweis:

Der Herr kann aus jedem Bösen (evil) Seinem Volk Gutes hervorbringen. Die (these) Christen in Kolossä standen in Gefahr, "nicht am Haupt festzuhalten", das heißt, vom Bewusstsein davon, in Christus zu sein, wegzutreiben, weil sie dazu verführt wurden, sich *Verordnungen* zu unterwerfen. Der Apostel nötigt sie daher, zurück zu kehren, indem er ihnen zeigt, wie der Gläubige *alles in Christus hat*, und *nichts außerhalb von Ihm*.[16] Als Ergebnis bekommen wir viel wertvolle Lehre über die Fülle des Hauptes für den Leib, sowie die ernste Warnung davor, uns in der Praxis von unserem Einssein mit dem Haupt zu trennen, durch das Zulassen der Religiosität des Fleisches (in the flesh).

Alles basiert auf der Einheit mit dem auferstandenen und verherrlichten Herrn. Wenn wir dann hier, wie im Brief an die Epheser, diese große Grundwahrheit empfangen, werden die Kolosser doch auf etwas niedrigerer Ebene als die Epheser angesprochen, die fest im Glauben an diese Wahrheit standen und von der Lehre profitierten, die vor ihnen die ganze Breite der Privilegien der Gemeinde (church)[17] entfaltete, insofern als sie an dem Punkt zusammenlaufen,

---

[15] *All In Christ And Christ All: A Word On Spoilings And Beguilings (Colossians 2), 1863, CW 27, 278 ff*

[16] *Die hier von mir hervorgehobenen Begriffe und Satzteile bezeichnen im Kern, um was es Darby in diesem Kommentar geht. Sie bedürfen der Erläuterung, die Darby dann auch auf den folgenden Seiten gibt.*

[17] *Darby bezeichnet in seinen Schriften mit "church" im Sinne der Brüderbewegung die*

von dem aus alle Gedanken und Gefühle des Christen immer fließen sollten – seine Stellung und Vorrechte in Christus. Jeder der Briefe an beide Gemeinden steht genau an seinem Platz.[18] Die Standhaftigkeit der einen und die Verfehlungen der anderen dienten nur dazu, den Segen der Kirche (church) durch alle Zeiten weiter zu gewährleisten. In dem Moment, wo wir auf Verordnungen achten, und zwar sofern sie auf unsere Stellung vor Gott hin betrachtet werden, rutschen wir schon von Christus weg. Etwas steht zwischen uns und unserem Haupt. *Gottes Gedanke über Vollkommenheit (completeness) ist Christus!* Wenn wir deshalb darüber nachdenken, dass wir *noch nicht* alle Perfektion erreicht *haben*, verlassen wir Christus! "Ihr *seid* (hier steht nicht: Ihr sollt noch) *vollkommen (complete) in Ihm." (2,10).*

Wenn es für mich etwas zu erreichen (obtain) gibt, dann kommen auch sofort Mittel dazu, wie es erreicht werden kann. Wenn der Leib mit dem Haupt vereint ist (was genauso für den Einzelnen gilt), bin ich Eins[19] mit Christus, habe ich in Ihm alles, was ich brauche. Ich muss vielleicht darüber noch genauer belehrt werden und Gnade suchen, damit sich das zeigt, aber in dem Moment, wo ich denke, mir fehlt noch etwas an Christus – eine unterschwellige Form von Selbstgerechtigkeit ist da am Werk – muss ich etwas tun. Welche Form auch immer das annimmt, Gebet, Werke oder was auch immer, "halte ich nicht am Haupt fest".

Einer, der Ländereien besitzt, muss sich darum kümmern, aber wenn er sagen würde, ich muss sie in Besitz nehmen, würde er sich sehr irren.

Gott ist der demütigen Seele geoffenbart. Intellektueller Erfolg ist hierbei nicht gefragt, auch keine großartige Lernleistung oder Philosophie. "Wo ist der Weise?

Gemeinschaft der wahrhaft Gäubigen als dem Leib Christi im Unterschied zu den Zusammenschlüssen innerhalb bestimmter Konfessionen, Denominationen, Gruppierungen etc. Die in diesem Sinne Gläubigten werden „ Heilige" genannt.

[18] *Ein großer Teil der Schriften des Neuen Testamentes hatte als Anlass ihres Verfasstwerdens Schaden, den Satan in der Gemeinde angerichtet hatte. Die Briefe an die Korinther und an die Galater sind Beispiele hierfür. In ihnen wird der Mensch gedemütigt, aber Gott überragt dies für umso größeren Segen.*

[19] Das gilt nicht nur für die Kirche (church), auf abstrakte Art (die Religion des Fleisches kann sehr orthodox daherkommen): Glaube ist eine persönliche Sache, und versetzt den, der ihn besitzt, in Freude – oder als Person unter die Wirkungen seines Glaubensgegenstandes (object).

Wo ist der Schriftgelehrte? Wo ist der Widerspenstige (disputer) dieser Welt? Hat Gott nicht die Weisheit dieser Welt zur Dummheit gemacht?" Niemand „kennt die Dinge Gottes, nur der Geist Gottes. Jetzt haben wir nicht den Geist dieser Welt empfangen, sondern den Geist Gottes, damit wir die Dinge erkennen, die Gott uns freimütig gegeben hat."

Der hellste Geist könnte nie die Wege Gottes erkennen; wir können uns anstrengen, aber nie das erreichen, was der einfachste Gläubige weiß – Dinge, die "vor den Weisen und Klugen verborgen", aber "Kleinkindern offenbart" sind. Wie schmerzlich, wenn alle Anstrengungen den Weisen nur in die Dunkelheit führen! "Was ist Wahrheit?", fragte Pilatus - und kreuzigte Christus. Christus ist die Wahrheit, und die einfachste und demütigste Seele eines armen Sünders, belehrt von Gott, hat sie völlig. Er mag es noch nicht bemerkt haben, aber es ist alles da: Alle Schätze der Weisheit und der Erkenntnis in dem Geheimnis. Christus ist der Gerechte, und wir "werden in Ihm zur Gerechtigkeit gemacht" - Leben "in Ihm ist das Leben" und Er ist "unser Leben". Alles das, was göttlich und ewig ist, gibt es nicht ohne Ihn!

Zu Beginn des Kapitels spricht der Apostel über die Probleme (conflicts), die er wegen der dortigen Heiligen (saints) hatte, wo doch ihre "Herzen in Liebe vereinigt (knit together) sein sollten, und getröstet in der Gewissheit des Verständnisses des Geheimnisses Gottes, des Vaters und Christi", da wir wissen, dass Gott alles in Christus vereinen wird (is about to gather) und die Kirche (church) mit Ihm, der das Zentrum ist, verbunden ist.

"Und dies sage ich", so fährt er fort, "damit niemand euch mit schönen Worten betrügen soll (und so tut, als ob er euch eine Menge Weisheit und Kenntnis in allen Dingen bringt, die nicht Christus sind). Denn obwohl ich körperlich abwesend bin, bin ich doch bei euch im Geist, und erfreue mich und sehe euch in eurer Ordnung und Festigkeit eures Glaubens an Christus" (V. 4f).

Der Betrüger mag sagen, das ist ja alles gut und schön, Christus für die Christenheit zu haben, nur um dann fortzufahren (ach, wie oft ist das schon gesagt worden), aber gibt es da nicht auch etwas neben Christus? Nein, nichts! Wir können uns mit den Pflanzen dieser Erde nicht befassen, ohne mit dem zu tun zu haben, was Christus gehört, und wenn wir uns damit ohne Christus beschäftigen, sündigen wir. Wir sind aus dem Paradies vertrieben und haben alles verloren.

All das haben wir vergessen, vollständige Verblendung des Herzens und Verhärtung des Bewusstseins markierten den Weg Kains, bis er schließlich, aus der Gegenwart Gottes vertrieben, versuchte, aus der Welt, in die Gott ihn als Flüchtling geschickt hatte (der Name des Ortes, an dem er lebte - "das Land Nod" bedeutet "das Land eines Vagabunden") zu einem möglichst angenehmen Wohnort ohne (apart from) Gott zu machen. Und alles, was der Mensch jetzt tut, nämlich die Erde ohne Gott zu bewohnen, tut er genau wie Kain, indem er als armer Sünder versucht, sich in einer solchen Welt einzurichten.

Der Christ erkennt an, dass er alles verloren hat, er kann nicht von "seinen Rechten" sprechen. Wenn er alles für sich selbst nutzen würde, würde er es als ein armer, schuldiger Rebell tun. Er vertraut auf den Lebendigen Gott, der uns reichlich alle Dinge zur Freude gibt; er isst sein Fleisch mit Freude und hingebungsvollem Herzen und lobt Gott dabei. Was immer er tut, in Wort oder Tat, er tut alles im Namen des Herrn Jesus, und dankt seinem Gott und Vater durch Ihn. Für ihn gibt es nichts außerhalb von Christus, alles gehört Christus, und als Christ freut er sich daran.

Denken wir nicht, dass dieses "Geheimnis Gottes" [20] irgendeine großartige Erkenntnis ist! Wo die Seele anerkannt hat, dass sie selbst Sünder ist und alles in Christus ist, hat sie Christus als Zentrum von allem anerkannt. Sie hat Ihn zur Vergebung empfangen, und sie hat alles in Ihm. "Wie ihr deshalb Christus Jesus den Herrn empfangen habt", fährt er fort, "so wandelt in Ihm, eingewurzelt und erbaut in Ihm und im Glauben fest gemacht, wie ihr gelehrt worden seid, "Überfließend hierin mit Danksagung", V. 6f. Alles, was ich habe, habe ich aus Gottes Liebe.

---

[20] *Entsprechend den Aussagen der Bibel meint Darby mit "Geheimnis" i.d.R. Offenbarungen über Gottes Wesen und Pläne, die den Menschen des AT noch nicht bekannt waren, die aber nun für jeden Christen (und letztlich für alle Menschen) in der Schrift frei zugänglich und nachlesbar sind.*

"Achtet darauf, dass euch nicht jemand um euren Segen bringt oder betrügt, "durch Philosophie und leere Täuschung, nach der Tradition von Menschen, gemäß den Elementen dieser Welt, und nicht gemäß (after) Christus."

Die Tradition von Menschen[21] ist niemals Glaube – wahr oder falsch, es ist niemals Glaube – es ist natürlich und gehört zum Menschen. Glaube ist der Empfang eines göttlichen Zeugnisses durch die Seele, sodass man Gott selbst glaubt. Weiterhin gründet sie sich ausschließlich auf Sein Zeugnis. Ein Mensch mag das Werkzeug sein, das mich zum Glauben bringt, ein Wegweiser, der mir die Richtung weist, aber ich kann nicht Menschen glauben, weil ein Mensch es sagt. Ich glaube Gott.

Wir haben Satan geglaubt, als wir Gottes Segnungen empfingen, jetzt ruft Gott uns auf, Ihm selbst zu glauben. Darin besteht die echte Umkehr der Seele zu Gott. Wenn ich etwas glaube, weil "die Kirche" ihre Autorität oder ihre Strafe auf das gelegt (put) hat, was ich glaube, sage ich damit einfach nur, dass ich Gott nicht glaube.

Die Bibel ist das Wort Gottes. Gott hat ein Zeugnis gegeben, das seine Autorität trägt, und diesem Zeugnis habe ich zu glauben – anderenfalls schätze ich Gottes Zeugnis gering. Etwas glauben, weil der Mensch es sagt, oder weil "die Kirche" es sagt, heißt Gott zum Lügner machen, denn wenn ich nur das hätte, was Gott sagt, würde ich es nicht glauben. Es ist gut, dieser Frage entschieden ins Gesicht zu sehen.

Es geht um zwei Dinge:

1. das, was ich glaube – die Fülle, den Reichtum und die Vollkommenheit Christi und 2. der Grund, auf dem ich es glaube.

Was Letzteres betrifft: Wenn eine Person mir etwas sagen würde, und ich wirklich dem Zeugnis dieser Person glauben würde, müsste ich annehmen, was sie sagen würde, weil *sie* es gesagt hat.

---

[21] *Hier und in den folgenden von mir kursiv gehaltenen Sätzen finden wir im Kern die Grundlagen von Darbys Ekklesiolologie (Lehre von der Kirche) und Hermeneutik (Lehre vom Verstehen, in diesem Falle der Bibel).*

Wenn ich Gott nicht glauben kann, warum ist das so? Meine Augen werden gehalten, ich kann nicht glauben, wenn Gott spricht. Er hat sich nicht beim Zeugnisgeben vertan. Das einzig Richtige in dieser Angelegenheit ist, Gott zu glauben, weil Er es sagt, anders ausgedrückt: Gott glauben.

Einem Anderen sagen: "Ich werde glauben, was du sagst, wenn es mir von einem Anderen bestätigt wird", heißt, ihm nicht zu glauben. *Wenn es das Zeugnis "der Kirche" braucht, um Gottes Wort anzuerkennen, ist es Unglaube, Entehrung Gottes.* Hinsichtlich Gottes wäre ich untreu, wenn ich das tue, weil es Jemandes moralische Position respektiert.

Aber noch mehr: Christus ist ein himmlischer Christus, Er ist nicht von dieser Welt. Er war vom Himmel, und er ist zum Himmel zurückgegangen. Von daher ist alles, was "nach den Elementen dieser Welt" ist, nicht "nach Christus", egal, wie schön es der menschlichen Natur auch erscheint, und geplant, den Menschen fromm zu machen.[22]

Das, was nicht im Himmel gewesen ist, kann vom Himmel nur Zweiter Hand erzählen; all das, was nicht einfach Christi Offenbarung von Ihm selbst ist, gehört nicht zum Himmel. Er sagt: "Kein Mensch ist in den Himmel hinaufgestiegen, nur der, der vom Himmel herabkam, der Sohn des Menschen, der im Himmel ist." Wer sonst konnte das? Und deshalb, egal, was der Mensch mir erzählt, oder was die Menschen vom Himmel gesagt haben – sei es, was die Vorfahren gesagt haben, oder was "die Kirche" gesagt hat, kann ich nicht glauben.

Das, was "nach den Elementen dieser Welt" gesagt wird, ist genau das Gegenteil von Himmel. In dem Moment, wo wir etwas bekennen, das dem Fleisch gefällt,

---

[22] Die Religion des Fleisches ist insgesamt so böse wie seine Lüste, sie ist schließlich nur eine von ihnen, wenn auch mit dem Schleier der Werke und der Heiligkeit bedeckt. Sie kann sehr mit guten Werken beschäftigt sein, tadellos im Betragen, kann viel von Selbstverleugnung und Frömmigkeit, viel von Demut haben, sehr beschäftigt mit der Liebe Gottes sein, aber während sie vielleicht vorgibt, auf Seiner Liebe gegründet zu sein (die unendlich ist), wird sie diese Liebe sein, die im Herzen ist, unsere Liebe zu Ihm. Vielleicht fragt jemand: aber wenn doch all diese Dinge in einer Person existieren können und nichts als Fleisch sind, wie können wir da die wahre Beschneidung finden? Sie freut sich in Christus Jesus. Nichts ist leichter, als diese Dinge zu beurteilen, wenn Christus unser Alles (our all) ist. Die Tatsache, dass Er es ist, lässt uns daher ohne Zögern fühlen, dass all dies Fleisch ist, und stellt Seine Hilfe bereit (to yield) für das, was Christlichkeit (Christianity) von ihren Fundamenten her zerstört. Das Fleisch ist sehr fromm, wenn es den Frommen spielt, denn es freut sich immer in sich selbst.

oder im Fleisch etwas hermacht (makes a fair show), gehört es zur Welt, es ist nicht "nach Christus". "Denn in Ihm wohnt die ganze Fülle der Gottheit leibhaftig (bodily)", V.9.

Darin liegt etwas überaus Gesegnetes; das ist weder das "Was ist Wahrheit?" eines Pilatus, noch ein Hinterhersuchen nach Gott, wenn wir zufällig nach Ihm fühlen und Ihn finden (Paulus´ Ausdruck hinsichtlich der Heiden), sondern, wie Johannes sagt, "was wir gehört, was wir mit unseren eigenen Augen gesehen haben, was wir betrachtet und unsere Hände berührt haben vom Wort des Lebens" (1 Joh 1,1), das, was für die Sinne des Menschen erfahrbar (brought home) gemacht wurde.

Anstatt die Gefühle einzusetzen, um hinter etwas her zu suchen, ist Gott zu uns herunter gekommen, zu den armen verlorenen Geschöpfen, die wir sind.

Aber Gott ist da. Er ist leibhaftig zu uns in unseren Sünden und in unser Elend gekommen: Ich bekomme keinen Haufen Geschichten, entstanden (patched up) auf eine Weise, die keiner kennt, um auf meine Sinne einzuwirken und meine Einbildungskraft anzukurbeln; es ist Gott, der mich errettet.

Aber Er wird immer Gott sein. Da ist keine Unruhe, kein Elend, kein Gefühl im Herzen des Menschen, dem Christus nicht entgegentreten (to meet) könnte (und wir wollen schließlich etwas, was das Herz erfüllt, wir sind Menschen, und wir wollen, was ein Mensch will), nicht nur als Lehrsatz, sondern leibhaftig.

In Ihm finden wir, was sonst nirgendwo zu finden ist. Auch wenn es die liebevollste vorstellbare Person wäre, die es gibt, sie ist nicht aus Liebe für mich gestorben. Ich habe eben nun nicht einfach nur die Liebe einer gütigen Person: "In Ihm wohnt die ganze Fülle der Gottheit leibhaftig".

Alle Gedankenflüge sind überflüssig, denn ich finde das, was ich mir mit aller Kraft wünsche, in dem Heiligen.

"Und in Ihm seid ihr zur Fülle gelangt"[23], V.10. *Ich habe nicht nur, alles, was ich will, sondern ich bin alles, was ich brauche, um in Ihm zu sein.*

Ich muss vor Gott erscheinen, und als verantwortliches Seiendes (being) habe ich vor Gott auszusagen (to say to God). Angesichts dessen, was ich in mir selbst bin, bin ich verloren. *In Christus bin ich komplett, so wie Christus es ist, denn ich bin komplett in Ihm.*

Es gibt diese beiden Seiten: wenn Gott uns erschienen ist, müssen auch wir vor Ihm erscheinen. Gesegnet sei Gott. *In Sachen Komplettheit brauche ich außerhalb Christi nichts mehr zu suchen.* Und beachte: es geht nicht nur um das, was da ist, sondern um das, was wir in Christus haben. Unsere Herzen sind so hinterlistig und trügerisch (deceitful and treacherous), sie wollen immer gerne ein wenig von sich selbst finden. Aber sei es Demut oder was auch immer, hier gibt es keinen Raum für das Selbst (self). *In uns, in unserem Fleisch, gibt es nichts Gutes. Außerhalb von Christus gibt es weder Gerechtigkeit, noch Heiligkeit, noch Demut.*

Die Juden suchten eine Vielfalt von Formen, wir haben alles in Christus. Eine Lossprechung vom Priester: brauche ich nicht, habe ich schon vor Jahren in Christus bekommen. Ein anderer sagt: du wirst den Heiligen Geist in dieser oder jener speziellen Weise empfangen. Habe ich schon. Daher spricht Paulus darüber, wenn er sagt: "In dem ihr auch mit einer Beschneidung beschnitten seid, die nicht mit Händen gemacht ist, indem ihr den Leib der Sünden des Fleisches durch die Beschneidung durch Christus abgelegt habt"(V.11). Mit der Sünde sind wir fertig, wir sind ihr mit Christus gestorben.

Dann zeigt er weiter, wie das geschah: "Mit Ihm in der Taufe begraben und auferstanden, durch den Glauben an das Handeln Gottes, der Ihn von den Toten auferweckt hat", V.12. *Mit dem Fleisch sind wir fertig (done with), und das ist*

---

[23] *Dieser von Darby im Zusammenhang des Kolosserbriefs häufig zitierte Vers (wörtlich: Ye are complete in Him) stellt die Grundlage von Darbys Präsentischer Eschatologie (was wir brauchen, um vor Gott gerecht zu sein, ist durch Christus schon längst geschehen) dar: in dieser Hinsicht sind wir längst "komplett". Der meist in deutschen Übersetzungen für "complete" benutzte Ausdruck "zur Fülle gelangt" drückt m.E. diese biblische Grundwahrheit wesentlich schwächer aus als die direkte Übersetzung "komplett" (es fehlt einfach Nichts). Insofern wird zukünftig bei der Übersetzung meist die Letztere von mir bevorzugt.*

noch nicht einmal eine besondere Anstrengung. Wir sind ja schon tot! Er sagt nicht: "Sterbt dem Fleisch (noch sagt die Schrift das irgendwo)", noch: "Sterbt der Sünde"[24]. Solch ein Ausdruck ist in sich selbst schon der Beweis, dass der, der ihn benutzt, die Schriften einfach nicht kennt.

Was wir aber finden, lautet: "Tötet aber eure Glieder ab (to mortify), die auf der Erde sind", etc. (Kap.3,1-5). Dies setzt voraus, dass wir tot sind und unser Leben mit Christus in Gott verborgen ist. An anderer Stelle sagt der Apostel: "Ich bin mit Christus gekreuzigt, dennoch lebe ich, und das Leben, das ich jetzt im Fleisch lebe, lebe ich durch den Glauben an den Sohn Gottes, der mich geliebt und sich selbst für mich gegeben hat" (Gal 2, 19f). Alles, was Christus ist und alles, was Er getan hat[25], ist mein in Ihm.

Er wurde getötet – ich auch. Er ist wieder auferstanden - ich auch. Deshalb kann ich "abtöten" etc. Diese beiden Dinge dürfen wir nicht vermischen (in unseren Gedanken tun wir das oft, daher die Verwirrung)[26], Christi Sündentod für mich ist meine Kraft, der Sünde wirklich tot zu sein. Wenn das noch nicht ganz deutlich ist, ist möglicherweise die Argumentation in Röm 6 ganz hilfreich: "Wie sollen wir, die wir der Sünde tot sind, weiter darin leben?... Dadurch, dass Er starb, starb er einmal (once) der Sünde; dadurch, dass Er lebt, lebt Er Gott. Ebenso haltet euch für tatsächlich der Sünde tot, aber lebendig für Gott durch Jesus Christus, unseren Herrn. Lasst deshalb nicht die Sünde euren sterblichen Leib beherrschen", etc. In dem Moment, wo unser Auge auf Ihm ruht, sagt der Glaube, bin ich der Sünde gestorben.

Und achtet einmal darauf, wie dies eingebracht wird. *Der Glaube richtet sich nicht auf meine Auferstehung, sondern auf Christi Auferweckung.* Dieser Unterschied ist alles andere als unwichtig. Manch treue Seele schaut unentwegt

---

[24] *Präsentische Eschatologie, vgl. FN 23*
[25] *Dies alles ist mir von Gott zugeschrieben, als ob es mir selbst geschehen wäre.*
[26] Die wahrhafte Tötung des Fleisches wird durch Gnade erreicht, im Bewusstsein der Gnade. Ohne dies gibt es nur Anstrengungen der Seele unter Gesetz, deshalb mit schlechtem Gewissen und kraftlos. Genau das haben aufrechte Mönche versucht, aber ihre Anstrengungen geschahen nicht in der Kraft der Gnade und Stärke Christi. Wenn da Aufrichtigkeit war, war auch tiefstes geistliches Elend dabei.

in in sich selbst, um Gewissheit zu erlangen, aber das ist nicht "der Glaube in die Handlung Gottes". Petrus sagt: "Ihr, die ihr durch Ihn an Gott glaubt, der Ihn aus den Toten erweckt und Ihm Herrlichkeit verliehen hat, damit euer Glaube und eure Hoffnung auf (in) Gott sei", (1Pet1,21). Und Paulus: "Es wird dem zugerechnet, wenn wir an Ihn glauben, der Jesus, unseren Herrn, vom Tod erweckt hat" etc.

Meine Seele, die weiß, dass alles Fleisch verdammt ist, und dass nichts Gutes darin ist, hat längst aufgegeben, im Fleisch nach Gutem zu suchen. Gott hat jede Menge Böses gefunden, und ich ebenso. Er mag mir erlaubt haben, in einem hoffnungslosen Kampf darum zu kämpfen, das Fleisch zu verbessern – aber ich schaue aus mir selbst heraus (look out of myself), und ich sehe, dass Gott Christus von den Toten auferweckt hat. "Was das Gesetz nicht konnte, da es durch das Fleisch schwach war, verdammte Gott als Sünde im Fleisch, indem Er Seinen eigenen Sohn in Gleichheit des sündigen Fleisches sandte und für die Sünde die Sünde im Fleisch verdammte" (Röm 8,1-3).

Mein Vertrauen liegt darin, dass Gott Christus von den Toten erweckt hat, als Er *für mich* da war. Wenn das aber alles beiseitesetzt, was ich in mir selbst für Gott bin, setzt es auch jegliche Akzeptanz beiseite. Sage ich, in meinem Fleisch ist überhaupt nichts Gutes, es muss sterben, es ist nicht reparierbar? Es ist tot, das ganze alte Zeug weg, ich *bin im Himmel mit Ihm*[27], der von den Toten auferweckt worden ist, und jetzt habe ich meine Glieder abzutöten, die auf der Erde sind.

"Und er *hat* euch, die ihr tot wart in euren Sünden und der Beschneidung im Fleisch, *mit Ihm zusammen erhöht* (quickened), indem Er euch alle Übertretungen vergeben hat."

Hier finden wir eine weitere gesegnete Wahrheit: anstatt eine Frage der *Besserung* des Fleisches zu sein, *ist* dieses nicht nur *schon verdammt*, sondern wir *sind mit Christus zusammen erhöht worden!*[28] Dies ist mehr als nur ein Lehrsatz: Christus

---

[27] *Ein weiteres Beispiel für Darbys Präsentische Eschatologie, vgl. FN23*

[28] *Ich setzte voraus, dass der Leser inzwischen ausreichend für das Erkennen der Präsentischen Eschatologie in den Auslegungen Darbys und in der Bibel sensibilisiert ist. Daher werden diesbezügliche Stellen nur noch in Ausnahmefällen durch Kursivschrift bzw. Fußnoten besonders*

ist unser Leben. Ich bin als (in) dieser Neue Mensch vor Gott. Und was ist aus all meinen Sünden geworden? Sie sind weg. Christus ging mit meinen Sünden ins Grab (sie wurden am Kreuz weggetan - "Er trug unsere Schmerzen an (in) Seinem eigenen Leib auf das Holz (on the tree)" – das Grab ist Ausdruck davon), und als Er wieder auferstand, waren sie alle weg! Was kann mir einen solchen Sinn für die Abscheulichkeit, die Hasserfülltheit meiner Sünden geben, als Christus sie tragen zu sehen? *Aber sie sind weg!*

" Den Schuldschein (hand-writing of ordinances) auslöschend (blotting out), der gegen uns war, nahm er diesen weg, indem Er ihn ans Kreuz nagelte", V.14. Er setzt nicht Menschen dazu ein, um Gerechtigkeit durch das zu erhalten, was Sünde stärkt und Verdammnis bringt. Wenn ich sage, ich habe Dieses oder Jenes nicht getan, warum soll ich dann eine Handlung, die angeblich Verdammnis bringt, wenn sie nicht durchgeführt wird, vornehmen? Indem ich das Abendmahl nehme, dieses süße und gesegnete und heilige Gedenken[29] an den Tod Christi, der Freude meines Herzens um es zwischen mich und Christus zu stellen, dann halte ich nicht "am Haupt fest".

Christus hat Vorschriften aus dem Weg geräumt, sie sind vom Fleisch gemacht: sei es auferlegte Buße (penance) – das Fleisch hat sie gemacht, aber das Fleisch ist tot! Das gleiche Geschehen, das Sünde weggeschafft hat, hat auch kirchliche Vorschriften (ordinances) abgeschafft; der Mensch, der Sünden hatte und Vorschriften erfüllen sollte, ist tot, weil Christus gestorben ist. Ich bin lebendig in Christus, der wieder von den Toten auferstanden ist, Er ist mein Leben.

Ich brauche keine Stellung vor Gott mit Hilfe von Vorschriften zu bekommen. Gäbe es die kleinste Handlung, die ich noch brauchte, um Perfektheit vor Gott zu erlangen, dann wäre das die Leugnung der Vollkommenheit des Herrn Jesus Christus.[30]

---

hervorgehoben.

[29] Das Passah war das Gedenken der Befreiung Israels aus Ägypten. Das Abendmahl ist nicht nur das Gedächtnis unserer Erlösung, sondern auch der Liebe Dessen, der uns erlöst hat.

[30] *Hier haben wir im Kern die gesamte "Sakramentenlehre" Darbys und ihre direkte Ableitung aus der Bibel, insbes. dem Kolosserbrief. Meine in Kap.1 aufgestellte These, dass in Darbys Kolosserbrief-Kommentaren im Grunde die wichtigsten Teile seiner gesamten Theologie*

Mehr noch: Diese "Fürstentümer und Gewalten", gegen die wir zu kämpfen haben (Eph 6,12), sind "kraftlos geworden"; Er hat sie "öffentlich vorgeführt und über sie triumphiert", V.15. Kommt Satan und klagt mich an? Es stimmt zwar alles, aber meine Sünden sind weg. Gott hat gesagt, Er will ihrer nie mehr gedenken. "Widersteht dem Teufel, und er wird von euch fliehen." Warum fliehen? Weil er es mit Christus schon zu tun hatte. Geht es um die Versuchung durch die angenehmen Dinge dieser Welt, oder um die Sorgen und Versuchungen des Lebens, oder die Todesfurcht? All diese Dinge sind für Satan unbrauchbar (spoiled) geworden, haben ihre Macht zugunsten des Glaubens verloren (Heb 2,14).

Für den Gläubigen ist der Tod nur ein Abschied, um bei Christus zu sein. Alles, was er sonst durch Satan oder durch den Zorn Gottes sein könnte, hat Christus längst an unserer Stelle durchgemacht. Aber Er ist hindurch gegangen, und Er ist jetzt bei Gott. Wir sind tot und auferstanden mit Christus, aber immer noch hier mit einem sterblichen (dying) Leib. Wenn ich den ablege, werde ich "vom Leib abwesend" (absent), werde ich "gegenwärtig beim Herrn" sein.

Und nun, nachdem Paulus uns gezeigt hat, wie wir alles in Christus und nichts außerhalb von Ihm haben – Komplettheit in der Gegenwart Gottes und völlige Erlösung von allem, was wir in uns selbst haben, genau wie von allem, das wir in uns selbst sind, oder von allem, was gegen uns verwendet wird oder werden könnte, weil wir es in uns haben – fährt er fort: *"Lasst deshalb keinen Menschen euch i.S. Essen, Trinken, Feiertage-Halten beurteilen, die nur Schatten der kommenden Dinge sind, aber der Leib ist Christi" (V.16f).*

Was für eine vollständige Freiheit! Wir müssen sie schon auf heilige Weise gebrauchen, aber es ist perfekte Freiheit. Ein "holy-day"[31] (es ist in Ordnung, ihn so zu nennen, als Hinweis auf seine Bedeutung) wurde von Gott eingerichtet, um ihn höher als andere Tage zu werten: dies und andere Dinge, die Speisen, die Getränke und verschiedenen Waschungen und fleischlichen Vorschriften des

---

vorkommen und erklärt werden, findet sich auch in diesem Bereich durchaus bestätigt.
[31] *wö.: Heilig-Tag, heute im Engl. nur noch gebraucht als "Holiday", entspr. dem deutschen Wort "Feiertag", "Ferien".*

Judentums hatten ihre Zeit und Nutzen: *"Der Leib Christi" darin liegt das, was diese typisieren sollten. Wenn ich diese Dinge jetzt wieder aufnähme, nähme ich den Schatten und nicht die eigentliche Sache (substance) wieder auf. Es ist nur ein Schatten, aber indem ich es wieder aufnehme, mache ich es zur Hauptsache und verneine Christus.*[32]

Dies mag aus Unwissenheit geschehen, sollte aber dennoch als ernste (thorough) Schwäche behandelt werden (die Seele hat nicht die Erkenntnis dessen, was sie in Christus ist); während man sich mit Unwissen abplagt, wird der Heilige um seine Belohnung betrogen. "Lasst euch von keinem Menschen um eure Belohnung bringen, in freiwilliger Demut und Engelverehrung, der in alle Dinge eindringt, die er nicht gesehen hat, vergeblich in seinem fleischlichen Verstand (mind) aufgeblasen, ohne das Haupt festzuhalten" (V.18). Ich kann viel über heilige Engel im Himmel erzählen, ihre Herrlichkeit und dergleichen, und das dann Demut nennen; aber es ist keine, sondern in Wirklichkeit ist es genau das Gegenteil, ein vergebliches Aufgeblasen-Sein in meinem fleischlichen Geist.

Was weiß ich denn von ihnen? War ich im Himmel? Während ich so in Dinge eingedrungen bin, die ich nicht gesehen habe, habe ich Erkenntnis verloren, die jeder Heilige braucht. Der schwächste Gläubige ist genauso Eins mit Christus wie ein Apostel, und genauso komplett in Ihm. Es mag sich demütiger anhören zu sagen, ich bin dieses, das oder jenes; aber was können wir ohne Christus tun? Antwortest du dann: Solch eine Stellung habe ich noch nicht erreicht? Dann *wartest du, um eine solche zu erlangen – das ist Anmaßung.* Wir sind nämlich verloren, nackt und *haben nichts* in *uns selbst – all das* haben wir *in Christus.*

---

[32] *Entsprechend den Vorgaben des Paulus spricht Darby hier ein weiteres großes Problem der Kolosser an: Die Rückwende zu einer Tradition, die sich an den Vorschriften des Judentums orientiert und durch das Werk und die Person Christi <u>überflüssig</u> geworden ist. Damit Hand in Hand geht die <u>Wiederherstellung</u> von hierarchisch strukturierten <u>Autoritäten,</u> die das Einhalten dieser Vorschriften überwachen, aber ganz und gar nicht den Diensten und Aufgaben innerhalb des Leibes Christi, der Gemeinde, entspricht. In den nächsten Zeilen geht Darby, entsprechend den Aussagen des Paulus, dann an das nächste Problem der Kolosser heran: eine esoterische Basis des Glaubens (Engelverehrung etc.) mit den entsprechenden Verhaltensweisen, wie einer selbst auferlegten Demut etc. in der Hoffnung, Gott näher zu kommen, der uns in Christus aber doch schon so nahe wie irgend möglich gekommen ist. Diesen ganzen Komplex fasst Paulus u.a. unter dem Begriff "Philosophie" oder auch "Religiosität des Fleisches" zusammen.*

Der Moment, indem er sie[33] dorthin gebracht hatte, ließ *keinen Raum mehr zwischen* ihnen und Christus. Jetzt (V.19), sagt er, geht es um das, was vom Haupt herabfließt, das, was sich in den Gliedern niederschlagen muss. Wir haben keine einzige Gnade oder Gedanken über Gnade, bis wir komplett sind. Wir müssen mit dem Haupt vereinigt sein.

Die Leute suchen nach dem, was sie komplett macht, das können sie aber nicht haben, wenn sie nicht in dieser Stellung sind. Ob wir essen oder trinken, oder was auch immer wir tun, wir müssen es zur Ehre Gottes tun; sei es auch nur die Anschaffung eines neuen Kleidungsstückes, dann sollte ich das für Christus tun, um Ihm zu gefallen.

Das ist unsere einzige Regel, alles für Christus zu tun. Und das sowohl in Hinsicht auf innere Gnade als auch auf äußeres Verhalten (manners). Je mehr ich erkenne, was Christus für mich ist, desto besser weiß ich dann auch, was Ihm gefällt. Hier kommt jetzt der geistliche Aspekt (spirituality) hinzu: *Nicht der Mensch wächst, um zu Gott zu kommen, es ist vielmehr "Wachsen mit dem Wachstum Gottes".* All dies fließt herab von Christi Fülle.

In Christus "lebe ich nicht in der Welt", ich bin "mit Ihm dem Elementen dieser Welt gestorben" (V. 20-23). Wenn ich wirklich dem Fleisch tot bin, kann ich nicht auf Vorschriften schauen, um das Fleisch zu bessern. Aber die Tendenz dazu ist nun einmal immer in unseren Herzen. Und Gott setzt dieser Tendenz etwas entgegen (to meet). Wenn das Fleisch bemüht werden müsste, um zu sehen, ob etwas Gutes aus ihm herauszuholen wäre, so hat Er das aufgegriffen und bewiesen, dass nach all dem, was dafür auch nur getan werden konnte, immer noch nichts Gutes dabei war – Gott konnte nichts Gutes darin finden.

Genau hier liegt unsere Gefahr; vor Religiosität im Fleisch werden wir besonders gewarnt. Und trotz ihrer vordergründig bestechenden Erscheinung, wie nennt der Apostel sie? "Möchtegern-Gottesdienst" (will-worship)! Sie mag großartig demütig erscheinen, aber sie ist der klarste und erschreckendste Stolz vor Gott. Sie

---

[33] *Gemeint sind wohl die wahren Gläubigen, insbesd. die in Kolossä*

sieht nicht so aus, sie sieht aus, als würde sie das Fleisch abtöten und ablegen.[34]

Befreiung vom "Gottesdienst des Fleisches" ist nur möglich im Bewusstsein unseres Komplett-Seins und im Wandel in der Kraft eines toten und auferstandenen Herrn. Hier ist Ruhe für das Herz (auch wenn es immer noch einzelne Konflikte geben mag), hier ist mein Auge von mir weg auf Christus gerichtet, ich ruhe in Christus – zu meiner und des Vaters Freude, ich fühle mit Gott. Was ich in Christus sehe, ist mein: all diese Vollkommenheit Gottes, an der sich meine Seele erfreut, und meine Vollkommenheit vor Ihm.

Da sind diese beiden Wahrheiten:

- all die Fülle der Gottheit wohnt leibhaftig in Christus

- wir sind leibhaftig zur Fülle gelangt in Ihm.

Ich habe, was immer ich brauche (My need is met).

Gott ist in Christus zu mir gekommen. Habe ich Sorgen wegen meiner Sünden? Wo würde ich jemanden finden, der mir so gnädig ist wie Christus? Ihm kann ich erzählen, was ich sonst niemandem erzählen könnte (to dare). Brüder mögen freundlich und mitfühlend sein – aber vor Christus kann ich mein Herz ausschütten wie vor Niemandem sonst. Es ist ja an Gott gerichtet, und Er tadelt mich nicht.

Die ganze Unendlichkeit der Liebe wird heruntergebracht (brought down), um sich einem armen Sünder gegenüber freundlich zu offenbaren. Ich komme zu ihr mit meinen Wünschen, meinen Sorgen, meinen Versehen, meinen Sünden.

Die arme Frau aus der Stadt (the poor woman of the city) war nicht in der Lage, darüber zu reden (had not a mouth to tell it out) – sie weinte zu seinen Füßen über ihre Sünden, aber sie hatte den Einen gefunden, der sie so darin verstand (could so meet her in them), dass Er ihrem Herzen Vertrauen gab, wobei ihr Gewissen zugleich aufs Tiefste geweckt wurde.

---

[34] Die Tendenz leiblicher Strenge, um das Fleisch zu unterwerfen und abzutöten, ist in Wirklichkeit, diesem Genüge zu tun und es zu erheben. Auf diese Weise werden wir eine ganz wichtige Wahrheit gelehrt – der Unterschied zwischen "dem Leib" und "dem Fleisch". Genau das Vernachlässigen und Belasten des Ersteren, und ihm keinerlei Ehre oder Respekt entgegen zu bringen (to yield) trägt zum Aufblasen des Letzteren bei. Der Leib mag Gott geheiligt werden, für Gott genährt und benutzt werden, Gott verherrlichen – das Fleisch nie! Der Leib mag Diener des Geistes sein, nicht so das Fleisch, weil es grundsätzlich im Widerspruch zu Gott steht (Rö 8,7f).

Ich selbst trage nie etwas zu dieser Fülle bei, die ganze Majestät Gottes ist da. Andererseits ist das Gewissen erweckt: Gott ist ein heiliger Gott, und wie kann (shall) ich vor Ihm erscheinen? *Derselbe Christus, der für den Menschen Gott ist, ist Mensch vor Gott, für uns.* Er ist gekommen, um mir in meinen Sünden zu begegnen, und Er ist aufgefahren, um meine Gerechtigkeit vor Gott zu sein. Wenn wir Ihn sichtbar machen (to manifest) wollen – das Leben Christi ist täglicher Wandel und Betragen (conduct), es muss aus Ihm fließen, und deshalb muss das Fleisch getötet und Satan widerstanden werden.

Wir gehören nicht uns selbst, wir sind um einen Preis erkauft – daher lasst uns Gott in unseren Leibern verherrlichen (1 Kor 6,20). Wenn ich irgendetwas für mich tue, sind meine Motive nicht ehrbar (I am a dishonest person). Er hat mich losgekauft, als ich Sklave Satans war.

Christ, ehrt deine Seele Gott, indem sie so in der Fülle Christi ruht? Oder suchst du deine eigene Ehre, indem du um eine Gerechtigkeit kämpfst (to eke out), egal wie, durch Taten oder Gefühle? Ein Kind sollte die richtigen Gefühle seinen Eltern gegenüber haben – aber wenn dieses Kind aus den Gefühlen einen Verdienst macht, zerstört es alles. Nach Gefühlen schauen, durch die man Gerechtigkeit erkennt (auch wenn Gefühle an sich in Ordnung sind) ist ebenso schlecht, wie nach Werken zu schauen.

Der Herr möge es geben, dass wir wissen: Wir sind in Christus zur Fülle gelangt, damit wir gesegnete und glückliche Freiheit haben, indem wir Ihn lieben und Ihm in Liebe dienen, weil Er uns alles, was wir brauchen, gegeben hat, uns geliebt und uns gerettet hat, und uns zur Fülle gebracht hat.

Die für diesen Text gewählte Hauptüberschrift Darbys ("Alles in Christus und Christus Alles") mag manchem Leser zunächst etwas abstrakt erschienen sein. Fragen wie die, welche Bereiche des täglichen, ja des gesamten Menschenlebens der Begriff "Alles" konkret umfasst, und auch, was der Ausdruck "Christus Alles" in seiner Tiefe bedeutet, mussten näher erklärt und erläutert werden, um in ihrer Intention verstehbar zu werden. Genau dies ist es, was der Artikel Darbys inhaltlich tut, Schritt für Schritt und im Wesentlichen an der Reihenfolge der einzelnen Verse im Kapitel 2 des Kolosserbriefes orientiert. Letzteres ist bei Darby ja nicht immer der Fall. Davon abgesehen, tut er dies hier wiederum in seiner persönlichen Art und Weise (vgl.Kap.2,3), mit zahlreichen Wiederholungen oder alternativen Formulierungen desselben Inhalts.

Im Zentrum des Ganzen steht, wie sich gezeigt hat, der Begriff "complete", in der Bibel meist übersetzt mit "zur Fülle gelangt/gebracht", von mir lieber mit "komplett" übersetzt (vgl. FN 23). Damit ist gemeint, dass dem wirklich Gläubigen absolut <u>nichts </u>mehr fehlt, um sein Ziel zu erreichen: die Gerechtigkeit, die vor Gott gilt. <u>In Christus </u>ist er <u>längst</u> an seinem ewigen Bestimmungsort zur Rechten Gottes, des Vaters <u>angelangt</u> (Präsentische Eschatologie). Alles Andere ist ihm im Vergleich dazu völlig uninteressant geworden. Das ist es, was der Begriff "Alles in Gott" meint. Nichts fehlt mehr. Christus ist sein "Ein und Alles", womit auch die Formulierung "Christus Alles" erklärt ist.

Nun ist der Christ allerdings immer noch leiblich auf dieser Erde unterwegs. Wie passt das zusammen, wie hat Er den Rest seines Erdenlebens dann noch zuzubringen? Indem er weiter in Glauben und Erkenntnis wächst und Jesus hier darstellt, d.h. alles, was er hier tut, im Namen Jesu Christi tut (dieser Problematik wendet sich Darby besonders in dem weiter unten noch übersetzten und kommentierten Artikel "Meetness And Growth" von 1869 zu).

Dass der Christ <u>in Christus</u> Alles ist und Alles hat, hat zur Folge, dass er hier unten zur eigentliche Erreichung seines Zieles absolut <u>Nichts</u> mehr tun muss und tun kann. Dies wird deutlich im Untertitel der von Darby gewählten Überschrift "A Word On Spoilings And Beguilings". Darby meint damit, dass jeder, der lehrt, und auch jeder, der glaubt, der Christ könne oder müsse zur Erreichung seines Lebenszieles noch etwas <u>hinzufügen,</u> Lug und Trug (Spoilings And Beguilings) verbreitet oder diesen aufgesessen ist oder diese Vorstellung noch immer nicht ganz abgelegt hat.

Darunter fallen bestimmte Lehren und Praktiken der Groß- und Freikirchen, insbes. der Klerikalismus (Vorrangstellung der "Geistlichen") und der Sakramentalismus (Verwaltung und Verteilung der "Sakramente" als für den

46

Gläubigen zusätzlich notwendige "Heilsbringer"). Darby spricht damit aber auch gewisse Fehlentwicklungen unter den Brüdern an, etwa im Zusammenhang mit dem "Brotbrechen", das kein Gesetz, sondern eine "ordinance" (Vorschrift) ist wie viele andere auch. Auch die Wiederherstellung klerikaler Tendenzen unter Brüdern wird hier kritisiert. Leider wird in den Brüdergemeinden, wie bereits in Kap.1 erwähnt, sehr wenig im Gesamtwerk Darbys gelesen.

All die Versuche und Praktiken, dem Glauben doch noch etwas hinzufügen zu können oder zu müssen, damit Gott mit uns zufrieden ist, sind, so sagt es Darby erfrischend klar, Dinge, die sich <u>zwischen Jesus und mich schieben</u>, und mich damit quasi <u>von Ihm trennen</u>. Dreh- und Angelpunkt des Ganzen ist, dass wir <u>der Welt</u> mit Christus <u>gestorben</u>, also <u>tot</u> sind, aber auch mit Ihm <u>auferweckt</u> und <u>auferstanden</u>. Dieses Der-Welt-Tot-Sein kann man als Lehrsatz zwar anhören und sich merken, aber zu erfassen, was es für <u>uns</u> und <u>Christus bedeutet,</u> ist unendlich schwierig. Genau dies ist der Punkt, den Darby uns insbesondere in seinen Kommentaren zum Kolosserbrief immer wieder verständlicher und fassbarer machen will. Dies ist auch <u>ein</u> Ziel meiner Arbeit, dass durch diese immer wieder anders formulierten Zusammenhänge in Darbys Werken die Bedeutung und die Konsequenzen dieses Tot-Seins von uns zunehmend klarer erfasst werden können, immer in dem Wissen, dass dieses Erfassen uns letztlich allein der Geist Gottes in Gnade ermöglicht.

Das Thema: mit Christus gestorben, mit Christus auferstanden, mit Ihm vor Gott, wird also noch etliche Male auftauchen, dabei immer auf verschiedene Weise.

Deutlich werden soll aber auch, dass Darbys Erläuterungen mit den Aussagen der Bibel völlig übereinstimmen. Zu diesem Zweck wird, bevor der nächste Kolosser-Kommentar übersetzt und kommentiert wird, zunächst ein Exkurs zu Darbys Hermeneutik (seine Stellung zu und sein Verständnis der biblischen Schriften) eingeschoben, da dies eine wesentliche Grundlage seines umfangreichen Werkes darstellt.

3.4 Exkurs: Darbys Hermeneutik

In Übereinstimmung mit den Aussagen, die die Bibel selbst über ihr Entstehen und ihre Ziele enthält (so etwa 2 Tim 3,16 als ein Beispiel von vielen Bibelstellen: "Alle Schrift ist durch Inspiration Gottes gegeben, und ist nützlich (profitable) zur Lehre, zur Überführung, für Korrektur, zur Unterweisung in Gerechtigkeit") kommt Darby zu dem Schluss, dass wir mit der Bibel, wie sie uns heute vorliegt, definitiv, unmissverständlich, abgeschlossen und verbindlich das unmittelbare Wort Gottes an uns in Händen halten.

*Der Begriff der "Inspiration", wörtl.: "Einhauchung" hat in der neueren Theologiegeschichte immer wieder zu Irritationen geführt: Bedeutet das, dass Gott über viele Jahrhunderte die verschiedensten Menschen aus verschiedensten sozialen Hintergründen jeweils als eine Art Schreibmaschine benutzt hat, die ohne jedwedes eigenes Nachdenkens die Dinge, die Gott ihnen diktiert hat, in Schriftform gebracht haben? Dies wird von der liberalen Theologie erwartungsgemäß völlig abgelehnt. Die oben beispielhaft angeführte Bibelstelle wäre damit quasi ein pädagogischer Trick des Paulus, um seinem Schützling Timotheus **damals** die Wichtigkeit guter Bibelkenntnis "einzuimpfen". Wie kann man aber dann noch von "Inspiration" reden? Wir wären dann letztlich vor die klare Entscheidung gestellt: Ist die Bibel Gottes Wort an uns oder nicht? Die blanke Leugnung dieser Tatsache wurde mit verschiedenen Konstruktionen zu kaschieren versucht: Die Bibel "enthalte" Gottes Wort, was letztlich bedeutet, dass ein Jeder sich auf die Suche nach diesem Wort begeben kann, um dann herauszufiltern, was ihm in seine (oben erläuterte) "Religiosität des Fleisches" (FN 22) passt, oder etwa die Theorie, die Bibel sei, weil nicht direkt vom Himmel gefallen, das Wort Gottes "in Knechtsgestalt", also bei Weitem nicht perfekt und damit "korrekturbedürftig" und anderes mehr.*

J.N. Darby hat das Problem "Bibel zwischen Diktat oder Unverbindlichkeit" in seinen zahlreichen Arbeiten und Schriften zum Thema "Inspiration der

Schriften"[35] sehr gut überwunden. In den beiden einzigen deutschen Doktorarbeiten zum Thema Darby (s.Kap.1) sind sich sowohl Geldbach als auch Schwarz einig, dass Darby überhaupt nie an der Klärung der Frage, _wie genau_ Inspiration nun stattgefunden habe, interessiert war. Für ihn war klar, dass Gott Menschen der verschiedensten Zeitalter und Kulturen dazu geführt hatte, die göttlichen Dinge auf _ihre persönliche_ Art und Weise auszudrücken, aber gleichzeitig mit koordinierender Hand dafür gesorgt hatte, dass das Gesamtwerk schließlich geordnet genau das enthielt, was Gott dem Menschen verbindlich mitteilen wollte: "Darby war unerschütterlich in seinem Glauben, dass die Bibel das inspirierte, unfehlbare Wort Gottes war, absolut verbindlich (authoritative) und treu von den ursprünglichen Verfassern überliefert. Wenn die Welt selbst verschwunden und vernichtet werden sollte, bekräftigt Darby, und das Wort Gottes allein als unsichtbarer Faden über dem Abgrund bleiben würde, würde meine Seele darauf vertrauen. Nach tiefer Übung der Seele wurde ich aus Gnade dahin gebracht, zu fühlen, dass ich das völlig könnte. Ich habe oft versagt, aber ich habe nie erlebt, dass es mir gegenüber versagt hätte". Einmal befragt, ob er nicht zugestehen könnte, dass einige Teile des neuen Testamentes nur zeitlich bedingte (temporary) Bedeutung hätten, gab Darby zurück: "Nein! Jedes Wort, verlassen Sie sich darauf, ist vom Geist und ist bestimmt für ewigen Gebrauch!"[36] Diese wunderbare, vollkommene Einheit der Bibel kann aber, wie auch hier wiederum die Schrift selbst an zahlreichen Stellen belegt, nur der, der als wahrer Gläubiger Jesus Christus als seinen Retter und Herrn erkannt hat und Ihm nachfolgt, wahrnehmen. Für alle Anderen, wie klug und gebildet sie auch immer sein mögen, bleibt dies verborgen.[37]

---

[35] So etwa in der Arbeit "Inspiration Of The Scriptures" (Inspiration der Schriften), CW 6, S.359ff und dem darauf direkt folgenden Werk "The Human Element In Inspiration" (das menschliche Element bei der Inspiration), S.365ff - beide Texte als Beispiele für zahlreiche weitere Arbeiten zum Thema in den CW

[36] So der bekannte Darby-Forscher Larry Crutchfield (www.according2prophecy.org/daby.html, 6.4.21)

[37] Diese Erkenntnis ist keineswegs eine "Entdeckung" Darbys, sondern wurde beispw. auch bereits im 15. Jh. von Cusanus in seinem "Beryll" thematisiert.

Dem Gläubigen erschließt sich leicht, dass die gesamte Schrift Zeugnis von Jesus Christus, dem Haupt, und seinem Leib, der Gemeinde der Gläubigen gibt.

Darby betonte allerdings deutlich und praktizierte das in seiner Schriftauslegung auch so, dass genau unterschieden werden muss, ob der jeweilige Text an die Juden, die Völker oder an die neutestamentlichen Gläubigen gerichtet ist, und dass die Verheißungen an Israel keineswegs als in den Kirchen erfüllt angesehen werden dürfen. Auch dieses Auslegungsprinzip war durchaus nicht Darbys "Erfindung", die er der Bibel irgendwie "übergestülpt" hätte, vielmehr ergab sich das für ihn (wie vor ihm bereits für Andere) aus dem Zusammenhang der biblischen Aussagen, der sich nur dem Auge des Gläubigen erschließt.

Konsequenterweise vertrat und praktizierte Darby auch das Auslegungsprinzip, dass jede einzelne Aussage eines biblischen Textes immer an der Gesamtaussage der Bibel zum Thema zu prüfen sei ("Konkordante Bibelauslegung"). Umgekehrt bedeutete dies für ihn auch, dass sich die Bibel letztlich selbst auslegt, was ebenfalls bereits vor Darby praktiziert worden war.

Auch das von ihm übernommene Prinzip des Dispensationalismus, der typologischen Bibelauslegung und weitere Auslegungsprinzipien, die heute fälschlicherweise als "sein" Werk gesehen werden (vgl.Kap.1), ergeben sich aus der Erkenntnis der innerbiblischen Beziehungen, Strukturen und Aussagen auf der Grundlage des Akzeptierens der Bibel als vollkommene, verbindliche und abgeschlossene Offenbarung Gottes über Sich selbst und Seine Pläne mit dem Menschen.

Merke: Die Hermeneutik Darbys entsteht nicht auf der Grundlage des Dispensationalismus, sondern der Dispensationalismus ergibt sich aus seiner Hermeneutik!

Wenn man wie Darby also von der völligen Inspiriertheit der Schrift im oben erläuterten Sinne ausgeht, ergibt sich zwangsläufig, dass man auch gerne den bestmöglich bezeugten Text zugrunde legt, also die vorhandenen Abschriften, Übersetzungen, Bibelteile und Fundstücke der letzten ca. 2000 oder mehr Jahre mit strikt wissenschaftlicher Methodik auf ihre Aussagekraft hin überprüft und aus etwaigen Abweichungen genau die wahrscheinlichste Fundstelle durch Vergleich und andere wissenschaftliche Methoden herausfindet. Die bezeichnet man mit dem Ausdruck "Textkritik", der durch den heutigen Sprachgebrauch des Wortes "Kritik" häufig missverstanden wird, aber letztlich nichts Anderes als "Sichtung und Wertung" der vorhandenen Funde bedeutet. Darby war ein entschiedener Anhänger (und praktizierender Kenner) dieser Methode (vgl. Einleitung,Kap.1), aber natürlich (s.o.) ein entschiedener Gegner jedweder "Bibelkritik", die die göttliche Eingebung der ganzen oder bestimmter Teile der Bibel anzweifelt.

Wenn nunmehr die nächste Arbeit Darbys zum Kolosserbrief übersetzt dargestellt und kommentiert wird, sollte dies alles immer vom Leser mitbedacht werden. Diese nächste Auslegung Darbys knüpft direkt an die Problematik der Letzten an. Die Übersetzung der englischen Überschrift mag zunächst seltsam erscheinen, wird aber gleich erläutert.[38]

3.5 Passend – Gemacht - Sein und Wachstum[39]

Wie auch immer man die Überschrift letztendlich übersetzen mag, inhaltlich zeigt sie an, dass es hier um "Passendsein", um "Angemessenheit", um "Annehm-barkeit" etc. auf der einen Seite und um Wachstum auf der anderen Seite geht.

Wie wir inzwischen aus vorangehenden Kapiteln wissen, geht es also darum, dass wir, da wir ja mit Christus der Sünde gestorben und mit Ihm auferweckt worden sind, als Neue Geschöpfe ein für allemal so beschaffen sind, dass wir für Gott nicht nur akzeptabel, passend sind ("meetness"), sondern in Christus sogar zu Seiner Rechten sitzen dürfen.

Mit der Welt haben wir insofern nichts mehr zu schaffen, leben aber de facto noch immer in ihr und sollen, solange das noch so ist, in allen Stücken zu Jesus, dem Haupt "hinwachsen" ("growth"). Wie ist hier der Zusammenhang, und wie sieht das in der Praxis aus? Das ist der Problemkreis, den Darby in dieser Schrift

---

[38] *s. Kap. 2.3.*
[39] *Meetness And Growth (Colossians 1), Erstveröffentlichung 1869, CW 31, 460ff*

behandeln will. Er beginnt dies mit einem Lobpreis:

Eine wunderbare Sache ist es, und sie wird immer noch wunderbarer, je mehr wir darüber nachdenken: die Art, wie wir als Christen mit dem Sohn Gottes verbunden sind! Wir sind zu Gliedern Seines Leibes, Seines Fleisches und Seiner Knochen gemacht, Dessen, der der Anfang der Schöpfung Gottes ist. In der gleichen Schrift, wo Er davon spricht, eins mit dem Vater zu sein, sagt Er: "Ihr in mir, und Ich in euch".

Je mehr wir darin leben und darüber nachdenken, umso wunderbarer ist das – und es ist alles Gnade. Wir lesen, "dass in den Zeitaltern, die noch kommen, Er uns die überragenden Reichtümer seiner Gnade in seiner Freundlichkeit uns gegenüber durch Jesus Christus zeigen kann". Auf diese Weise werden Engel, und Fürstentümer und Gewalten in den himmlischen Örtern über "die überragenden Reichtümer seiner Gnade" belehrt. Sie werden den armen Dieb sehen, und die Frau in der Stadt, die eine Sünderin war – und uns, am gleichen Ort und in der gleichen Herrlichkeit wie Gottes Sohn!

Indem Er uns Christus als unser Leben gegeben hat und den Heiligen Geist, um in uns zu wohnen, hat Er uns nun in die gegenwärtige enge Verbindung (intimacy) dessen, und damit in die größtmögliche Nähe und Beziehung zu Sich selbst gebracht; wie Er sagt: "Ich gehe zu meinem Vater und zu eurem Vater, und zu meinem Gott und zu eurem Gott." Bedenkt, dass das der ewige Sohn Gottes zu uns sagt! Das sollte uns friedliche Freude geben, einfach unsere Seele zur Ruhe bringen. Es ist genau das, von dem derjenige, der darin wohnt und zu Hause ist, fühlt und weiß, wie wunderbar das ist. Es ist das, was du nicht verstehen kannst, wenn du nicht darin zu Hause bist; aber wenn du dorthin kommst, beginnst du, dir dessen bewusst zu werden, was das bedeutet.

Gott hat uns gezeigt, wie man alle Früchte des Fleisches völlig entfernt, dass das, was vom Menschen und Sünde ist, weggetan wird, indem Er den Gesegneten Herrn Jesus Christus, der an unserer Stelle im Tod gestanden hat, erhöht und verherrlicht hat, und uns den Heiligen Geist gegeben hat. "Als Er durch Sich selbst unsere Sünden gereinigt hat, setzte Er sich zur Rechten der Majestät in der Höhe."

Es ist ein gesegnetes Wissen, dass durch Sein Werk am Kreuz Er alles weggeräumt hat, das zwischen uns und der Gerechtigkeit Gottes stand, sodass kein einziger Argwohn in unseren Herzen bezüglich unseres Platzes vor Ihm lauern sollte.

Als Schuldige betrachtet, sind wir gerechtfertigt, als Befleckte gereinigt, als Sünder haben wir Vergebung. Er möchte, dass wir uns all dessen erfreuen, und deshalb lässt Er uns nicht in Furcht vor dem Gericht. Gott hat uns in Christus zu Ihm selbst gebracht, uns dorthin gesetzt und uns das Bewusstsein davon gegeben, indem der Heilige Geist vom Himmel zu uns herunter kam. Noch sind wir nicht im Besitz all dessen – in diesem Sinn haben wir nichts als den herab gesandten Geist – aber im Glauben haben wir bereits Alles! Genau das macht das Geheimnis (riddle) eines christlichen Zustands aus: In Christus haben wir *Alles:* Herrlichkeit, Ewiges Leben, Vergebung, Rechtfertigung und Christus in uns, die Hoffnung der Herrlichkeit. Sein Werk ist vollständig getan, wir sind erhöht (quickened) und haben Anteil daran, deshalb sagt der Apostel: "gerettet in Hoffnung".

Was aber Besitz angeht, haben wir Nichts, nur den Heiligen Geist, und durch Ihn Gottes Liebe in unsere Herzen ausgegossen. Hinsichtlich Stellung (place) und Titel bin ich angenommen in dem Geliebten - aber wenn ich mich ansehe, wandere ich in dieser Welt weit davon entfernt. Und dennoch habe ich das Wissen um alles, was ich besitze, in meinem Herzen. So ruht das Herz in Seiner Liebe, und es bleibt nichts mehr zu wünschen übrig.

Er hat uns seinen Sohn gegeben, Seine eigene Liebe hat Er in Christus gelegt (put), der beste Platz, den man sich nur denken kann, und in diesem Sinn bleibt kein Wunsch mehr offen. *Wir sind auf der Erde, um geübt und getestet zu werden, und um Seine Treue (faithfullness) und Gnade zu lernen.*

In diesem Kapitel wirst du finden, in welcher Weise von <u>Wachstum</u> gesprochen wird, und von Versorgung mit Kraft (strength) – und die totale Trennung dieser beiden Bereiche vom <u>Passend-Gemacht-Sein</u> für den Himmel. Die Schrift spricht *nie* davon, dass man als Christ für den Himmel *erst noch passend werden* müsste. Wachstum ist, oder sollte zumindest, vorhanden sein. Gott wird uns züchtigen, wenn wir den falschen Weg einschlagen – wir werden Alles über diese Taten

53

Gottes mit uns herausfinden – aber sie sind alle sorgfältig getrennt vom Passend-Gemacht-Sein für den Himmel. Wo dies nicht praktisch bekannt ist (ich meine jetzt nicht, was Worte angeht), wo auch immer in den Herzen Klärungsbedarf in Sachen "Passend-Sein" besteht, wirst du sehen, dass es den Frieden behindert, weil die Fülle der Liebe nicht gesehen wird, ebenso wenig wie die bereits bestehende (present) Verbindung mit der Herrlichkeit. Entsprechend sinkt dann der Standard des Wandels. Ich beschäftige mich dann mit dem Zustand meines eigenen Herzens, statt mit dem Herzen Christi beschäftigt zu sein. Das ist bei Jedem so - und ich habe noch nie Jemanden gesehen, wo das anders ist - und das ist das größte Elend der Welt, dieses Mit-Sich-Selbst-Beschäftigt-Sein.

Manchmal <u>müssen</u> wir uns allerdings um uns selbst kümmern: es gibt Irrtümer, die wir verurteilen müssen, und wir müssen nicht nur zusehen, dass da nichts Böses ist, sondern auch darauf achten, dass Wachstum vorhanden ist. Trotzdem: *wenn ich viel mit mir selbst befasst bin, übernimmt das Selbst den Platz, der Christus gebührt, und darin liegt das eigentliche Unheil.* Wenn Einer kommt und mir eine lange Geschichte darüber erzählt, was alles in seinem Herzen ist, und natürlich ein Teil Böses dabei, und wenn ich ihn dann frage, was im Herzen *Gottes* ist, kann er mir kein Wort dazu sagen. Ob das wohl ein guter Zustand ist?

Wir geraten sicherlich in Probleme (scrapes), wenn wir uns nicht selbst verurteilen (to judge). Selbstverurteilung ist erforderlich, aber auch leicht, wenn ich nahe bei Gott und in Gemeinschaft mit Ihm bin. Aber wenn ich entfernt von Ihm bin und in mein Herz spähe (pry), und all das immer noch da ist, ja warum ist es dann immer noch da?

In diesem Kapitel findet sich ein erstaunlich hoher Standard hinsichtlich Wandel und Wachstum: "dass ihr würdig des Herrn wandelt, zu allem Wohlgefallen (pleasing)". Spreche ich aber vom Passend-Gemacht-Sein, heißt es: "dankend dem Vater, der uns passend gemacht hat, Teilhaber des Erbes der Heiligen im Licht zu sein".

<u>Wenn ich das doch bin, dann kann ich mich doch auch umsehen nach einem christusgemäßen Wandel und Wachstum, eben weil ich ja verbunden bin mit dem,</u>

der mich passend (Elb.: "fähig") gemacht hat![40]

Denkst du, der arme Dieb am Kreuz war passend, ins Paradies zu kommen? Was hatte ihn wohl passend gemacht? Der Beweis dafür, dass er passend war, war, dass er dorthin ging und das tat er sicherlich nicht unpassend (un-meet)! Er ging dorthin, weil Christus starb, und Der hatte ihn passend gemacht. Genau das muss uns klar und deutlich (distinct) sein!

Er sagt: "In Ihm *seid* ihr zur Fülle gebracht (complete)", das bedeutet: das, was Er an uns vollbracht *hat.* Es folgen verschiedene Aspekte, die er (Paulus) als Jude sehr wohl gekannt hat: Er[41] kann beschnitten sein oder auch nicht, oder Philosoph, oder auch nicht – aber dann zeigt er (Paulus), dass du alles in Christus hast (have got). Das finden wir hier sehr schön (Kap.2). "In Ihm wohnt die ganze Fülle der Gottheit leibhaftig." In Ihm, als *Mensch,* die ganze Fülle (completeness) der *Gottheit* leibhaftig! Und Ihr seid in Ihm zur Fülle gebracht (complete) – beide Wörter aus der gleichen Wurzel.

Die *ganze* Fülle der Gottheit wird uns in Christus heruntergebracht. Aber auch, wenn ich nach oben schaue und Christus dort sehe, sehe ich dass *ich* zur Fülle gebracht bin.

Ein herrlicher Platz, an den die Freie Gnade (sovereign grace) Gottes uns gestellt hat. So etwas konnte sich nur die Gnade ausdenken. Wenn du Gott den Vater kennenlernen willst, wo kannst du etwas über Ihn erfahren (learn)? "Wer mich gesehen hat, der hat den Vater gesehen." Haben wir mit unseren Herzen jemals Christus angeschaut, und bei diesem Hinschauen gesagt: "Ich brauche nicht weiter zu suchen?"

---

[40] *Hier findet sich einmal mehr ein treffliches Beispiel für Darbys Gabe, "komplizierte" theologische Zusammenhänge in einfache Worte zu fassen. Wenn ich doch weiß, wer ich als Christ in Jesus* bin*, ist es doch sinnlos, dass ich mich weiterhin so verhalte, als wäre ich es nicht oder noch nicht!*

[41] *Vermutl. Immer noch der o.g. Dieb als Beispiel für jeden, der sich zu Christus bekehrt.*

Denkt nur, geliebte Freunde[42], was das bedeutet, den Herrn mit der Kraft des Heiligen Geistes anzusehen, und in diesem armen, verachteten (despised) Menschen *Gott auf der Erde wandelnd* zu erkennen! Und als sich eine Frau an Seine Seite setzte und Ihm die Geschichte ihrer Sünden (one´s tale of sin) erzählte, wenn auch von Tränen beeinträchtigt, da erzählte sie sie *Gott*!

Denken wir so über den Herrn Jesus Christus? Und Er ist auch heute noch Derselbe. Gott kam in Christus, geliebte Freunde, und sagte: "Erkennst du mich nicht?", gewissermaßen wie Jedermann, und andererseits überhaupt nicht wie ein Mensch. *Kein einziges Motiv beherrschte jemals Sein Herz, das auch das Herz des Menschen beherrschte. Und kein einziges Motiv beherrschte jemals ein Menschenherz, das auch Seines beherrschte.* Da war etwas völlig Neues in der Welt: die gesegnete Darstellung eines göttlichen Weges mit einem Menschen darauf: nicht nur in äußerlichen Wundern, sondern bei Seinen gesamten Worten und Seinem gesamten Handeln. Er brachte die Herzen derer, die bei Ihm waren zum Brennen, als Er zu ihnen sprach, als Er mit ihnen unterwegs war.

Schaue ich dann hoch zu Gott, dann sage ich: "Komplett in Christus". Ich habe Sünden begangen usw., aber ich sage, ich *bin jetzt* im Geist, nicht im Fleisch – ich *bin* in Christus, *weil Er gesagt hat, ich würde es sein,*[43] wenn Er den Heiligen Geist senden würde: "An diesem Tag werdet Ihr wissen, dass ich im Vater bin, und ihr in Ihm, und Ich in euch" (Joh 14, 20). So finde ich vor Gott meinen Platz in Christus und mich selbst in Ihm, und Gott ist verherrlicht, durch den Weg, wie ich dorthin gekommen bin. "Jetzt ist der Menschensohn verherrlicht, und Gott in Ihm." Daher kann ich dem Vater danken, der mich passend gemacht hat, ein Miterbe der Heiligen im Licht zu sein.

---

[42] *Ein typisches Beispiel dafür, wie schwierig es ist, den Erstadressaten eines Darby-Textes zu ermitteln. Der Anrede nach könnte es sich hier bspw. um einen (mitgeschriebenen?) Vortrag in einer Ortsgemeinde handeln, oder Darbys Redemanuskript für einen solchen Vortrag, andererseits aber auch um einen Brief Darbys an eine oder mehrere solche Gemeinden, den Entwurf für ein Traktat oder für einen Artikel in "The Bible Treasury" usw.*

[43] *Hier haben wir ein schönes Beispiel, wie sich die Hermeneutik Darbys (Kap.3,4) in seiner Auslegung konkret niederschlägt. Unsere Beziehung zu Gott ist in keiner Weise von unserem jeweiligen Gefühlszustand abhängig, sondern allein von den absolut und jederzeit gültigen Zusagen des Wortes Gottes.*

Es ist wahr, wir haben das Erbe noch nicht bekommen, und wir müssen unsere Schwachheit, Sünde usw. erkennen. Aber das ist keinerlei Wolke auf dem Herzen in der Beurteilung, was es vor Gott ist, weil es in Christus ist. "Er, der uns für genau Dieses errungen (wrought) hat, ist Gott" - das ist für die Herrlichkeit. "Der uns auch genau den Ernst des Geistes gegeben hat." Denkst du, wenn Gott uns "errungen" hat, hätte Er es schlecht gemacht? Denkst Du, Gott hätte seine Arbeit gut gemacht? Aber sicher doch! Welchen Frieden gibt das der Seele!

Aber in dem Moment, wo es zur Frage eines Passend-Gemacht-Seins würde, das vom Wachstum abhängig wäre, dann lass einmal irgendeinen Menschen in sein Herz schauen und sagen: das passt für Gott. Und wenn, erwartet er das dann überhaupt? Ich habe keinen Zweifel, dass ein Solcher sich dann nach Heiligkeit sehnt, schon jetzt, für seine Gegenwart.

Es ist richtig zu sagen: "Ohne Heiligkeit wird Keiner den Herrn sehen" - sonst kennt derjenige Gott überhaupt nicht. Die Frage ist aber, wie man denn nun diese ganze Heiligkeit bekommt. Gott bringt uns so zurecht (to chasten), dass wir Teilhaber Seiner Herrlichkeit sind! Nicht direkt, dass wir heilig sind, aber "Teilhaber Seiner Heiligkeit".

Wir haben jetzt den Grund, auf den wir gestellt sind, gesehen: Wir sind in Christus zur Fülle gebracht, passend für das Erbe gemacht, durch den Glauben mit all dem in Herzensverbindung gebracht und haben den Heiligen Geist bleibend in uns. Nunmehr beginnt der Apostel mit dem *Wandel* der Person. Er sagt: Du musst "würdig (worthy) des Herrn wandeln" - der Person, zu der du gebracht bist – und beweisen, was dieser gute, vollkommene und annehmbare Wille Gottes ist. Gott hat dir einen Platz in Seinem eigenen Sohn gegeben, und diesem Sohn einen Platz in deinem Herzen, die Hoffnung der Herrlichkeit. Er, die Hoffnung der Herrlichkeit, ist in euren Herzen, ihr Völker, die Ihr keinerlei Eigentumsrecht an irgendetwas hattet!

Nimm einen Juden, mit dem Paulus die Völker in diesem Abschnitt vergleicht. Er erwartete einen Messias, der die Herrlichkeit in fleischlicher Weise aufrichten würde. Er besaß die Verheißungen, und er verwirkte (to forfeit) sie völlig, als er

Ihn verwarf, und ist so der *Gnade* Gottes unterworfen.

Christus war der Diener der Beschneidung für die Wahrheit Gottes, "um die an die Väter ergangenen Verheißungen zu bestätigen" (Rö 15). Was dann? Sie verwarfen sie, und wir lesen, "dass die Heiden Gott für seine Gnade verherrlichen sollten". Diese beiden Punkte betont Paulus ausdrücklich. Die Leute reden von einem Versprechen Gottes an Adam – es gab überhaupt keins. In Adams Ohr war eine Feststellung, auf der er ruhen konnte, aber es gab keinerlei Verheißung zu seinen Gunsten, denn eine Verheißung an ihn wäre eine Verheißung an den Menschen in seinen Sünden gewesen. Es gab lediglich eine Verurteilung der Schlange, die dem Zweiten Adam, dem Samen der Frau, vorbehalten war, und das war Adam nicht. "Er wird dir den Kopf zertreten, und du wirst Seine Ferse verletzen (to bruise)". Inzwischen bekamen Abraham und die Juden die Verheißungen. Letztere stellten sie *unter* das Gesetz und verloren sie. Gott wird sie alle noch ins Ziel bringen, trotz ihres Scheiterns (failure). Im Moment sind sie zur Seite gesetzt (cast aside).[44]

Und die anderen Völker, was hatten die? Nichts! Christus war da, natürlich, aber betrachtet sein Verhalten, als eine Heidin, die Syrophoenizierin, kam und Segen von Ihm erhoffte. Unser Herr verlässt Israel, und diese Frau kommt und nennt ihn Davids Sohn und erzählt von ihren Nöten. Und dann? "Er antwortete ihr kein Wort." Sie versucht es wieder, nennt Ihn "Herr". Er antwortet, zuerst sollten die Kinder Israels satt werden. "Es gehört sich (meet) nicht, das Brot der Kinder zu nehmen, und es den Hunden vorzuwerfen" - Heiden. Sie antwortet: "Wahrlich, Herr, aber die Hunde essen die Krümel, die von den Tischen ihrer Herren fallen." Ich bin eine arme Kanaaniterin, ein Hund, mit Fluch auf mir. Ich habe keinerlei Anspruch, keinerlei Verheißungen. Dennoch, auch für Solche ist Güte in Gott!

Ist es vorstellbar, Christus würde das verneinen? Unmöglich, weil es nicht wahr wäre. "Frau, dein Glaube ist groß, dir geschehe, wie du willst." Das war nicht einfach nur ein Versprechen, sondern zeigte den Weg an, auf dem Gott in Gnade

---

[44] *Diese derzeitige Stellung Israels und seine letztendliche Errettung wird oft als eine der wesentlichen "Erfindungen" in der Hermeneutik Darbys (s.Kap.3.4) angesehen, aber auch hier hält sich Darby strikt an den biblischen Befund (s. dazu Rö 11).*

über Allem steht. Das Gesegnet-Sein wurde dargestellt für die Not und Erbärmlichkeit der Sünder. Christus versöhnt (makes propitiation), und Gnade herrscht durch Gerechtigkeit. Es ist Gott, der kommt und sich über alle Haushaltung erhebt, um sich zu offenbaren und die Seele mit Vertrauen zu Sich zurück zu bringen, damit sie sagen kann: Als Jude unter Gesetz und Verheißung hätte ich Ihn nie erkennen können, weil ich nicht das Recht dazu habe. Ich habe kein Anrecht auf Irgendetwas, und doch habe ich Gott!

Hier finden wir, dass Er von "Christus in euch" spricht, aber nicht von "der Krone der Herrlichkeit", die Er für den Überrest Israels sein wird (Jes 28,5), sondern von der Hoffnung der Herrlichkeit". Es war insgesamt eine Neuheit, dass Christus unter den Völkern sein würde, und ihnen nicht die Herrlichkeit bringen würde, aber die **Hoffnung** auf die kommende Herrlichkeit, und das war die himmlische Herrlichkeit. Durch diese Art völliger Gnade gegenüber einem völligen Sünder bekomme ich, was Gott selbst an Liebe ist, und was Er an Gerechtigkeit ist. Diese beiden vereinigen sich zu meinen Gunsten und zu dem, was Gnade in Gerechtigkeit mir eingeräumt haben (to entitle): die Hoffnung der Herrlichkeit, sodass ich "jubeln (rejoice) kann in der Hoffnung der Herrlichkeit Gottes".

Der Doppelcharakter des Werkes des Heiligen Geistes in unseren Herzen wird so hervorgebracht. Er ist der Ernst der Herrlichkeit, das Erbe, das mein ist – und Gottes Liebe ist der Heilige Geist, in meinem Herzen ausgegossen, denn dort ist Er. Die Herrlichkeit ist unser Teil (portion), und deswegen sind wir hier Fremde und Pilger, bis zur Einlösung des Erbes.

Folgender Unterschied besteht zwischen dem Epheser- und Kolosserbrief:[45] Im Ersteren werden wir als bereits an den himmlischen Örtern Sitzende betrachtet, nicht _mit,_ sondern _"in Christus"_. Im Letzteren sind wir tot und auferstanden mit Christus, werden aber durchgängig als hier unten auf der Erde betrachtet, wobei die Hoffnung im Himmel liegt. In der Folge zeigt uns diese Epistel, die uns auf der Erde sieht, was unser Pfad hier ist. Paulus schreibt: "damit ihr würdig des Herrn zu seinem Wohlgefallen _wandelt"_, das ist das Maß, _"würdig des Herrn"_;

---

[45] _Dieses Thema wird an anderer Stelle noch ausführlicher behandelt_

und wiederum: "Wer sagt, dass er in Ihm wohnt, sollte einen solchen Wandel führen, wie Er ihn führte." Aber: "Ihr seid der Brief Christi" (nicht: ihr solltet sein, was auch wahr ist). Ihr könnt nicht ehrlich sagen, dass ihr das seid, wenn ihr abgelenkt (crooked) und verstreut geht. Vielmehr ist das der Platz, an dem ihr "zu allem Wohlgefallen" sein solltet, sodass es niemals etwas gäbe, das Christus nicht gefällt. Gott hat uns aus Gnade an diese Stelle gebracht, und nun wandelt dementsprechend.

Wenn ich ein Kind habe, das unehrenhafte Dinge tut, fällt das natürlich auf den Vater zurück, und der Vater wird es fühlen. "Fruchtbringend in jedem guten Werk, und wachsend durch die Erkenntnis Gottes." Ihr kennt Gott. Bringt das in Allem ein! Tut Alles in Verbindung mit Ihm. "Gekräftigt mit aller Macht gemäß Seiner herrlichen Kraft" - hier bekomme ich Stärke. Was ist deren Maß? "Seine herrliche Kraft". Geliebte Brüder, glaubt ihr das wirklich? Glaubt ihr, dass dies eine Wahrheit ist, die _uns_ betrifft?

Über einen anderen Vers habe ich bisher nur wenig gesagt: "Deshalb hören wir auch nicht auf, von dem Tag an, an dem wir es gehört haben, für euch zu beten und zu wünschen, dass ihr mit der Erkenntnis Seines Willens erfüllt werdet in aller Weisheit und geistlichem Verständnis".

Wie oft sagen wir dies, und doch: Wonach sucht ihr noch in der Wildnis? Nicht einfach nur nach eurer eigenen Bequemlichkeit, eurem eigenen Willen? Kein Wunder, dass ihr da nicht wisst, was Gottes Wille ist. _Wo in dieser Welt gibt es einen rechten Pfad getrennt von seinem Willen? Ich kenne keinen, und es kann auch keinen geben._ Nimm an, jemand hat sein Vaterhaus verlassen – er kann niemals in die richtige Richtung gehen, bis er erst einmal dorthin zurückgekehrt ist. Vielleicht ist er kein südamerikanischer Dieb[46], er mag dort einen sehr guten Charakter haben, aber er hat immer noch ein schlechtes Gewissen, und er kann nie ein gutes haben, bevor er zurück zu seinem Vater geht.

---

[46] _Auf welche Person oder welches Ereignis Darby sich hier bezieht, ist heute nicht mehr hinreichend zu klären._

Für mich gibt es in dieser Welt als solcher überhaupt keinen Pfad, aber in dem Moment, in dem ich Christus habe (to get), dann gibt es dort einen Pfad: Geh und folge (walk after) Ihm nach! Wir mögen erbärmliche Nachfolger (followers) sein, aber "Er hat uns ein Beispiel hinterlassen, dass wir in Seinen Fußspuren folgen sollen". "Gesegnet ist der Mensch, dessen Stärke in dir liegt, der die Wege in seinem Herzen hat." Wenn nur mein Herz auf dem Weg der Nachfolge ist, werde ich mit dem Wissen Seines Willens in aller Weisheit und geistlichem Verständnis erfüllt sein. Achte hier auf die Weisheit des Herrn. Angenommen, ich habe einen Leiter (director). Gut, er führt mich richtig, aber ich bekomme kein Zeugnis. Dann hat er keine Weisheit oder geistliche Erkenntnis über mich.

Aber Gott hat darauf geachtet, mich auf Seine Art zu versorgen. Sagt Einer: Ich sehe Gottes Absicht nicht klar. Dann frage ich: ist nicht dein ganzer Leib Licht? Dann ist dein Auge *nicht* völlig aufs Ziel gerichtet, das ist ein klarer Fall. Immer, wenn ich merke, dass ich nicht klarsehe, was zu tun ist, dann ist da etwas in mir, das nicht völlig zielgerichtet ist.

*All das hat nun aber nichts mit dem **"Passend-Gemacht-Sein"** für den Himmel zu tun,* aber viel mit dem Zustand der Seele! Wir haben gesehen, dass es "Weisheit" und "Stärke" gibt. Meinst du, du gehst jetzt mit strahlenden Erfolgen voran, und mit der Erweisung (manifestation) von Kraft? Muss jetzt Alles mit großer Geste (flourish) sein? Natürlich nicht!

Du bist gestärkt zu **"aller Geduld und langem Leiden mit Freude"**. Wie ernüchternd (what a come down) ist das! Geduldigsein ist nicht leicht. Keine Minute deinen eigenen Willen haben - ist das furchtbar? Moment! Solltest du nicht *Gottes* Willen tun? Hat Christus je Seinen eigenen Willen getan? Er kam, um den Willen Seines Vaters zu tun, und Er hat nie daran gedacht, etwas Anderes zu tun. Warum denkst du daran, etwas Anderes zu tun? Weil dir dein eigener Wille der Liebste ist. Schauen wir unsere armen, dummen Herzen einmal in dieser Hinsicht an, dann werden wir den eigenen Willen am Werk sehen. Wir sollten aber Seinen Willen tun – das ist Freiheit. Schicke ich mein Kind mit einer Botschaft los, und es will auch gerade gern hinaus - für das Kind ist das "das Gesetz der Freiheit".

Schau auf die unbeschreibliche Geduld Christi. Schau auf Paulus: "Wahrlich, die Zeichen eines Apostels wurden bei mir gewirkt mit aller Geduld". Merke aber, was in Allem enthalten war: "Freude"! Paulus war ein Mann der Sorgen, und Kummer gewohnt. Trotzdem konnte er wünschen, dass seine Freude auch in ihnen selbst erfüllt würde. Er fragt: "Wer ist betroffen (afflicted), und ich brenne nicht", und nicht "Ich befreie ihn." Wir finden, dass diese Welt kein Platz der Ruhe ist, sondern der Versuchung. Bringt das nicht mein Herz dazu, zu sagen: Ja und? – Ich werde Christus sehen, wie Er ist! Und Hoffnung wird hell in meinen Herzen bei diesem Gedanken und bringt mich durch Drangsale in dem Wissen, dass Drangsale Geduld bringen und Geduld Erfahrung und Erfahrung Hoffnung, weil die Liebe Gottes durch den uns gegebenen Heiligen Geist in unsere Herzen ausgegossen ist. Es geht nicht um äußerliche Freude, und das mit einem Krebsgeschwür im Herzen. Kein Zweifel, es gibt Kummer in all dem, durch das wir hindurch müssen, aber im Grunde ist Freude, und am Ende von Allem Christus selbst. Ihn haben wir jetzt als Quelle der Freude in unseren Herzen, und Ihn werden wir haben, wenn wir in Seiner Gegenwart sind.

In 1,13 heißt es: "der uns aus der Macht der Finsternis *errettet (delivered)* und uns in das Königreich seines lieben Sohnes *versetzt (translated) hat"*. Das bedeutet die *totale Wegnahme* von der Stelle, an der wir waren. Das ist nicht einfach: von Gott geboren, nicht nur die Mitteilung über ein neues Leben, auch nicht das wertvolle Blut Christi, die Grundlage von Allem, das uns von aller Sünde reinigt. Sicher, ich bin aus Gott geboren, aber da ist mehr: ich bin *weg-versetzt* aus dem Herrschaftsbereich Satans, der die Finsternis dieser Welt regiert, hinein in das Reich der Liebe des Sohnes Gottes. Rö 7: "wer wird mich befreien", das ist dieser Schrei der Seele, und nicht: "wer wird mich reinigen". Das bedeutet nicht nur, dass das Blut da ist, und der Richter mich nicht anrühren kann, sondern die Rettung des Herrn hat mich gereinigt, aus all dem herausgenommen, in das Reich des geliebten Sohnes Gottes.

Der Apostel zeigt weiter, wie Christus Alles geschaffen hat, und Ihm so auch Alles gehört. "Alle Dinge wurden durch Ihn und für Ihn geschaffen." Er ist vor (before) allen Dingen, und durch Ihn bestehen (consist) alle Dinge. Der Eine, der sie geschaffen hat, erhält (to sustain) sie auch alle. Wiederum: "Er ist das Haupt des Leibes, der Kirche, der der Anfang ist, der Erstgeborene von den Toten".

Der Tod ist unter (below) der niedrigsten Schöpfung, und dahin ging Christus. Durch die Sünde geriet Er in die Gewalt des Todes. Er ging in Gnade dahin, schmeckte den Tod, wie Andere es niemals taten. Er wusste, was Leben war – desto mehr schmeckte Er die Macht des Todes. *Je mehr Er wusste, was Heiligkeit war, desto mehr fühlte Er, was es bedeutet, zur Sünde gemacht zu werden.* Je mehr er wusste, was Liebe war, desto mehr wusste Er, was es bedeutete, Zorn zu ertragen.

Aber er ist vom Tod zurückgekommen (has come up from death), und so, als Auferstandener, ist er das Haupt des Leibes. Er bringt uns in engste Verbindung mit Sich selbst. Für uns ging Er in den Tod (went down), und nun nimmt Er uns mit nach oben, wo Er ist. Gott erhöht uns mit Ihm. In unserem Wesen (mind) waren wir entfremdet und Feinde durch böse Werke, doch Er hat uns versöhnt. Alle **Dinge** auf der Erde und im Himmel werden versöhnt werden – geschaffene Dinge. Aber die Heiligen *sind* bereits versöhnt. *Wir sind versöhnte Leute inmitten einer unversöhnten Schöpfung! Gott hat dich nicht Teil einer unversöhnten Schöpfung sein lassen! Noch stöhnt die Schöpfung – und wir auch, aber wir* **sind** *versöhnt mit Gott.*

Daher verstehe ich jetzt, warum ich die Geduld habe, und langes Leiden, und auch Freude. Sehr widersprüchlich (unsuited), diese beiden in sich selbst, aber sehr passend, um Gott dadurch zu verherrlichen. "Versöhnt" ist ein starkes, bedeutungsvolles (full) Wort: Alles in die Gegenwart Gottes gebracht, wie Gott es wollte. Und wir *sind* versöhnt.[47] Ein Wort füge ich noch hinzu. "Wenn ihr im Glauben weitermacht, gegründet und eingewurzelt (settled), und euch nicht abbringen lasst von der Hoffnung des Evangeliums, das ihr gehört habt". Hier habe ich das, was ich immer wieder in der Schrift finde: Wenn du dir einen

---

[47] *Unter den Begriff der "Versöhnung" ("Reconciliation", CW 27, 267ff) stellt Darby eine weitere Auslegung zum Kolosserbrief (Erstveröffentlichung 1853). Sie wird später noch vorgestellt.*

Heiligen in Christus ansiehst – ihm ist all das klar. Siehst du dir aber einen Christen an wie hier in Kolossä, der durch diese Welt geht, wirst du "wenns" ("ifs") und Ermahnungen finden (und Gott hat verboten, dass wir nur ein Wort der Schrift abschwächen), und Alle sagen ihm: nun musst du den Himmel ***erreichen*** (to get), du musst dranbleiben, beurteile die Dinge in dir selbst, ergreife sie fest usw.

Wenn ich aber als bereits im Himmel angesehen werde, bin ich "komplett in Ihm". Darüber hinaus gibt es aber auch keinerlei Frage über die Treue Gottes, der uns durch diesen weg hilft. In dem Wissen; Christ zu sein, kann meine seele "abba" sagen, denn ich bin passend gemacht für das Erbe der Heiligen im Licht, durch den Vater, Er hat es getan.

Was lerne ich denn, wenn ich durch die Wildnis gehe? Wenn mir das Manna einen Tag fehlt, werde ich verhungern – denn was soll ich sonst essen? Oder wie komme ich an Kleidung? Gott hat sich um jede Noppe (nap) ihrer Kleidung gekümmert, und das Manna blieb nie aus.

Hier muss Gott uns sieben und unsere Herzen prüfen, uns in Stücke zerlegen, aber nichts und nicmand (none) wird uns aus Seiner Hand reißen. Niemand muss mir das sagen. Des Weiteren lerne ich die Treue Gottes in meinen Umständen kennen. Das würde ich auf keinen Fall abschwächen. Christus lebt für immer, um für mich Fürsprache zu halten, und in jedem Moment erhalte ich Gnade von Ihm. Das ist aber *keine Frage bezüglich meines Passend-Gemacht-Seins!* "Wenn jemand sündigt, so haben wir einenh Fürsprecher beim Vater, Jesus Christus, den Gerechten (the righteous)." Dieses Fundament wird nicht berührt, aber wenn wir sündigen, müssen wir wiederhergestellt werden, sodass wir da gehalten werden, wo wir sein wollen, das heißt abhängig von Gott.

Wir wollen in Christus gegründet (settled) sein, damit unsere Herzen glücklich und voll Freude sein können. Wir wollen aber auch abhängig sein. Wir lernen auf dem Weg durch die Wüste: Wenn Er uns auch nur einen einzigen Augenblick verlassen würde, was er aber nicht tun wird, haben wir keinerlei Ressourcen.

In dieser Epistel haben wir alles zusammen: Der Heilige versöhnt mit Gott, aber immer noch auf der Reise mit der Hoffnung der Herrlichkeit vor Augen, in dem

Wissen, dass er dafür passend gemacht ist. Dass er nun des Herrn würdig zu wandeln hat, dass er der gesegneten Treue Dessen vertrauen kann, der uns bis zum Ende stärken wird, dass wir fleckenlos sein können (may) am Tag unseres Herrn Jesus Christus, und inzwischen wachsen wir in der Erkenntnis Gottes.

So kommt also Alles zusammen: 1."euch heilig und tadellos und unsträflich hinzustellen", 2."wenn ihr im Glauben gegründet und fest bleibt", etc. Was aber *meine Annahme durch Gott angeht, bin ich passend gemacht, Teilhaber des Erbes zu sein*, und ich danke dem Vater, der das getan hat.

*Insgesamt betrachtet, stellt die Arbeit "Meetness And Growth" m.E. nicht nur einen zentralen Text der Einlassungen Darbys zum Kolosserbrief dar, sondern beinhaltet auch alle wesentlichen Grundzüge einer biblisch gegründeten "Theologie des Neuen Testaments". Schon in diesem seinem Kommentar zu Kol 1 entfaltet Darby neben der Lehre von der Kirche (Ekklesiologie) die Grundzüge des NT zur Soteriologie, die ihrerseits auf der präsentischen Eschatologie des Heilshandelns Gottes in Jesus Christus beruht – oder, um es möglichst einfach auszudrücken: Durch das Werk Jesu Christi ist bereits **alles erledigt**, was zur **Erlangung des Heils** für den Menschen nötig ist. Der Mensch darf dies im Glauben annehmen, weitere Aktionen wie die Anwendung etwa von Sakramenten, Gute Werke aller Art, oder die Vermittlerfunktionen einzelner Menschen oder gar einer ganzen kirchlichen Institution sind demgegenüber völlig überflüssig. Alle Gläubigen werden dem Leib Jesu, der Gemeinde hinzugefügt. Da die Menschen aber de facto noch auf der Erde sind, wenn auch in Jesus bereits im Himmel, ergibt sich die Frage, wie der Christ seine Erdenzeit noch verbringen soll, da seine Rettung ja bereits komplett vollbracht ist. Die Antwort ist im Grunde einfach: der Mensch soll Alles, was er auf der Erde tut, im Namen Jesu tun.*

All dies findet sich in "Meetness And Growth", wenn auch in Darbys typischem Stil, aber dennoch klar und unmissverständlich ausgedrückt, und von daher auch für jeden Leser leicht nachvollziehbar, der wie Darby die Bibel als Wort Gottes ansieht (vgl. oben Kap. 3.4).

Hervorzuheben ist auch der hohe seelsorgerliche Wert des Artikels. Immer wieder werden Fragen und Probleme angesprochen, mit denen sich einzelne Christen oder ganze Ortsgemeinden häufig herumquälen, insbesondere Fragen des täglichen Verhaltens eines Christen oder dem Umgang miteinander, obwohl doch die biblischen Aussagen im jeweiligen Zusammenhang klar und eindeutig sind. Darby gibt in seinen Ausführungen zu Kol 1 selbst das beste Beispiel dafür, dass man im Grunde unter Führung des Heiligen Geistes zunächst genau hinschauen muss, was tatsächlich in der Bibel steht (und was nicht!). Auf dieser Grundlage kann man sich dann auch der Lösung des jeweiligen konkreten Problems nähern. "Meetness And Growth" kann dabei eine große Hilfe sein.

Lag hier der Schwerpunkt eher auf der Frage, wie sich der Christ für den Rest seines Erdenlebens verhalten sollte, befasst sich der folgende Text "Der Christ nicht von dieser Welt", der insbesondere Kolosser 2 als Grundlage hat, eher mit der Frage, was es letztlich bedeutet, mit dieser irdischen Welt im Wesen nichts mehr zu tun zu haben. Darby befasst sich darin u.a. mit der Frage der Bedeutung der Philosophie und der Gesetzlichkeit, die beide als mangelhaft, gescheitert und überholt anzusehen sind, entwickelt darüber hinaus aber auch quasi als Nebenprodukt eine Wissenschaftstheorie auf der Grundlage seiner biblischen Hermeneutik.

3.6 Der Christ nicht von der Welt[48]

In dem, was ich gelesen habe[49], gibt es praktisch nur ein Thema, aber getrennt in zwei Teile: zum Einen: Christus im Kontrast zu allen Gedanken dieser Welt, zum Anderen: der wahre Platz des Christen, nämlich in Ihm. Das ist ein neuer Platz, sogar in Christus. Er beginnt mit einer deutlichen Warnung gegen jegliche Philosophie und Judaismus (Gesetzlichkeit) um die Kolosser her. Sie münden in der Tat in denselben Kanal; dies wiederum ist verbunden mit dem zweiten Punkt, um den es geht, weil sie zu dieser Welt gehören. Demgegenüber wird Christus an

---

[48] *The Christian Not Of The World (Colossians 2), Erstveröffentlichung 1878, CW 31, 221 ff*
[49] *Darby meint hier wohl den genauen Wortlaut des Kolosserbriefes bzw. des NT.*

die erste Stelle gesetzt, und an zweiter Stelle entfaltet Paulus, dass das, was in Christus ist, außerhalb dieser Welt ist. Dergleichen Dinge sind gerade in Umlauf, denn die Leute wenden sich zurück zu "den Grundlagen dieser Welt". All diese Untreue und Ritualismus haben die gleiche Wurzel, wenn auch nicht die gleiche Form. Beide gehören zu dieser Welt, und sie sind das, was der Mensch als Kind Adams verstandesmäßig und in seiner Vorstellungskraft aufnehmen kann. Im Kontrast dazu steht der Auferstandene Christus – Christus außerhalb dieser Welt. Dieses Kapitel stellt beide heraus. Sie sind Leistungen des menschlichen Verstandes und der Einbildungskraft – was der Mensch eben tun kann. Demgegenüber hat der Mensch in dem Moment, indem er annimmt, was Gott in Christus und über den Platz, an dem Er sich befindet, geoffenbart hat, nichts mehr damit zu tun. Das sind die Grundlagen dieser Welt: das Eine ist die Vernunft, das geistige Fleisch, und das Andere ist die Einbildungskraft des Fleisches. Dieser Ritualismus, Christus jeden Sonntag von neuem geopfert usw., als bedürfte es nicht nur des einmaligen Opfers für die Sünde. Denn ich lese: "Durch ein einziges Opfer hat Er ein für allemal die vollkommen gemacht, die geheiligt sind". Dann wäre also das Eine Opfer nicht vollkommen gewesen! Genau das macht den Unterschied aus. Meine Vorstellungskraft kann sich dies aneignen, oder aber mein Verstand kann es ablehnen, aber beides bedeutet die Leugnung dessen, dass Christus sein Erlösungswerk vollendet hat.

Wir sind uns sehr wenig darüber im Klaren (obwohl es sich um zwei ganz verschiedene Teile der menschlichen Natur handelt), wie das alles mit dem Menschen zusammenhängt – dem Menschen, der nicht von sich selbst befreit ist - und stattdessen Christus zu haben. Zuerst warnt der Apostel sie, und dann zeigt er ihnen, was wirklich Sache ist: Christus in den himmlischen Örtern. Gott hat die menschliche Natur unter den Juden aufgegriffen, um zu sehen, ob diese mit Ihm in Verbindung gebracht werden könnte, und sie konnte es nicht. In einem bestimmten Sinn wurde es versucht, aber Gott musste sich selbst hinter einem Vorhang verbergen: wenn es keinen Vorhang gäbe, müsstest du imstande sein, im Licht zu stehen, weil Gott Licht ist. Gott kam nie dahinter hervor, aber Er gab einen wunderschönen Gottesdienst, und Er gab das Gesetz als noch perfektere Regel für die menschliche Natur, für den Menschen, wie er ist. Die Frage ist, hat der Mensch es gehalten? Keiner hat das. Wo ein Mensch unter dem Judaismus weiter voranschreitet, nimmt er ihm den prächtigen Teil, und andererseits spricht er vom Gesetz ohne das Bewusstsein, dass er es nicht gehalten hat. Natürlich fürchten Viele das Gesetz, wenn ihr Gewissen erweckt ist, und wenn die Wahrheit des Gewissens unter einem solchen System existiert, sind sie immer unglücklich. Das Denken des Menschen geht seine eigenen Wege und endet notwendig, ohne Gott zu finden. "Kann der Mensch Gott durch Suchen finden?" Stattdessen erhälst du Gott völlig geoffenbart in Christus, und den Menschen in Christus zu Gott gebracht. Christsein verdrängt die Dunkelheit des natürlichen Verstandes (ich sage nicht Seele), der mit Gott nichts zu tun haben kann und der, im vollsten und breitesten Sinne gesehen, notwendig Atheismus ist, weil er Gott nie erreicht und sich selbst innerhalb dessen begrenzt, was der menschliche Verstand erreichen kann. Genau das taten Alle hier.

Der Apostel sorgte sich der Kolosser wegen, weil sie ständig in diese Dinge verwickelt waren, sie lebten ja mitten unter diesen griechischen Philosophen. Obwohl er niemals dort gewesen war, wusste sein Herz doch erfahrungsmäßig durch die Kraft des Heiligen Geistes, wo die Fallen waren, und er sagt: "Ihr sollt wissen, welch großen Kampf ich euretwegen habe". Er fühlte die Gefahren, die es dort gab, und er betrachtete diese Heiligen als zu Christus gehörig, den er so liebte und für den er so arbeitete, und er interessierte sich für sie.

Vers 2 lässt mich das Geheimnis Gottes verstehen, und das ist etwas völlig Anderes. Hier ist nicht die Rede von der Art und Weise, wie wir sonst das Wort "Geheimnis" (mystery) verstehen, als eine Sache, die man nicht erklären kann. Hier geht es vielmehr um eine Angelegenheit, die nur durch Offenbarung bekannt wird, die nicht Eingeweihten wissen nichts davon. Es ist das, was wir nur durch göttliche Offenbarung und Belehrung kennen, und es versetzt uns in eine völlig neue Welt. Außerdem erhalten wir noch eine weitere wichtige und erforderliche Information.

Angenommen[50], ich wäre der größte Wissenschaftler der Welt, dann ist damit keinerlei Liebe verbunden. Die Wissenschaft ist mit Niemand verbunden, und es ist kein Atom Seelenarbeit darin. Gott kann deshalb nicht erkannt werden (be known), denn Gott ist Liebe. Glaube gibt uns den Zutritt zu Allem, was die Liebe bewirkt hat. Wissenschaft ist kalt wie Eis - todkalt. Es passt keinerlei Gefühl hinein. Es gibt keinerlei Beziehung zu Irgendetwas in der Welt oder gar zu Jemand noch Höherem als diese (V.2). Offenbarung dagegen führt "zur Erkenntnis (acknowledgement) des Geheimnisses Gottes". Gott – die Quelle unseres Lebens, Gott – derjenige, der dort durch den Heiligen Geist unter uns wohnt und uns das Fühlen gibt, das aus der Beziehung fließt, in die wir gebracht worden sind. Der Verstand mag entwickelt werden, aber es ist keine Moral (kein moralisches Motiv?) darin, von der Natur der Wissenschaft her nicht. Der Christ handelt nach einer Motivation, Wissenschaft berührt gar nicht den Grund, auf dem die Seele steht. Was hat das Gefühl mit der Entdeckung zu tun, wie die physikalische Welt funktioniert?

In Christus lerne ich die gesegnete Wahrheit, dass Gott in mir lebt, in göttlicher Natur durch die Kraft des Geistes, und ich Gemeinschaft mit dem Vater und dem Sohn habe. Ich gelange in eine völlig neue Welt!

- Ich auferstehe "zu allem Reichtum an Gewissheit des Verständnisses". Des Verständnisses wovon? Wie Tiere geboren werden? Nein, des verborgenen Geheimnisses. Mein Herz wird geöffnet, den ganzen Umfang (scope) von Gottes Plänen und Ratschlüssen in Christus zu sehen. Du bekommst die "volle Gewissheit des Glaubens" (Heb 10,22) (das ist nicht Wissenschaft!), dass "der, der sein Zeugnis empfangen hat, das Siegel hat (hath set to his seal), dass Gott wahrhaftig ist". Wissenschaft sagt: "Ich denke dies und ich denke das", das ist Alles, was sie hat. Ich finde angemessene (adequate) Sicherheit bezüglich aller Dinge, aber wenn ich das Zeugnis Gottes habe, habe ich die gewisse Sicherheit des Glaubens – die einzige Sicherheit, die wir haben. Ich habe das Siegel, dass

---

[50] *Hier beginnt Darbys wissenschaftstheoretischer Einschub. Dieses Thema behandelt er auch in der im gleichen Jahr veröffentlichten Schrift "Science And Scripture" (Wissenschaft und Schrift), CW 31,138 ff, in der er die Schrift gegen die damals erstarkende Evolutionslehre verteidigt.*

Gott wahr ist, Er kann nicht anders, als wahr zu sein.

- Ich bekomme eine weitere "volle Gewissheit", und das ist Hoffnung (Heb 6,11), denn dort wird dein Fühlen angewendet und werden die Dinge wahrgenommen. Sie liefert viel größere Wirklichkeit – genau diese Verbindung vermittelt großartige Realität. Ich werde in derselben Herrlichkeit mit Christus sein, und das ist die völlige Gewissheit der Hoffnung. Werde ich dabei sein? Natürlich, wenn du ein Gläubiger bist, und den Ernst des Glaubens im Herzen hast. "Ernsthaft begehrend, mit unserem Haus bekleidet zu werden, das vom Himmel ist" - das ist die völlige Gewissheit des Verstehens.

- Das Dritte reicht noch höher: "Volle Gewissheit des Verstehens", denn das ist Gottes Rat und Plan in Christus; und wenn wir nicht dort sind, ist Christi Herrlichkeit unvollständig, und das geht nicht! "Wir haben den Geist (mind) Christi." Wenn ich die volle Gewissheit der Hoffnung habe, dann sehe ich diese Dinge als Teil von Gottes Plan und Christi Herrlichkeit, und das ist die volle Gewissheit des Verstehens. Nichts in der Welt ist so gewiss wie die Offenbarung Gottes, erkannt durch Erlösung.

Jetzt gehörst du zu einer anderen Welt: diese Dinge (Philosophie, Judaismus etc.) gehören nicht zu der Welt, in der ich jetzt bin. Natürlich ist da Gottes Schöpfung, aber es ist seine ursprüngliche (first) Schöpfung. Sie vergeht, oder wir verschwinden aus ihr. Es ist eine wunderbare Schöpfung, aber eben *nicht versöhnt* mit Gott und gehört nicht zur *Neuen* Schöpfung. In diesem Geheimnis ist Gottes ganze Weisheit und Kenntnis, die Summe seiner Ratschläge (counsels), zu denen der natürliche Verstand nicht einmal einen Eingang findet, und das kann er auch nicht, denn sie "werden geistlich erkannt". Es bleibt nur die Offenbarung Gottes. Die Seele findet ihre Zuneigung in der neuen Schöpfung; sie hat eine Welt, wo sie hingehört, und "die solches sagen, erklären offensichtlich (plainly), dass sie ein Land suchen".

Nimm einmal Abraham. Er hatte nichts, auf das er auch nur seinen Fuß setzen konnte. Er war nicht in dem Land, aber es gehörte ihm, und genau da stehen wir auch, "als nichts habend und doch alles besitzend". Die Welt zieht Lots Herz an, in der Art, wie sie seine Anstrengungen, Größe zu haben, determiniert. Aber Abraham war ein Fremder und Pilger, und er sagt. "Wenn du nach rechts gehst, gehe ich nach links". Lot geht hinunter zur Ebene und reift dabei für das Gericht und stellt sein Zelt nahe Sodom auf. Dann kommt er näher und näher, bis die Stadt sich ihn einverleibt (to snatch).

Sobald Lot hinuntergestiegen ist und seinen reichen Platz gewählt hat, sagt Gott zu Abraham: "Hebe nun deine Augen" etc. Sobald er die Welt im Herzen völlig aufgegeben hat, erscheint das verheißene Land vor ihm. Er erkannte, was ihm versprochen war. Es war *Absonderung zu Gott im Glauben.*[51] Er bekam völlige Gewissheit bezüglich seiner Hoffnung.

Wir lernen jetzt, *wo* der Christ ist, nicht *was* er schon ist. "Passt auf, dass euch niemand verwirre durch Philosophie und vergängliche Täuschung, nach der Tradition des Menschen, nach den Elementen (rudiments) dieser Welt, und nicht gemäß Christus." Es ist Christus oben im Himmel in einer anderen Welt. "Denn in Ihm lebt die ganze Fülle der Gottheit leibhaftig." Hier finde ich den tatsächlichen Ausgangspunkt, und das ist: dass in Christus die ganze Fülle der Gottheit leibhaftig offenbart ist! Ich habe die vollständige Offenbarung der Fülle Gottes in Christus. Ich brauche nichts Anderes, Neues zu suchen (außer natürlich, sie besser kennen zu lernen), denn ich kann nicht über die Fülle der Gottheit hinaus, und die ist mir offenbart.

In Christus, in diesem Menschen – mehr als ein Mensch, denn er war ebenso (too) Gott – war die Offenbarung der Fülle der Gottheit. Man braucht Augen, um sie zu sehen; aber für den Glauben, der durch den Schleier Seiner Erniedrigung sah, als Er hier war, gab es keine Eigenschaft (trait) in Seinem Charakter, keine Handlung in Seinem Benehmen, keinen Ausdruck von Gefühl Seines Herzens, das sich auf das Elend um Ihn her richtete, das nicht die Offenbarung Seiner Gottheit gewesen wäre. Der Vater wurde geoffenbart wie in Joh 14, Alles wurde geoffenbart, und

---

[51] *Hier wird deutlich, was der von Außenstehendenden oft missverstandene Begriff der "Absonderung" ("separation") im Sprachgebrauch Darbys bedeutet: Es geht primär nicht um eine elitäre Trennung von Anderen, sondern um eine persönliche bewusste Hinwendung zu Gott und seinen Maßstäben.*

Nichts blieb zum Suchen übrig, außer besseres Kennenlernen.

Und dann gibt es noch eine andere gesegnete Seite (V.10): "In Ihm lebt die ganze Fülle der Gottheit leibhaftig, und du bist komplett in Ihm" (das gleiche Wort wie im Original). Ja, sage ich, und ich bin komplett in Ihm vor Gott – Gott ist mir in Christus vollständig geoffenbart; aber was ist mit dir? Kannst du vor Ihm stehen? Mein Komplett-Sein vor Gott in Christus, ohne dass noch etwas fehlt: das macht die Aussage zum vollen Statement über das, was das Geheimnis ist: die entscheidende Beziehung der ganzen Fülle der Gottheit in dem Einen, der mir mit Seiner ganzen Liebe nahegekommen ist, damit ich wissen kann, dass Er Liebe ist. Als Christus in dieser Welt war, suchte Er nichts Großartiges für sich selbst. Was suchte Er also? Trauer, Armut, Elend! Das ist es, was Gott in dieser Welt gemacht hat: völlige (perfect) Liebe (und auch Kraft), die die Not erleichterte (to relieve), Liebe, die perfekte Güte hinunterbrachte, dahin, wo ich war. Das ist es, was Gott für mich ist. Perfekte Güte in der Mitte aller Trauer und allen Elends dieser Welt, und die Fülle der Gottheit in Ihm leibhaftig.

Ach – arme Wissenschaft! Sie ist weit davon entfernt! Sie kann mir von Protoplasmen erzählen, aber niemals von göttlicher Liebe. Das Geheimnis Christi zeigt mir die Komplettheit, ohne sich um äußerliche Dinge zu kümmern – nicht in den Wolken, um sie zu erreichen, wenn wir können, sondern zu mir herunter gebracht. Ich bin in Christus komplett, aber da ich Gott vollständig geoffenbart finde (niemand von uns kann das ausmessen, natürlich, oder sogar durchwandern, wir müssen es finden und dann darin wachsen), finde ich auch die andere Seite: Wie kann ich vor Ihm stehen und all das begreifen? Bist du bereit (fit), in seiner Gegenwart zu sein?

Ja, ich sage: "Dem Vater dankend, der uns passend gemacht hat, Teilhaber des Erbes der Heiligen im Licht zu sein". Das ist die Stellung, in die du gebracht bist, genauso wie die Fülle der Gottheit in Christus zu uns gebracht wurde. Ich finde dann, dass ich gemäß all den Gedanken Gottes komplett gemacht worden bin. Genau wie Gott in Christus vor den Menschen stand, steht der Mensch in Christus vor Gott. Es ist nicht nur Philosophie, die buchstabiert, was es seit der Schöpfung um uns alle herum gab, es ist der Eine, der Alles geschaffen hat, und darüber hinaus finde ich mein persönliches Gesegnet-Sein darin.

Ich bin komplett in Ihm, ich habe Alles, was ich will, und was ich für die Ewigkeit brauche. "Er hat beides geheiligt, und die geheiligt sind, sind Alle von Einem." - Alle eine Gesamtheit (set). Welches Leben habe ich? Christus. Welche Gerechtigkeit? Christus. Welche Herrlichkeit? Christus. Genau in einer Stellung und Stand. Wie kann ich sagen, wie sehr mich Gott liebt? Ich kann dir sagen (oder eher: Christus hat uns gesagt), dass du so geliebt bist, wie Christus geliebt ist. Und das wissen wir jetzt. "Ich habe ihnen deinen Namen verkündet (to declare) und werde ihn verkünden" etc. Er wohnt in uns, und der Heilige Geist bringt diese Liebe in unsere Herzen. "Die Liebe Gottes ist in unsere Herzen ausgegossen durch den Heiligen Geist, der uns gegeben ist."

Jetzt wendet sich der Apostel einer speziellen Sache zu, die den Kolossern damals eine Schwierigkeit war, indem er, während er die ganze Tragweite (scope) des Geheimnisses Gottes aufzeigt, doch herunterkommt und sich mit dieser fleischlichen Religion befasst. Die Kolosser waren gewohnt, sich inmitten dieser Dinge aufzuhalten. Das jüdische System hat uns Klärung darüber verschafft, ob ein fleischlicher Mensch mit Gott zu tun haben kann. Wie viele Seelen sind in ihrem Herzen unter Gesetz (wenn nicht, sind sie gesetzlos)! Richtig angewendet, bekommst du Sündenerkenntnis unter dem Gesetz. Es ist der Mensch als verantwortlicher Mensch, der eine perfekte Regel von dem, was er sein sollte, vor sich hat, und "Beschneidung" ist nur ein Ausdruck davon – Tod des Fleisches. All das, was in diesen Dingen nur *vorgeschattet* war, hast du in Christus.

In Vers 11 wendet sich der Apostel mehr den Details zu, um zu zeigen, wo wir als Christen stehen. Es ist etwas völlig Neues – das Ausziehen (put off) des fleischlichen Leibes. In der Wildnis hatten sie nie Beschneidung gehabt, bis zur Durchquerung des Jordans – ein Bild unseres Sterbens mit Christus. Gilgal *(wö.: abgewälzt)* war der Platz, wo sie die Schande der Welt abwälzten. Dasselbe haben wir hier. Vorher war es eine mit Hilfe der Hand gemachte Beschneidung, jetzt ist es eine ohne.

Ich habe die wahre Beschneidung. *Anstelle des nur äußerlichen Rituals der Sache habe ich die Sache selbst:*[52] ich bin komplett in Christus. Und wie? Ich bin tot, mausetot (dead and gone). Ich habe den Alten Menschen völlig abgelegt (ich spreche nicht vom Umhertragen des Todes Christi, das ist 2 Kor 4,10). *Ein auferstandener Christus ist mein Leben, alle Verbindungen zu dieser Welt sind weg. Ich bin der Sünde tot und Gott lebendig. Ich habe den Leib des Fleisches abgelegt, ich bin mit Christus auferstanden. Ich betrachte mich (to reckon) als tot; ich habe einen auferstandenen Christus als mein Leben – für den Glauben bin ich fertig mit dem Fleisch, völlig fertig damit. Ich habe das ganz Neue, befinde mich darin (natürlich bin ich immer noch in diesem erbärmlichen irdischen Tempel), aber ich gehöre nicht zu dieser Welt. Ich bin gestorben durch den Tod Christi.*

Es heißt jetzt *nicht mehr* nur, *"du musst"* sterben. *"Du musst"* zu sagen bringt überhaupt nichts. Wenn du mit Christus gestorben *bist*, dann *bist du* mit Ihm auferstanden – du hast Alles zurückgelassen. Genau das ist die Bedeutung und das Wesen der Taufe. Mit Christus bin ich gestorben, zu Seinem Tod bin ich getauft. Hier bin ich, ein lebendiger Mensch, und ich gehe mit Christus durch den Tod (natürlich ein äußeres Zeichen) – ein Mensch, der mit Christus in sein Grab gegangen und wieder herausgekommen ist.

Er ging aus dem Zustand (condition), in dem Er als Mensch auf der Erde war, an einen völlig neuen Ort – Gott erweckte Ihn aus den Toten. Und dann: "Worin auch ihr mit Ihm auferstanden seid" etc. Als Christ *bist du* auferstanden. Ich bin in diesen neuen Zustand gelangt. Ich sage: "Ja, ich selbst, denn ich bin Christ".

Und nun bekommen wir viel zusätzliches (farther) Licht bezüglich unseres Zustandes. "Und ihr, tot in Sünden (V.13)." Ich habe an Sünden am Anderen (sins in the other) gelebt, aber die Wahrheit von "Tod in Sünden" geht noch viel weiter:

---

[52] *Ein markantes Beispiel für die (fälschlicherweise Darby zugeschriebene) "Abbildungstheorie", die unter verschiedenen Namen in der Brüderbewegung gebräuchlich ist. Diese Theorie hat in der Geschichte der Brüderbewegung teils seltsame Blüten hervorgebracht (und die Bewegung dadurch angreifbar gemacht). Letztlich ist damit gemeint (s.o.), dass Aussagen, Begriffe, Rituale etc. lediglich* <u>Hinweise</u> *auf die* <u>eigentliche Sache selbst</u> *sind. Das Problem liegt darin, dass den Menschen diese Verweise und Traditionen oft* <u>wichtiger</u> *werden als das,* <u>worauf</u> *sie eigentlich verweisen wollen.*

lebend, was meine Sünden angeht, aber tot, was Gott angeht. Das reicht weiter und schließt meine Natur mit ein, die gerne sündigt. *In deinem Herzen ist keine einzige Sache, mit der Gott sich verbinden könnte.* "Die im Fleisch sind, können Gott nicht gefallen." Im Himmel gibt es nichts, das deiner Natur gefallen würde! Was ich jetzt habe, ist nicht nur: "lebendig gemacht" (quickened), sondern: "mit Ihm zusammen lebendig gemacht" (V.13), denn, angenommen, ich bin lebendig, dann bin ich nicht "geistlich lebendig", sonst bin ich vielleicht bei Rö 7. Jeder dort sagt: "Ich denke, dass Christus mir kostbar ist, und ich liebe Sein Wort und die Seinen", aber er prüft sich selbst, um herauszufinden, ob er zur Neuen Schöpfung gehört. Wie der Verlorene Sohn, er hat den Vater noch nicht wiedergetroffen, aber das ist nicht "mit Christus lebendig gemacht" - erweckt (quickened), kein Zweifel, aber wenn ich in dieser Art von "auferweckt" spreche, ist es das göttliche Werk (operation) eines Neuen Lebens in meiner Seele.

Aber mit Christus auferweckt ist etwas anderes. Wo sehe ich Christus selbst? Nicht als Erwecker, sondern als Erweckter. Christus als Mensch ist von den Toten erweckt worden. Er starb unter unseren Sünden, für sie. Er ging in den Tod für uns, und Gott hat Ihn erweckt, und, angenommen ich bin ein Gläubiger, wurde mit Ihm auferweckt. Wenn ich auf mich schaue, ist es als mit Christus Auferstandener, wie es hier heißt: "erweckt mit Ihm". Christus wird als toter Mensch betrachtet, aber dies geschieht, weil Er im Herunterkommen als Mensch zum Tod meine Sünden weggetan hat, und deshalb bin ich mit Ihm auferweckt.

Es ist nicht nur die Tatsache, dass ich Leben habe, ich habe Leben in einem neuen Zustand, wo Christus ist. *Vor Gott bin ich an einen neuen Platz gelangt, Christi Platz* – und alle meine Sünden sind jenseits des Grabes Christi zurückgelassen. Den Alten Menschen, dieses schreckliche Ding, das mich ständig getäuscht hat, besitze ich nicht mehr.

Zwei Dinge sind da noch zu erwähnen: Da sind diese Vorschriften (ordinances) – alle "ausgelöscht". All die Dinge, die das Fleisch tun kann, um Anerkennung zu bekommen, sind tot in dem Fleisch, das sie bewirkt hat. Wo finde ich Christus jetzt, wo wir auferstanden sind? Wo finde ich Christus im Mahl des Herrn? Es ist sein Tod. "Christus in die Elemente bringen", wie die Leute sagen. So etwas gibt es nicht, weil Christus ein toter Christus ist. Sein vergossenes Blut zeigt weiterhin seinen Tod an, und so einen Christus gibt es jetzt nicht mehr. Nach seiner Auferstehung ist Er lebendig, Tod kann keine Herrschaft mehr über Ihn haben. Und auch die Taufe, was ihren Hinweischarakter angeht (as to its signification): Sie ist in Seinem Tod, ich bin mit Christus gestorben, und bin mit Ihm auferstanden.

Und noch eins: Als wir in Ihm so komplett gemacht wurden, waren andere Dinge gegen uns, diese "Fürstentümer und Gewalten" (V.15). Christus hat Satans Gewalt auf dem Kreuz (in the cross) zerstört. Ich war ein lebendiger Mensch in Sünde – das ist weg (gone). Dann alle diese Vorschriften, an die ich gebunden war – auch weg. Satans Macht (nicht, dass er keine hätte) – Christus hat über ihn triumphiert. "Durch den Tod hat Er ihn, der Todesmacht hatte, den Teufel, zerstört." So hat auch der Tod seine Macht verloren. Das Kreuz Christi hat die Geschichte des Alten Menschen abgeschlossen, und auch die aller seiner Verbündeten (associations). Ich war Sklave der Sünde - "ich bin mit Ihm erhöht". Ein Sklave von Verordnungen, sie sind "ans Kreuz genagelt". Ein Sklave Satans – seine Macht ist zerstört.

Ich bin mit Christus jenseits dieser Dinge auferstanden, und da ist es, wo ein Christ ist. Ich werde einen ewigen Feiertag haben, im Geist habe ich den sogar jetzt. Ich gehe in die Ruhe Gottes im Himmel ein. Ich halte keine Tage, denn das führt zurück ins Heidentum. Meinst du, der Umlauf der Sonne lässt die, die im Himmel sind, Feiertage halten? Es ist ein ewiger Feiertag; jetzt nur in unseren Herzen "denn wenn wir Christus folgen, lernen wir auch Seine "Sorgen und Trauer (griefs)" kennen, denn Er war "ein Mann der Trauer und mit Schmerzen bekannt". Wir werden aus allen Spekulationen der Philosophie herausgenommen, denn wir sind in einer Welt, in der sie nicht gelangen kann.

Geliebte Freunde, sind eure Herzen nun bereit, solch ein Christsein zu akzeptieren? Das Fleisch klammert sich an das, was das Fleisch liebt - klammert sich an die Welt und an das, wodurch Satan Gewalt über uns hat, und daher rührt der andauernde Kampf. Aber gibst du dich damit zufrieden? Ich rede nicht über Wahrnehmung, vielmehr: bist du damit zufrieden, den Pfad, den Christus ging, auch als deinen Pfad anzunehmen, täglich dein Kreuz auf dich zu nehmen und Ihm zu folgen?

Für das Fleisch sieht das bitter aus, denn es ist eine andere Welt, zu der das Fleisch nichts zu sagen haben kann – auch nicht gedanklich (in thought). Wir werden in vielen Dingen Fehler begehen; aber bist du damit zufrieden, mit der Welt, in die du geboren bist, fertig zu sein, ihr gestorben zu sein? Das ist das Wesen und die Essenz dessen, was Christsein wirklich ist. Mein Platz ist der eines Christen, heraufgekommen aus Christi Grab. Bist du zufrieden damit, solch ein Christsein zu akzeptieren? Du wirst den Listen (wiles) Satans nie entkommen – weder durch Philosophie noch durch Ritualismus, du hast nicht das, was es braucht, dich aus ihrem Machtbereich und ihrer Herrschaft herauszuführen. Es sind die Listen Satans, gegen die wir Widerstand zu leisten haben, nicht seine Macht. Widersteh ihm!

Wir erlauben immer noch in unserem Leben das, was Satan benutzen kann und ergreifen kann. Du sagst, ich *muss* fertig sein mit dieser Welt, die Christus nicht will. Aber wenn ich auferstanden bin mit Christus, sage ich, ich *bin* fertig damit. Je weiter wir fortschreiten, desto mehr werden wir sehen, was nötig ist. Wenn wir die Kraft Christi nicht in dieser Weise gebrauchen, werden wir keinen Erfolg haben. Wenn wir mit Christus auferstanden sind, gibt es eine Welt, zu der das Leben gehört, eine Welt, die das Fleisch nicht anrühren kann. Lebt mein Herz für die Welt, in die Christus schon gegangen ist, oder für diese Welt? Der Herr gebe uns, dass wir Ihn so wertschätzen, dass diese Dinge, die uns als Gewinn vorkamen, als Verlust abschreiben (to count loss). Mit ganz auf Christus gerichtetem Blick ist das alles sehr einfach, aber "ein wankelmütiger (double – minded) Mensch ist unsicher (unstable) auf allen seinen Wegen". Wenn Christus da oben ist, dann werden unsere Herzen natürlich Ihm folgen, und das völlig (thorough).[53]

---

[53] *An dieser Stelle in CW 31 wird der Text optisch durch einen Strich und vergrößerten Abstand deutlich vom weiteren Text getrennt. Dies lässt darauf schließen, dass es sich bei "The Christian Not Of The World" möglicherweise um den Text eines Vortrags handelt, der auf zwei Abende aufgeteilt war.*

Wir sehen in dieser Epistel, das Christus Alles ist: In Ihm ist das Leben; dann sehen wir den Zweck, in das dieses Leben hineinwächst – das Kind wächst hinein. Außerdem bekommen wir das ganze Szenarium, das Christus betreten hat, wie ein Kind, das in diese Welt hineinwächst. Christus ist Alles, und Er ist auch in Allem.

Dann noch etwas, dessen wir uns alle bewusst sind: Die Art, in der Er auf unsere Not als arme Sünder eingegangen ist, das Werk Christi, das Er ganz alleine für uns alle getan hat; die ganze Sammlung (meeting) unserer Gewissen und auch das Ergebnis, das zur Folge hat, dass der Christ auf zwei verschiedene Arten gesehen wird – als geretteter Sünder, als Jemand, der im System und Kreis der Absichten Gottes steht.

Das sind zwei sehr unterschiedliche Dinge und die Art, damit umzugehen ist ebenfalls unterschiedlich. Es gibt viele echte und hingegebene Christen, die nicht über den ersten Aspekt hinauskommen. Aber es gibt noch etwas Anderes: der Gedanke und die Absicht, die Gott dabei hatte, unser Anteil dabei als mit dem Zweiten Adam verbunden. Er ist unser Erretter im Hinblick auf den Ersten Menschen, als verantwortlicher Mensch gesehen, aber dahinter, und über all das hinaus, ist da die Absicht Gottes, in der wir nicht als Erster, sondern als Zweiter Mensch gesehen werden.

Im Blick auf den Alten Menschen (V.12f) ist da der Eine, der für unsere Sünden stirbt, an unserem Platz als schuldige Sünder steht, der uns rettet und rechtfertigt. Und dann kommt der zweite Aspekt: "mit Christus erhöht". Wann auch immer Paulus in diesen Episteln von "Erhöhung" spricht, geht es nicht nur um die Tatsache, Leben zu haben. Er betrachtet uns als tot in unseren Sünden, nicht als verantwortungsvolle Leute, und Gott, der sich nicht mit der Verantwortung eines Menschen befasst, sondern mit einer Neuschöpfung, völlig neu. Das ist ein ganz anderer Aspekt, obwohl sie ineinanderfließen. Ich bin gestorben in Christus, "in den Dingen, in denen ihr gewandelt seid als, als ihr in ihnen lebtet", und in dieses Leben musste der Tod kommen.

Damit stehen zwei Dinge in Verbindung, wenn Paulus auch in diesem Brief nicht so sehr auf den zweiten Punkt eingeht:

1. Wir sind eine Neue Schöpfung.
2. Es gibt eine neue Sphäre, in der diese Neuschöpfung ihr Leben hat.

Unser Austausch (conversation) ist im Himmel. Was mich selbst angeht, weiß ich, dass in mir nichts Gutes wohnt, *aber ich bin wie Christus vor Gott platziert.* Er hat gesagt: "Mein Vater und euer Vater", "wie das Himmlische ist, so sind auch die, die himmlisch sind". Das gibt eine insgesamt völlig neue Sicht (scope). Wir treten als schuldige Sünder auf. Wenn ich nur die Pläne Gottes in der Hand habe, ohne dass das Gewissen, die Sünden betreffend erreicht ist, ist keine Wahrheit darin. *Ich muss zuerst wissen, was ich in mir selbst bin, bevor ich wissen kann, zu was ich in Christus gemacht bin.* Das ist der Punkt, den ich im Sinn hatte, zu dem ich möchte, dass euer Herz sich hinwenden lässt: Der Unterschied zwischen der Errettung eines Sünders und einem, dessen Christus sich nicht schämt, ihn seinen Bruder zu nennen. In Bezug auf den sündigen Alten Adam gilt das nicht.

Als Neue Geschöpfe betrachtet, sind wir eine Neue Schöpfung in Christus (viel weiter geht Paulus in Kol nicht), neue Geschöpfe, die wie ein Kind in der Sphäre aufwachsen, in der sie leben, in der alle Gedanken und Neigungen entwickelt werden.

Vers 2: Hier brauchst du nicht die Weisheit der Welt, das Leben ist Gottes. Wir werden durch diese Welt geschickt, für Übungen und Versuchungen, um viel zu lernen und viel zu vergessen, aber uns umgibt immer noch die Sphäre, in die wir aus Gnade gebracht worden sind, genau wie eine Neue Natur, die imstande ist, Freude daran zu haben.

Vers 6: "So wandelt in Ihm." Wenn Christus unser Leben ist, so lasst uns in Ihm wandeln, ohne dass das Herz außerhalb der Sphäre gerät, die zur Neuschöpfung gehört. Ihr alle müsst wissen, wenn ihr überhaupt etwas über eure Herzen wisst, dass Zwiespältigkeit eine große Falle ist, selbst unter den Treuesten (the most sincere). Ständig sind wir von Dingen umgeben, die zum Alten Menschen gehören. Ich spreche nicht von Sünden. Nimm einen Unbekehrten, sein Herz ist wie eine

Autobahn für alles, was ihm in dieser Welt vor die Nase kommt. Das ist ein extremes Beispiel, aber für uns besteht die Gefahr der Ablenkung, Politik, alles Dinge, die um uns herum vorgehen; wenn dann das Herz nicht aus einer Quelle der Stärke lebt, ist es zwiegespalten.

Ich meine nicht den Willen, aber es fehlt das, was die Lebensführung eines Christen bestimmt. Es ist nicht der schmale (strait) und enge Weg für sein Herz, aber es ist das, was sein Herz und seine Gedanken durchläuft, das die geistliche Stärke untergräbt (to sap) und das Manna ist, leichte Kost, nicht so süß wie Honig, aber eben leichte Kost, ebenso wie die Gefahr der Ablenkung, und darum sagt Paulus: "Hütet euch".

Vers 8: "Nicht christusgemäß" (not after Christ). Das ist der Wendepunkt. Die Welt hat ihre Prinzipien, ihre Grundlagen. Und: alle diese Dinge, die uns ablenken, gehören zur weltlichen Sicht (world´s estimate) von Dingen, und wir erwarten keine Gefahr. Die Leute reden von den Dingen um sie herum, und wir werden in die gewöhnliche Konversation mit hineingezogen und kommen heraus mit dem Bewusstsein, dass wir Gott untreu gewesen sind, und unsere geistliche Stärke ist geschwächt.

Als das Volk Israel an den Lauch, die Zwiebeln und die Gurken dachte, vergaßen sie, dass sie in Ägypten Ziegelsteine ohne Stroh gemacht hatten. Ein verherrlichter Christus in der Höhe ist das Zeugnis, dass die Welt Christus nicht haben wollte und mit ihren eigenen Grundlagen und Prinzipien weitermacht. Seht das Gebet in Epheser 3 an – welche unendliche Segnung! Die arme Welt hat nichts dergleichen, aber du hast dort die Sphäre des Lebens. "In Ihm wohnt die ganze Fülle der Gottheit leibhaftig". Ich habe diese wunderbare zentrale Tatsache, dass dort, wo die ganze Fülle der Gottheit ist, sie Alles in einem Menschen gewesen ist – wie wenig reichen unsere Herzen dorthin. Paulus sagt: "Gestärkt mit der Kraft", dass sie es also eigentlich könnten. Denn dort befindet sich die Fülle für uns, und wir könnten gleichermaßen sagen, auch in uns. Da in einem Menschen, dem Gegenstand der Freude Seines Vaters, die ganze Fülle der Gottheit wohnt, möchte Er, dass wir uns davon mit Freude ernähren.

Wenn meine Seele in Ihm die Fülle der Gottheit in dieser Welt wirklich gefühlt und gesehen hat, wenn meine Augen offen sind zu sehen, was Er dort war, finde ich dies Wunderbare: einen Menschen, viel sanftmütiger (meeker) als ich, der über meine Gefühle viel mehr nachdenkt als ich über Seine, und Er ist hier, nahe bei mir, ein Mensch, viel wahrhaftiger, demütiger, gütiger (gracious), liebenswürdiger als irgendein Anderer – und jetzt sind wir mit Ihm da vereinigt, wo Er ist!

Du findest das, was die Leute tun, wenn sie sich in die Wahrheit der Rechtfertigung eingelebt (settled) haben: sie gehen zurück und ernähren sich von den Evangelien. Christus wird die Nahrung der Seele und ihr Objekt, und wir finden diese unaussprechliche Wahrheit, dass Er, der der Freude des Vaters Genüge tut, auch meiner genügt, wobei meine Gedanken ärmlich sind, Seine aber vollkommen. "Wer mich gesehen hat, der hat den Vater gesehen", das steht vor uns in: "In Ihm wohnt die ganze Fülle der Gottheit leibhaftig", und diese Wahrheit war die, die als allererstes angegriffen wurde!

Und das ist der Grund einer der Fälle von gnädiger Nachdenklichkeit, die wir am Brunnen von Samaria finden: "Wenn du wüsstest, wer es war, der sich so weit erniedrigt hat, von einer Frau wie dir wegen eines Wassertrunkes abhängig zu sein". In der Welt der Sünder war Er äußerst allein, und dann bewirkte Er Erlösung; und jetzt sind wir durch die Kraft der Erlösung und des Heiligen Geistes dahin gebracht, dass wir sehen, wer Er ist. Nie gibt er seinen Platz der Göttlichkeit auf. Er hört nie auf, Herablassung (condescension) zu sein, wenn eine Sache erfüllt ist, und anstatt auf unsere Schwächen zu warten, heißt es für uns, uns in Seine Gesegnetheit (blessedness) zu bringen. Was sind alle die Ablenkungen dieser Welt angesichts Dessen! Es war Seine Absicht, dass wir durch Glauben wandeln sollten; wenn Er von Sichtweise (sight) spricht, ist es die Sicht himmlischer Dinge, aber es ist ebenso klar, dass wir hier nicht durch Sicht leben können.

Vers 10: Wenn die Fülle der Gottheit in Ihm wohnt, sind auch wir in Ihm komplett, komplett nach Gottes Vorstellung (mind), in Christus vor Gott. Was ist das Maß dieser Komplettheit? Christus. Und was heißt das (is that): "In Christus"? Gott schaute auf Christus hinunter, schaut auch jetzt auf Ihn, Er ist sein ganzer

Herzenswunsch, und wir sind komplett in Ihm. In Alles, was Gottes Freude erfüllt, Seine geistliche Beurteilung (wenn man solch einen Ausdruck im Bezug auf Gott anwenden kann), bringt Er uns ebenfalls hinein (natürlich behält Er seine Göttlichkeit)!

Allen Seinen Gedanken bezüglich Gerechtigkeit, Heiligkeit und Liebe wird in Christus Genüge getan, und wir sind komplett in Ihm. Welch eine Stellung, geliebte Brüder! Und es wurde zu uns hinuntergebracht, in perfekter Gnade, dahin, wo wir sind – und andererseits ist da Alles, an dem Gottes Gerechtigkeit und Herz sich erfreuen konnte, und wir sind mittendrin, Christus ist das Maß. Gott hatte sein Maß für die Menschen, das war das Gesetz, das, was der Erste Mensch sein sollte, aber hier ist es, wo Gottes sämtliche Gedanken befriedigt sind, nicht im Ersten Adam, sondern, in Seiner Weisheit, im Zweiten Adam.

Nun wendet Paulus das im Detail an. Wir sehen, wie Gott uns arme Sünder aufnimmt, um uns freizukaufen. Zuerst in Hinsicht auf Sein Handeln mit uns an der Stelle, wo wir waren, und dann nimmt Er uns in unserem niedrigstmöglichen Zustand an als tot in Sünden, und wir sehen, in welche Stellung Er uns gebracht hat. Hier bekomme ich den Aufschub (putting off), die Beschneidung; das ist kein Teil des Zieles Gottes. Es geht nicht um äußeren Aufschub, es ist die Entdeckung nicht bestimmter Dinge, die wir getan haben, sondern des Alten Stamms (stock), des Fleisches, das Feindschaft gegen Gott ist, ein realer Bereich in mir, gegen den man den Tod anwenden muss; es geschieht in Gnade, denn es ist der Tod Christi. Ich finde das Böse, das Fleisch, lüstern gegen den Geist, und das einzige Heilmittel dagegen ist der Tod.

Uns selbst für tot erachten, das ist unser Platz als Christen, und lebendig für Gott durch Jesus Christus, unseren Herrn. Ich bekomme eine Vorstellung davon in einem beständigen Ablehnen einer bösen Sache, böse von Natur aus. Wenn ich nun versuche, sie wegzulassen, ohne dass ich weiß, dass sie tot ist in Christus, wird das eine mühsame Anstrengung, die mir niemals gelingen kann! Sehe ich sie aber als mit Christus gestorben an, sehe ich sie als eine Sache (Question) zwischen Gott und Christus.

"Was das Gesetz nicht konnte, weil es durch das Fleisch schwach war, tat Gott, in dem Er Seinen Sohn in Gleichheit (likeness) des sündigen Fleisches sandte und die Sünde im Fleisch verurteilte." Von Vergebung spricht Paulus nicht – es war eine böse Natur, und Gott verurteilte sie im Tod.

In all dem befasst sich Gott aber immer noch mit der Alten Sache. Zuerst einmal muss ich meine Sünde als Schuld gelöscht haben, aber wenn ich in Aufrichtigkeit des Herzens recht wandeln möchte, finde ich: ich bin dem gestorben. Ich bin nicht im Fleisch, ich bin im Geist, und ich sage: das bin nicht ich, das ist nur Sünde, und die wurde im Kreuz gekreuzigt. Aber all dies befasst sich ja mit dem Alten Menschen. Es ist die Notwendigkeit meines Zustandes, aber es ist nicht das Ziel Gottes. Leider haben Viele nicht einmal das gelernt.

Sie sehen, dass ihre Sünden vergeben sind, aber nicht, dass sie aus diesem Zustand herausgestorben sind, damit sie mit all dem fertig sind, und zwar völlig. Mir ist zugestanden, mich selbst für tot zu halten, und dann bekomme ich vom Heiligen Geist in Christus, der mich erlöst hat, Kraft dagegen. Aber auch das betrifft alles die Alte Sache. Ich bekomme diesen Tod für die Sünde und Auferstehung, aber es geht immer noch um das Alte.

Aber dann, wenn ich zu dem Neuen komme, sehe ich es unter anderem Aspekt. Es steht in diesem Brief und in dem an die Epheser. In Epheser ist es mehr Seiner Natur gemäß "die nach Gott in Gerechtigkeit und Heiligkeit der Wahrheit geschaffen ist". Gottes eigene Natur darstellend (reproduced), war sie als Muster und völlig in Christus dargestellt. In Kol 3,10 ist es ein wenig unterschiedlich ausgedrückt: "Erneuert in Erkenntnis nach dem Bild dessen, der ihn erschaffen hat". Ich muss wissen, was Liebe ist, ich weiß, was Gerechtigkeit im göttlichen Sinne ist, und ich weiß, was Heiligkeit ist – wenn ich gezüchtigt werde, ist es, damit ich Teilhaber Seiner Heiligkeit sein kann.

"Erneuert in der Erkenntnis" - ich betone das, denn während Kol uns nicht so sehr in die Neue Sphäre versetzt, werde ich in Erkenntnis erneuert. Er hat unseren Seelen das Wissen darüber gebracht, was Gott gefällt, gebracht, eine Neue Natur, verbunden mit Gott in ihrem ganzen Sein und Wesen.

Nehmen wir für einen Moment an, dass ich Rechtfertigung kennengelernt hätte, erfahren hätte, dass der Alte Mensch tot ist, dann bekomme ich noch etwas anderes: "tot in euren Sünden" (V.13). Wenn ich mich also selbst kennen lerne, sehe ich, dass ich, geistlich gesprochen tot war, nicht ein lebendiger Sünder, der sich mit der Alten Sache als schlecht auseinandersetzt, sondern tot in Sünden bin! Mein Ausgangspunkt ist die totale Entfremdung von Gott. Es sind nicht die Dinge, die ich getan habe, noch die böse Natur, die sie getan hat, sondern dass nichts in meinem Herzen Gott geantwortet hat, und auch wenn Alles, was hier war, auf Gottes Herz geantwortet hätte, hätten wir nichts mit Gott zu tun. Jetzt stehe ich auf anderer Grundlage, ich habe herausgefunden, dass ich im Hinblick (respect) auf Gott tot war in Sünden.

Da kam Christus herab zum Kreuz, und Er starb für meine Sünden, und ich bekomme Christus, nicht als den lebendig machenden Sohn Gottes, sondern eher als lebendig gemacht, und allein damit beginnt in der Schrift eine Neue Schöpfung. Wenn ich von Sünden und Lüsten des Alten Menschen spreche, sage ich: du musst sterben, aber jetzt bin ich völlig tot. Keine Bewegung meines Herzens in Richtung Gott, und Nichts, was eine Bewegung anstoßen könnte. Den Versuch gab es, Gott in seiner Liebe sandte den Sohn, und erweckt wurde dadurch bloß Hass!

Ich bin lebendig gemacht mit Ihm, etwas Neues, was ich vorher nicht hatte. Christus ist das einzige Leben, das ich habe. Gottes Kraft kam und hat mich geistlich aus dem vorigen Zustand herausgenommen, wie Er Christus dort herausgenommen hat, und hat mich *in* Christus gesetzt, noch nicht *mit* Ihm. Ich bin in Christus Jesus geschaffen, und so sagt Paulus: Ist ein Mensch in Christus geschaffen, so ist er eine Neue Schöpfung. Unser Glaube sollte das wahrnehmen, weil wir noch nicht tatsächlich dort sind.

In dieser Neuen Schöpfung sitzen wir zusammen in Christus (aber so weit geht Kol nicht). Er macht mich zum Teilhaber Seiner eigenen Natur, und das ist die einzige Sache überhaupt, die ich besitze. Was ist der Erste Mensch? Wo gehört er hin? Zur Welt natürlich. Das macht eine der Schwierigkeiten des Christen aus. Ich kann nicht erwarten, dass die Welt sieht, was ich sehe. Aber da ist ein Pfad, den auch das schärfste Auge nicht von sich aus erkennen kann, und Er hilft uns durch diese Schwierigkeiten. Wir müssen da hindurch, aber das ist nicht diejenige Welt, zu der der Neue Mensch gehört.

Als tot in Sünden sind wir völlig von Gott entfernt. Wissen wir das, geliebte Freunde? Nehmt den anständigsten, respektabelsten Menschen auf der Welt – die Dinge Christi sind für ihn nicht von Interesse, er ist tot hinsichtlich (towards) Gott! Er mag intelligent sein, ehrlich etc., aber Christus bekommt ihr nicht in sein Herz hinein. Mit uns selbst war es doch genauso. Es geht nicht um ruchlose (reprobate) Kriminelle, aber wir waren tot.

Nehmen wir einen Toten. Ist da in seinem Herzen irgendeine Bewegung in Richtung auf einen Anderen? Nein! Kannst du bei ihm welche hervorbringen? Du kannst ihn für einen Moment per Elektroschock "wachrütteln", es können die tollsten Wiederbelebungs-Effekte hervorgebracht werden, aber er ist tot! Aber ich habe diese unaussprechliche Gnade, dass Jesus tatsächlich zum Tod hier herunterkam. Gott erweckte Ihn und uns, und ich bin Teilhaber der göttlichen Natur, etwas völlig Neuem – vom Zweiten Adam, nicht vom Ersten – ein Mensch, der zur völlig Neuen Schöpfung Gottes gehört, weil er eine völlig neue Schöpfung ist.

Erst wenn wir das begriffen haben, mit völliger Einsicht dessen, was wir waren, als wir tot in Sünden waren und der Gnade Christi im Herunterkommen, erkennen wir unseren Segen in seiner ganzen Bedeutung, und nur auf dieser Grundlage sind wir tatsächlich und wirklich aus dieser in eine andere Welt herausgenommen. Gott hat eine Neue Schöpfung, deren Haupt Christus ist. Er sitzt jetzt allein zur Rechten Gottes, und wir Fremdlinge und Pilger suchen ein Land, mit Christus als Muster (ensample), und wir müssen Seinen Schritten folgen, dem Pfad, den niemand ohne geistliches Auge in dieser Welt erkennen kann.

Ein Neuer Mensch, von Gott geschaffen, das Leben, das ich jetzt bekommen habe, geschaffen, um Ihm Selbst und Allem, was Er ist, Genüge zu tun. Als wir diese armen, verlorenen (wretched) Sünder waren, schuldig, von Gott entfernt, war es im Plan Seines Herzens, vor der Welt bestimmt (ordained) zu unserer Herrlichkeit. Ich kann es jetzt nicht größer darstellen, vielleicht überhaupt nicht, wenn ich es auch versuche. Aber da ist diese Sphäre, zu der wir alle zusammengehören, auch wenn wir zurückgelassen sind, um durch diese Welt zu gehen.

Geliebte Brüder[54], als aus Gott geboren gehört ihr überhaupt nicht zu dieser Welt, sondern zu der Welt, in die Christus gegangen ist, um euch einen Platz zu bereiten, und von wo aus Er euch für diesen Platz vorbereitet. Als wir tot in Sünden waren, hat Er uns zusammen mit Christus erhöht – die göttliche Gnade des Sohnes Gottes, der absichtlich Mensch wurde, um zu sterben und in unseren Tod und unsere Sünden kam, für uns zur Sünde gemacht wurde und gegangen ist, um der Anfang und das Haupt einer Neuen Schöpfung zu sein. Unsere tägliche Probe (trial), wie weit wir in dieser neuen Schöpfung leben, unser tägliches Betragen (conversation) im Himmel.

Zwei Aspekte stehen im Vordergrund: Deine Natur, "gottgemäß geschaffen in Gerechtigkeit und wahrer Heiligkeit", und dann die Frage, wo diese Natur dann das findet, was ihrer Zuneigung Genüge tut. In Christus ist es uns geoffenbart, und der Heilige Geist hat hier unten diese Dinge vor uns ausgebreitet, "damit wir die Dinge erkennen können, die uns so freimütig von Gott gegeben sind".

Geliebte Brüder, wir müssen aufpassen, wie weit wir nicht nur die bösen Lüste aus unseren Herzen heraushalten, sondern als Neue Geschöpfe auch in der Neuen Schöpfung Gottes *leben*. Ich mag darin natürlich ein Kleinkind sein, aber die Zuneigungen des Kleinkindes sind genauso wahr wie die des alten Mannes. Wie weit ist euer Wandel entsprechend dem Himmel, in den Christus gegangen ist, um einen Platz vorzubereiten, wo ihr bei Ihm und wie Er sein könnt, eure Herzen voll Liebe und Dankbarkeit für Den, der euch geliebt hat, und wo ihr gemäß den Umständen lebt, für die Er, um euch hinein zu bringen, gestorben ist?

---

[54] Etwa an dieser Stelle beginnt Darby damit, seine Satzkonstruktionen, wohl zwecks Genauigkeit der Aussagen, über das von ihm bereits bekannte und gewohnte Maß hinaus noch weiter zu verschachteln. Um den inhaltlichen Sinn seiner Äußerungen nicht zu verfälschen, ist eine wortwörtliche Übersetzung nicht mehr möglich. Ich war daher gezwungen, verschiedene Sätze Darbys im Deutschen in ihrer Konstruktion ein wenig umzustellen, um dem Leser überhaupt noch einen einigermaßen flüssig lesbaren Text bei geringstmöglichem Verlust der inhaltlichen Aussagen gewährleisten zu können (s.a. Kap. 2.3).

Was ich euren Herzen wünsche, in der Schrift zu studieren, ist dies: dass, während wir uns selbst für tot halten, auch der andere Aspekt vorhanden ist, dass wir, tot in Sünden, in Christus Jesus neu geschaffen sind. Ihr seid eine Neue Schöpfung in Bezug auf Stellung und Zustand, aber wie weit *lebt* ihr in der Sphäre, zu der sie gehört? Es ist eine wunderbare Sache zu denken, dass Gott uns so geschaffen hat, Christus und seine Macht dort als Anziehungspunkt des Ganzen; was bedeutet mir da noch diese arme Welt?

Der Herr gebe uns, geliebte Freunde, dass wir, als mit Christus zusammen Erhöhte und im Genuss der Vergebung aller unserer Sünden sehen, was es bedeutet, unseren Wandel entsprechend dem Ort, wo wir hingehören, zu gestalten!

3.7   Zwischenfazit: Das Nicht-von-der-Welt-Sein der Gläubigen

Nachdem nun bereits fünf grundlegende Texte Darbys zur Auslegung des Kolosserbriefes übersetzt und kommentiert wurden, bietet es sich an, vor der Befassung mit weiteren Aufsätzen Darbys zu diesem Thema einmal inne zu halten und zu versuchen, noch einmal eine gewisse Gesamtsicht des bisher Dargestellten zu erlangen. Dies bietet sich insofern an, als besonders im letzten (und längsten) der bisher bearbeiteten Texte von Seiten Darbys eine Fülle von Details genannt werden, die zwar aus den Artikeln davor bereits nicht unbekannt waren, aber der stylistischen Eigenart Darbys entsprechend, hier wieder aus ganz unter-schiedlichen Richtungen und mit ganz anderer Zielsetzung innerhalb der Argumentationskette angegangen werden.

Erstaunlich mag Mancher auch eine gelegentliche gewisse Pointierung mancher Sätze Darbys bis hin zur Schroffheit empfunden haben, deren Inhalte aber immer klar auf biblischen Aussagen beruhen. Wenn es um Klarheit und Wahrheit ging, hat Darby, dem Beispiel seines Herrn folgend, nicht immer Rücksicht auf die Harmoniebedürfnisse seiner Hörer und Leser nehmen können.

Insgesamt orientieren sich die folgenden, in Thesenform hintereinander auf-geführten Überlegungen an der Reihenfolge, wie die Themen im letzten Text auftauchen.

1. Die Hauptprobleme in Kolossä z.Zt. des Paulus waren Judaismus (Gesetzlichkeit) und Philosophie (Wissenschaft und Esoterik).

2. Unter "Geheimnis" versteht die Bibel etwas, was bisher noch nicht, aber jetzt geoffenbart wurde.

3. Christus, das "Geheimnis Gottes", ist nunmehr offenbart.

4. Es führt in eine völlig Neue Welt.

5. Zum Thema "Wissenschaft" ist festzuhalten:

Wissenschaft

- ist ohne Liebe

- ist ohne Seelen-Leistung

- bringt daher keine Gotteserkenntnis

- ist ohne Gefühl und daher todeskalt

- hat kein "Motiv"

- hat keinen gemeinsamen Grund mit der Seele.

6. Gotteserkenntnis entsteht aus der neuen <u>Beziehung</u> zu Gott.

7. Wahrheit (vgl.3.) wird in Christus gefunden.

8. Drei Bereiche sind hier hervor zu heben:

a. Ich erlange "Verständnis" in all seinem Reichtum

- von Gottes Plänen und Ratschlüssen in Christus

- von Dingen über das "Irdische" (nur damit befasst sich "Wissenschaft") hinaus

- von Wahrheit; Gottes Zeugnis kann nur wahr sein, weil Gott wahr ist

b. Ich bekomme Gewissheit, volle Hoffnung und gottgemäßes Verstehen

c. Gott hat keine unvollständigen Pläne: ohne uns in den Himmlischen Örtern wäre Gottes Plan unvollständig.

9. Ereignisse und Dinge müssen und dürfen als Teil von Gottes Plan gesehen werden. Das ist die "volle Gewissheit des Verständnisses".

10. In dieser vergehenden Welt ist nichts so gewiss wie Gottes Wort.

11. Nichts ist in dieser Welt, das zu meiner Neuen, bereits jetzigen (!) Welt gehört.

12. Gottes Schöpfung mag wunderbar sein, aber: Sie ist nicht mit Gott versöhnt!

13. Der natürliche Verstand hat keinen Zutritt, außer durch Offenbarung.

14. Die Seele sucht ein Neues Land. Sie ist bereit zur Absonderung (separation) von der Welt hin zu Gott.

15. Wo ist der Christ jetzt? - Philosophie etc. geben keine Antwort.

16. Mein jetziger und einziger Standort und Ausgangspunkt ist: In Christus ist Gott vollständig geoffenbart.

17. Mehr brauche ich nicht (außer Wachstum in der Erkenntnis).

18. Das bedeutet: Es gab nichts an, um und durch Christus, dass nicht eine Offenbarung der Gottheit gewesen wäre.

19. Was ist daher <u>inhaltlich</u> das "Geheimis"? Es ist "die positive Beziehung der ganzen Fülle der Gottheit in dem Einen, der mir in Seiner Liebe nahegekommen ist, damit ich wissen kann, dass Er Liebe ist".

20. Was "suchte" die "Fülle der Gottheit" hier unten? Sie brachte die ganze Liebe dahin, wo ich war.

21. Wissenschaft (vgl.5.) weiß nichts von göttlicher Liebe. Sie muss außerhalb ihrer selbst auf Suche gehen.

22. Zu mir hat Gott jedoch Alles heruntergebracht und mich "komplett" gemacht!

23. Mein "Komplett-Sein" hat 2 Seiten:

- Mir ist alles von Gott geoffenbart.

- Ich kann in Seiner Gegenwart bestehen.

24. In Christus, meinem Schöpfer, finde ich mein persönliches Gesegnet-Sein.

25. Christus ist Alles, was ich brauchte und je brauchen werde (vgl. 17.).

26. Wir sind von Gott ebenso geliebt, wie Christus es ist.

27. Der Geist gibt dies in unsere Herzen.

28. Beschneidung steht für "Tod des Fleisches".

29. Die Neue Beschneidung (vorgebildet in der Alten des Judaismus), ohne Hand anzulegen, ist die bessere und eigentliche.

30. Warum ich in Christus "komplett" bin (vgl.22.):

- Ich bin gestorben.

- Ich bin auferstanden.

- Ich bin fertig ("keine Verträge mehr") mit Fleisch und Welt.

- Ich habe all das zurückgelassen.

31. Dies ist auch die Bedeutung und der Charakter der Taufe als rein äußerliches Zeichen.

32. Taufe führt mir also vor Augen, dass ich alles zurückgelassen habe.

33. "Tot in Sünde": ich habe in Sünde gelebt, aber für Gott war ich tot.

34. In meinem Herzen gab es keinerlei Anknüpfungspunkt für Gott.

35. Jetzt bin ich nicht nur lebendig gemacht, sondern "mit Ihm" lebendig gemacht.

36. Ich bin lebendig nicht durch Selbstprüfung, sondern durch Gottes Zusage.

37. Das "Mit-Ihm-auferweckt-Sein" bedeutet:

- eine neue Stellung vor Gott

- keine Verbindung mehr zum Alten Menschen, der mich schrecklich getäuscht hat

- mein Neues Leben ist da, wo Er ist.

38. Die "Ordnungen" des Alten Menschen (Sakramentalismus, Tradition, Hierarchie) sind ausgelöscht.

39. Alles (Mächte, Gewalten etc.) war gegen mich. Sie sind auf dem Kreuz zerstört:

- Tod: Christus hat ihm die Macht genommen.

- Sklaverei Satans: Ich bin mit Christus auferstanden, mein Platz ist jetzt da, wo Er ist.

*- Halten von Tagen: Ich **bin** in Gottes Ruhe eingegangen.*

- Weltliche Spekulation: Kann mich dort nicht mehr erreichen.

(Ab hier geht Darby primär darauf ein, wie diese Tatsache des "Nicht-von-der-Welt-Seins" des Christen in seinem "Noch-in-der-Welt-Sein" umzusetzen und zu leben ist. Diesen Teil verbindet Darby aber immer mit den Gegebenheiten der Neuen Sphäre, in die der Wiedergeborene Christ längst versetzt <u>ist</u>, und mit der Person Christi selbst.

Von daher folgt keine Art "Handlungs-Leitfaden" für konkrete Taten oder Unterlassungen in dieser irdischen Welt, sondern die beständige Erinnerung, Ermunterung und Ermahnung, die <u>weltlichen Dinge aus dem Blickwinkel der Stellung, die wir nunmehr mit Christus innehaben, zu sehen, zu analysieren und zu handhaben.</u>

40. *Sind wir bereit, Christi Pfad zu gehen, bereit zu einem ständigen Kampf, weil das Fleisch sich weiterhin ständig an die Welt klammert?*

41. *Bist du bereit, die Welt, in die du geboren bist, abzuhaken?*

42. *Den Listen Satans kannst du (durch deinen Neuen Platz bei Christus, nicht durch "Philosophie" oder "Tradition"!) widerstehen, seiner Macht nicht.*

43. *Das hiesige Leben gibt dem Satan viele Ansatzpunkte für Listen (nicht für Machtausübung!).*

44. *Bedenke stets: In der Neuen Welt hat die Alte Welt keinen Zutritt. Konzentriere dich daher auf Christus und Seine Welt.*

45. *Unsere Herzen folgen Ihm nach Oben.*

46. *Christsein hat zwei Aspekte:*

a. Du bist ein geretteter Sünder.

b. Du stehst in Gottes Plänen, bist Teil davon.

47. *Die Gefahr besteht, über a. nie hinaus zu kommen, damit zufrieden zu sein.*

48. *In a. ist Christus der Retter.*

49. *In b. ist der Christ, der mit Christus Erhöhte, die Neue Schöpfung, ein Neues Geschöpf in einer Neuen Sphäre.*

50. *Bedenke von dort her, wie und was du vorher warst.*

51. *Ein Geretteter ist aber nicht "automatisch" ein von Christus "Bruder" Genannter.*

52. *In der Neuen Sphäre brauchst du weder die Welt noch ihre Weisheit. Es gibt dort viel zu lernen und viel zu vergessen.*

53. *Hinke nicht auf beiden Seiten.*

54. *Ein Unbekehrter muss alle Einflüsse dieser Welt ungeschützt auf sich einstürmen lassen.*

55. *Das muss der Christ nicht, dennoch besteht für ihn permanente Ablenkungsgefahr.*

56. *Es geschieht schnell, sich in die Welt-Konversation hineinziehen zu lassen und dann mit schlechtem Gewissen wieder heraus zu kommen (Beispiel: Die Unzufriedenheit Israels).*

57. *Bedenke: Du bist Teilhaber der Fülle in Christus, du erblickst sie in Ihm.*

58. *Schau genau hin, was siehst du alles an Herrlichkeiten in dieser Fülle?*

59. *Die Evangelien sind deine Nahrung, immer wieder und ständig, weil du Ihn dort findest.*

60. *Jesus ist deine Freude, anders als die Freuden, die die Welt je bieten könnte und die nicht tief und von Dauer sind.*

61. *Die Tatsache, dass in Christus die ganze Fülle der Gottheit "leibhaftig wohnt", wird in der Regel als erste und besonders angegriffen.*

62. *Es gilt der Frau am Jakobsbrunnen zu folgen und zu erkennen, wer Jesus ist.*

63. *Seine Gnade hört nicht auf, wenn eine Sache fertig ist.*

64. *Wir dürfen aus Gnade von der Welt wegblicken auf himmlische Dinge, aber hier können wir auch nicht allein von Sicht leben.*

65. *Da Christus die Fülle der Gottheit ist, sind auch wir komplett in Ihm.*

66. *Christus ist also selbst das Maß aller Komplettheit.*

67. *In Christus*

- hat Gott Freude an uns.

- genügen wir allen Maßstäben Gottes.

- ist Gott völlig befriedigt.

68. *Unser Fleisch steht grundsätzlich gegen Gott (nicht nur in irgendwelchen Äußerlichkeiten, Fehltritten etc.).*

69. *Tod ist einziges Mittel gegen Sünde und Fleisch.*

70. *Will ich eine Sünde sein lassen, ohne deren Todescharakter zu erkennen, werde ich erfolglos bleiben.*

71. *In Jesus hat Gott die Sünde im Fleisch verurteilt, indem Er Seinen Sohn Jesus ins Fleisch kommen ließ.*

72. *Von Vergebung ist in diesem (!) Zusammenhang keine Rede.*

73. *Hierbei hat sich Gott noch immer mit dem "Alten" befasst.*

74. *Gott sah darin eine Notwendigkeit, aber nicht das Ziel.*

75. *Leider haben Viele nicht einmal Das gelernt: Sie sehen den Aspekt der Vergebung, nicht den des "Heraus-Gestorben-Seins".*

76. *Auch wenn ich mich "der Sünde für tot halte", geht es noch immer um das Alte.*

77. *Erst wenn ich dies erkannt habe, beurteile ich es aus der Sicht des Neuen.*

78. *Bin ich also erst in Gottes neuer Sphäre,*

- erhalte ich Erkenntnis über das Wesen des Alten Menschen.

- erkenne ich, dass ich kein "lebendiger Sünder" war, sondern "tot in Sünde".

- sehe ich ein, dass ich Gott total entfremdet war. Es gab keine Reaktion des Herzens in Seine Richtung.

79. *Ich erkenne, dass ich eine Neuschöpfung bin. Es gilt nicht mehr: Du musst sterben, sondern: Du bist tot.*

80. *Derzeit sind wir "In Christus", aber noch nicht "Mit Christus".*

81. *Vor der Erkenntnis meiner Neuschöpfung wusste ich nichts von der Fülle der Gnade Gottes.*

82. *Ich erkenne erst jetzt, mit geistlichem Auge, den Pfad Christi in dieser Welt.*

83. *Noch immer kann ich die Größe der Gnade Gottes, des Handelns Gottes und Ihn selbst nicht annähernd darstellen.*

84. *Ist uns nunmehr klar, was Gott getan hat, und welche Konsequenzen wir daraus auf unserer Wanderung zu ziehen haben und ziehen dürfen?*

85. *Nicht nur vom Bösen trennen, sondern, Kleinkind oder alter Mensch, in der neuen Sphäre leben!*

86. *In der Erkenntnis der Neuen Sphäre wachsen!*

87. *Kurz (und der Schrift entsprechend) gesagt, sollen wir, die wir tot-in-Sünden sind*

- uns Der-Sünde-für-tot halten.

- uns als neue Schöpfung erkennen.

- als Neuschöpfung leben.

Die Vielfalt der theologischen Bereiche, die sich beim Lesen dieser kurzen Thesen so deutlich zeigt, macht gleichzeitig klar, wie schwierig es ist, Darbys Auslegungen zum Kolosserbrief in irgendeiner Weise zu systematisieren, ohne etwas an deren Gehalt zu verlieren.

Um nun nach der möglicherweise den Leser etwas verwirrenden Aufzählung der verschiedensten Unterthemen die Aufmerksamkeit wieder auf einen der zentralen Punkte des Kolosserbriefs zu lenken, sollen im Folgenden zunächst zwei weitere Texte Darbys zu Kapitel 3 übersetzt und kommentiert werden. Nach der Lektüre der vorangegangenen fünf Auslegungen dürfte das Verständnis der folgenden Texte nicht mehr allzu schwierig sein. Es sind dies die Schriften "Dead And Risen With Christ"[55] und "Christian Life".

3.8 Tot und auferstanden mit Christus[56]

Untersacht man die Schriften des Paulus mit ein wenig Sorgfalt, findet man dieses Prinzip an der Wurzel all seines Lehrens – dass wir tot und auferstanden sind mit Christus. Es geht nicht nur darum, dass Er für uns gestorben und auferstanden ist, sondern dass wir mit Ihm tot und auferstanden sind. Er fügt noch etwas Anderes hinzu, und das ist unsere Einheit/Verbindung (union) mit Ihm, jetzt, da Er aufgefahren ist. „Wir sind Glieder Seines Leibes, Seines Fleisches und Seiner Gebeine."

Diese beiden Prinzipien sind hier zu finden: dass wir mit Ihm tot und auferstanden sind, und unsere Vereinigung mit Ihm jetzt, wo Er in der Höhe ist.

Wenn Paulus von Einheit spricht, gibt es insofern einen Unterschied, dass er uns als tot betrachtet, um damit erst einmal zu beginnen, und die ganze Macht Christi, uns zu erwecken, wird eingebracht. Wenn er uns als Solche betrachtet, die in Sünde leben, bringt er die Lehre ein, dass wir der Sünde tot sind. Wenn wir andererseits als tot in Sünden betrachtet werden, ohne geistliches Leben, dann besteht das gesamte Werk darin, dass Gott uns aus diesem Zustand herauserweckt. In Epheser entfaltet er die Privilegien des Gotteskindes, vom Tod bis zur Vereinigung mit Christus. Hierauf legt Er als Fundament seiner Lehre, dass wir tot und auferstanden mit Christus sind. So verbindet er uns in jeder Hinsicht mit

---

[55] *Nicht zu verwechseln mit der in 3.1 behandelten Schrift "Dead With Christ, Risen With Christ" und dem Text "Risen With Christ" in 3.2*

[56] *Dead And Risen With Christ (Colossians 3), Erstveröffentlichung 1864, CW 16, 147ff*

Christus, zuerst durch Tod, dann durch Auferstehung, und letztlich: „wenn Christus, der unser Leben ist, erscheinen wird, dann werden auch wir in Herrlichkeit mit Ihm erscheinen".

Der Unterschied in diesen beiden Briefen liegt genau hierin. Zu den Kolossern spricht er vom Leben, oder der Neuen Natur, die wir in Christus haben, während wir in Epheser viel mehr vom Heiligen Geist haben, durch den wir Eins mit Christus gemacht sind, „Glieder Seines Leibes, Seines Fleisches und Seiner Gebeine". Hier ist Tod, Auferstehung und Verbindung mit Christus. Eigentlich ist das überall seine Lehre. „Wenn wir leiden, werden wir auch mit Ihm herrschen." „Und euch, die ihr tot wart in euren Sünden, und der Beschneidung eures Fleisches, hat Er mit sich selber auferweckt (to quicken) und euch alle Übertretungen vergeben." Das ist sein Dauerthema, dass wir, als Gläubige, in völliger Verbindung (association) mit Christus stehen.

Ich wiederhole, dass diese großartige Lehre, das Mit-tot-und-Auferstanden-Sein mit Ihm, gesegnet mit den vollen Privilegien, in die wir dadurch kommen, die Grundlage und Wurzel des Ganzen darstellt. Der wahre Zustand jedes Gläubigen, das, was diese Lehre direkt von Anfang an lehrt, ist das völlige Gericht über den Alten Menschen und das Todesurteil und die Verdammung darüber beschlossen. Eine Wahrnehmung des Fleisches hinsichtlich Erlaubnis oder Annahme findet sich dort nicht. Wenn ich aber herausgefunden habe, dass der Alte Mensch einfach dieses Übel ist, dann entdecke ich, dass es einfach eine Frage ist, ob ich ihn ablege und etwas anderes anlege - *keine Korrektur der Alten Natur, sondern dass ich damit fertig bin und stattdessen etwas Anderes habe.* Das Eine habe ich abgelegt, das Andere angezogen. Natürlich ist das nur ein Bild (figure), aber das Bild, das dem Glauben am meisten entspricht. Auf der einen Seite bin ich mit meinem Adamleben fertig, die andere Seite ist das Christusleben, die Natur, die ich durch Gnade bekomme oder anlege.

Aber wie kann ich ein Leben ablegen (put off)? Ich kann eine Meinung oder eine schlechte Angewohnheit ablegen – aber wie kann ich ein Leben ablegen? Der einzige Weg, das zu tun ist durch Sterben. Aber ich lebe hier. Wie kann es denn für mich wahr werden, dass ich den Alten Menschen abgelegt habe? Das ist die große Wahrheit, die der Apostel uns vorstellt. Nachdem ich Christus als mein Leben empfangen habe (der der Zweite Mensch, der letzte Adam, der der lebenbringende Geist genannt wird), nachdem ich Leben aus (from) Christus empfangen habe, Er selbst in mir, hat Gott mir all den Wert und die Kraft, die in Christus ist, und die in Ihm ist, mir zugeeignet (to appropriate).

Hier geht es eher um das, was das Leben betrifft, aber Er ist für uns gekreuzigt worden, nicht nur zum Entfernen von Sünde, sondern „indem Er starb, starb Er einmal für Sünde. Ebenso betrachtet ihr euch selbst als tatsächlich als tot für die Sünde, aber lebendig für Gott, durch Jesus Christus unseren Herrn". Das ist die großartige Basis der Wahrheit, auf die die gesamte Lehre des Apostels gegründet ist: dass Christus kommt, sich dem Menschen als im Fleisch gezeigt hat, und der Mensch Ihn nicht haben will. Der Mensch konnte Gott nicht als lebendigen Menschen im Fleisch ansprechen. Aber Christus stirbt für ihn, und die, die Ihn in ihre Herzen aufnehmen, leben nun durch Ihn. „So viele von uns, die auf Christus Jesus getauft wurden, wurden auf seinen Tod getauft." So antwortet er in Röm 6, wo die Rechnung (charge) lautet: „Lasst uns fortfahren in der Sünde, damit die Gnade überfließend werde". Wenn gesagt würde, Christus hat mich durch Seinen Tod und Auferstehung gerecht vor Gott gemacht, und deshalb darf ich in Sünde leben, gibt es diese Lehre zur Antwort. Der Gehorsam Christi ist Gehorsam in den Tod, und wenn du mit Christus tot bist: ein toter Mensch lebt nicht. Er geht an die Wurzel der Sache und sagt, du hast diese Rechtfertigung des Lebens durch Christi Tod und Auferstehung bekommen, und du verneinst genau die Sache, die dich rechtfertigt. Es ist Tod für die Sünde und Leben für Gott, und wenn du deshalb für die Sünde plädierst, verneinst du die große Wahrheit, auf die deine Rettung gegründet ist. Wenn du mit Christus all dem gestorben bist, was es in dieser Welt gibt, kannst du auch nicht darin leben. „Wie sollen wir, die der Sünde tot sind, noch länger darin leben?" Es ist eine umfassende Beurteilung jeglicher Krittelei. Wenn ich sterbe, wie ich das in der Taufe auf Christus tue, dann gilt das für Alles, in dem ich gelebt habe, für Sünde, Fleisch, die Welt, ja, für jedes Gesetz. Das

Gesetz hat Gewalt über einen Menschen, solange er lebt. Stecke einen Menschen wegen Diebstahls ins Gefängnis: wenn er stirbt, ist es mit ihm vorbei. Der Gefangene ist nicht mehr da, man braucht sich nicht mehr mit ihm zu befassen. Das Gesetz hat seine Macht nicht verloren, aber einen Toten betrifft es nicht mehr. Und wenn ich als Gläubiger sage, ich bin tot mit Christus, ist mein Leben in dieser Hinsicht vorbei. Mit der Sünde ist es genauso. Gehorsam wird Gehorsam Gott gegenüber. Der Tod beendet notwendigerweise die Verbindung eines lebenden Menschen mit all den Dingen, zu denen der Mensch etwas zu sagen hatte. Ich bin mit Christus gekreuzigt, ich bin tot mit Christus, ich bin auferstanden mit Ihm.

Zum Anderen sehe ich die positive Seite: „Wenn ihr denn mit Christus auferstanden seid, sucht die Dinge, die oben sind, wo Christus zur rechten Hand Gottes sitzt". Ich habe Ihn, der auferstanden ist, als mein Leben empfangen. Nichts kann an irgendeiner Stelle wichtiger sein, als eine klare und deutliche Auffassung dieser Tatsache. *Christus ist nicht nur für uns gestorben, sondern wir können auch sagen, dass wir mit Ihm gestorben sind.*

Wie sehr geht das an die Wurzel von allem, wonach das Fleisch sucht! Wonach kann ein Toter suchen? Wir sollen uns selbst für tot ansehen, nicht darüber nachdenken, dass wir sterben müssen, das gibt uns keine Kraft, sondern uns selbst für tot halten. Angenommen, eine Person kommt, um mich zu versuchen – wie kann er einen Toten versuchen? Er sagt mir, ich soll kommen und mich an irgendetwas amüsieren. Aber ich sage, ich bin tot, und der Grund, warum ich das sagen kann, ist, dass mein Leben jetzt von völlig anderer Art ist. Meine alte Herkunft mag manchmal hervorsprießen und sich zeigen, aber ich lerne, mein altes Leben überhaupt nicht mehr als Baum zu behandeln. Es wäre eine Verfehlung, das zu tun, aber insofern Christus mein Leben ist, bin ich nur ein gepfropfter Baum, und ich habe ein Recht, das, in das ich gepfropft bin, als den echten Baum zu betrachten, und mit allem anderen habe ich nichts zu tun.

„Wenn ihr nun mit Christus auferstanden seid, sucht die Dinge, die oben sind, wo Christus zur rechten Hand Gottes sitzt." Was gehört zu einem auferstandenen Leben? Die Dinge der Welt, hier unten? Nein. Was kann ein auferstandener

Mensch in der Welt suchen? Mit den Dingen dieses Lebens hat er nichts zu schaffen. Das ist die Stellung, in die Er uns versetzt. Aber, Preis sei Gott, hat der auferstandene Mensch, sofern wir tatsächlich auferstanden sind, Ziele (objects). „Wenn ihr nun mit Christus auferstanden seid, sucht die Dinge, die oben sind." Wenn ich mit Christus auferstanden bin und Christus mein Leben geworden ist, wo ist Christus? Oben zur rechten Hand Gottes. Er sagt nicht, ihr seid dort, aber wenn er von Leben spricht, sagt er „Wenn ihr nun mit Christus auferstanden seid, sucht die Dinge, die oben sind, wo Christus zur rechten Hand Gottes sitzt. Richtet eure Aufmerksamkeit auf die Dinge oben, nicht auf irdische Dinge. Wenn Christus, der unser Leben ist, erscheinen wird, dann werdet auch ihr in Herrlichkeit mit Ihm erscheinen".

Achtet darauf, wie entschieden er uns hier mit Christus in Verbindung bringt. Er sagt, Christus ist verborgen in Gott. Nun, Er ist euer Leben, und euer Leben ist ebenfalls dort verborgen. Aber Christus wird erscheinen, und wenn er erscheint, werdet ihr auch mit Ihm in Herrlichkeit erscheinen. Hier ist jetzt eine völlige lebenslange Verbindung mit dem Herrn Jesus, sodass mein Leben mit Ihm in Gott verborgen ist, und wenn Er erscheint, werde ich ebenfalls mit Ihm in Herrlichkeit erscheinen. Es ist keine Verbindung, sondern eine völlige Vereinigung (not union, but association) mit Christus. Das gibt dem Christen seinen Charakter und zeigt, was sein Leben ist: „*dass das Leben Jesu in unseren sterblichen Leibern dargestellt (manifested) werden soll". Das ist die Abbildung Christi in dieser Welt, und wir haben in den Versen, die ich vorgelesen habe, die komplette Beschreibung dessen, was dieses Leben im praktischem Sinne ist.* Das Leben selbst ist Christus. „Ihr seid tot, und euer Leben ist mit Christus verborgen in Gott." Was für eine Wahrheit ist das, dass, wenn ich überhaupt Christ bin, es Christus ist, der mein Leben ist! Das ist nicht der alte Baum umgegraben und gedüngt, der ist erledigt. Als Er den Feigenbaum verfluchte, bedeutete das für das alte Gewächs seine ewige Fruchtlosigkeit. Keine Frucht war daran zu finden, und Er sagte, „In Ewigkeit soll aus dir keine Frucht hervorkommen". Der Alte Mensch, das Fleisch, ist ein verurteiltes, verdammtes Ding, der Zweite Mensch, der Herr vom Himmel, ist es, der die Quelle all dessen ist, was gut oder gesegnet ist. Das ist das große Prinzip, das so dargelegt ist. „Wenn ihr nun mit Christus auferstanden seid, sucht die Dinge, die oben sind, wo Christus zur rechten Hand Gottes sitzt."

Achtet nun auf eine für dieses Leben entscheidende Sache: Wenn Christus mein Leben ist, werden in diesem Sinn Christus und himmlische Dinge Ziel meines Lebens. Jedes Geschöpf muss ein Ziel haben. Es ist Gottes höchstes Vorrecht (prerogative), kein Ziel zu brauchen. Er mag eine Sache lieben, aber ich kann ohne ein Ziel genauso wenig leben wie ohne Nahrung. Dieses Leben hat ein Ziel. Das Gesetz wollte das, aber es gab kein Ziel an. Es sagte: Du sollst den Herrn, deinen Gott, lieben mit all deinem Herzen, und mit all deiner Seele, und mit all deiner Kraft", aber mehr hat es mir darüber hinaus nicht gesagt. In unserem Leben als Christen ist es sehr gesegnet, dass ich, während Christus unser Leben ist, ich dennoch mit Christus gekreuzigt bin, und „das Leben, das ich jetzt im Fleisch lebe, im Glauben an den Sohn Gottes lebe". Das heißt, ich bekomme jetzt ein Ziel, das auf mein Leben einwirkt und es nährt und es wachsen lässt. „Wir alle sehen (to behold) mit offenen Augen (open face) wie in einem Spiegel (glass) die Herrlichkeit des Herrn, werden in dasselbe Bild von Herrlichkeit zu Herrlichkeit verwandelt, ebenso durch den Geist Gottes." Da ist das Leben, und dieses Leben hat ein perfektes, gesegnetes Ziel, an dem es sich erfreut und das es betrachtet (to contemplate), und dieses Ziel ist nicht der Herr Jesus in Niedrigkeit, sondern in Seiner Herrlichkeit. Was also gesucht wird, ist „das Maß der Statur der Fülle Christi". Nichts, was geringer ist als das, was man in Christus sieht, ist annehmbar. Da, wo Er das Leben in mir und das Ziel dieses Lebens ist, geht es darum, mich zu reinigen, ebenso wie Er rein ist, und mehr und mehr von seiner Gnade zu erhalten, indem ich Ihn so anschaue.

Wir sollen uns für tot halten, anstatt sterben zu müssen. *Du kannst das Fleisch auffordern zu sterben, aber das wird es niemals tun. Wir sprechen davon, dass wir dem Fleisch sterben müssen, weil wir nicht das Vermögen (conscientiousness) haben, diese zwei Naturen deutlich zu unterscheiden.* Der Alte Mensch will gut darauf achten, nicht zu sterben. Aber lebendig in Christus habe ich das Privileg und die Vollmacht, die andere, die Alte Natur als tot zu behandeln, weil Er starb. *Es wird nie gesagt, dass wir sterben müssen, sondern dass wir als Christen befugt sind, uns für tot zu halten, und es auch tun, weil wir dieses Neue Leben haben. Derjenige, der davon redet, der Sünde zu sterben, hält sich in Wirklichkeit (actually) für der Sünde lebend.* In dem Moment, an dem ich sage, ich fand mich total am Ende (ruined), aber jetzt habe ich Christus als mein Leben, kann ich sagen, ich bin der Sünde gegenüber tot. Was das angeht, besteht nicht die kleinste Uneindeutigkeit in der Schrift.

Nachdem das klar ist, mit dem einen gesegneten Ziel vor uns, suchen wir die Dinge die oben sind, wo Christus zur rechten Hand Gottes sitzt. Mein Leben ist genau nach Seiner Natur geformt und gestaltet und erfreut sich an diesen himmlischen Dingen und veranlasst uns, in allen Dingen in Ihn hinein zu wachsen. Jetzt aber kommt die tatsächliche Entfaltung dieses Lebens. Der Apostel beginnt mit den niedrigsten Dingen und geht zu den höchsten, und erläutert uns das ganze Prinzip und die ganze Entwicklung dieses Lebens. Er sagt: „Ihr seid tot und euer Leben ist mit Christus in Gott verborgen".

Die alte Natur will er nicht als Leben anerkennen (to own as), sondern er sagt: „Tötet deshalb eure Glieder, die auf der Erde sind." Und wenn ich mir diese Glieder, die auf der Erde sind, anschaue, was sind sie? Schwere Sünden. All diese Glieder auf der Erde sind Lüste. „Tötet deshalb eure Glieder, die auf der Erde sind: Unzucht, Unreinheit, Leidenschaft, böse Begierde und Habsucht, die Götzendienst ist. Um dieser Dinge willen kommt der Zorn Gottes über die Söhne des Ungehorsams. Unter denen seid auch ihr einst gewandelt, als ihr in diesen Dingen lebtet." Aber das ist nicht alles. Er fügt hinzu, „Jetzt aber legt auch ihr das alles ab: Zorn, Wut, Bosheit, Lästerung, schändliches Reden aus eurem Mund." Wenn ich zornig werde, ist das ein Beweis, dass der Wille des Alten Menschen nicht gebrochen ist. Zorn ist nicht Lust, aber wenn ihr in Gnade lebt, geratet ihr nicht in Leidenschaft. Da ist die Kraft eines Lebens, das diese Dinge nicht tut, und die das beherrscht, was sie tut. Zorn und Gewalt finden wir im Satan, der ein Mörder ist, Korruption und Gewalt beim Menschen. All diese negativen Aspekte (parts) finden wir hier. Paulus sagt: „Lügt euch nicht an." Er spricht von dem, was vom Fleisch hervorgebracht würde, wo es nicht in Schach gehalten würde. Die Verhaltensweisen (movements) der Alten Natur soll ich ablegen. „Lügt euch nicht an, da ihr doch seht, dass ihr den Alten Menschen mit seinen Taten abgelegt habt", aber wir haben auch: „Zieht den Neuen Menschen an, der in Erkenntnis erneuert ist nach dem Bild Dessen, der ihn geschaffen hat".

Achtet hier einmal darauf, wohin wir gebracht werden. Ich habe den Alten Menschen mit seinen Taten abgelegt, und ich habe etwas angelegt. Was habe ich angelegt? Den Neuen Menschen, der Christus ist. Ich habe eine völlig andere Natur angelegt. Und was ist deren Maßstab? Christus ist das Bild des unsichtbaren Gottes, und ich bin erneuert in Erkenntnis nach dem Bild Dessen, der mich geschaffen hat. Gott hat diesen Neuen Menschen erschaffen, und was ist dessen Maßstab? Christus ist seine Quelle und sein Maßstab, Christus oben in all Seiner Perfektion ist das Bild dessen, der es geschaffen hat. Und was der Christ jetzt im Himmel sieht, ist, was er praktisch sein soll - es ist Christus. "Wer sagt, dass er in Ihm überströmend ist (to abide), sollte selbst in Ihm auch so wandeln, wie Er gewandelt ist". Er ist "in Erkenntnis erneuert nach dem Bild Dessen, der ihn geschaffen hat". Der Maßstab ist die Offenbarung Gottes in Christus. Wenn ich nach einem gesetzlichen Charakter gemäß richtig und falsch suche, suche ich nach etwas in meiner Lebensführung als Mensch, und das ist nicht der Maßstab. "Seid Nachahmer Gottes, als geliebte Kinder."

Aber soll ich für Gott zum Opfer werden? Sicherlich. "Bietet eure Leiber zum lebendigen Opfer dar, heilig, annehmbar für Gott, das ist euer vernünftiger Gottesdienst." Genau das ist die Frucht alles dessen, was wir sind. Wo immer die Kraft des göttlichen Lebens herabkommt, und von einem Menschen Besitz ergreift, stellt sie sich dar, indem er sich Gott ergibt. Die Liebe Gottes kam in Christus herab, und wie zeigte sie sich in der Praxis? Indem er sich selbst in den Tod gab. "Ihr seid zu einem Preis erkauft." Also: "Bietet eure Leiber zum lebendigen Opfer dar, heilig, annehmbar für Gott, das ist euer vernünftiger Gottesdienst. Und seid nicht dieser Welt gleichförmig, sondern lasst euch erneuern, indem ihr euren Geist (mind) erneuert, damit ihr zeigt (to prove), was dieser gute und angenehme und völlige Wille Gottes ist". Deshalb sagt er: "Seid Nachahmer Gottes, als geliebte Kinder, und wandelt in Liebe so wie Christus uns geliebt und sich selbst Gott als Darbringung und angenehmes Opfer zu einem wohlriechenden Geruch gegeben hat". Also hier wieder: "Zieht nun an als Auserwählte Gottes, als Heilige und Geliebte: herzliches Erbarmen, Güte, Demut, Milde, Langmut. Ertragt und vergebt einander, wenn einer Klage gegen den anderen hat; wie der Herr euch vergeben hat, so tut auch ihr".

Ich muss also damit beginnen, den Alten Menschen als tot zu behandeln. Wir werden bald unsere Fortschritte fühlen. Aber das stellt uns in die gesegnete Stellung, *mit Ihm* tot zu sein, und ruft uns auf, die Kraft des Lebens zu zeigen, in dem zu wandeln wir berufen sind. "Ihr habt den Neuen Menschen angezogen, der in Erkenntnis erneuert ist nach dem Bild Dessen, der ihn geschaffen hat: da ist weder Grieche noch Jude, Beschneidung oder Unbeschnittensein, Barbar, Scythe, gebunden oder frei, aber Christus ist alles und in allem." Wenn ich von mir selbst als Engländer oder Franzose spreche, vergesse ich, dass ich tot und wieder auferstanden bin, und dass Christus alles ist. Er ist das einzige Ziel, der Eine, auf dem mein Denken (mind) zu Recht ruht und Ihn anschaut. "Christus ist alles". Als Ziel betrachtet, gibt es Christus, sonst nichts für den, der tot und auferstanden mit Ihm ist, sei er, wer er mag. Was will ich? Christus. Wem soll ich folgen? Christus. An welches Ziel soll mein Herz denken? Christus.

Die andere Wahrheit ist: Er ist in allen Christen, Er ist ihr Leben. "Christus ist alles und in allen." Er ist in uns als unser Leben, und weil Er in uns als unser Leben ist, lebt Christus in mir, und "das Leben, das ich im Fleisch lebe, lebe ich durch den Glauben (faith) an den Sohn Gottes". Er ist alles für mich. Das ist der Christ, in wenigen Worten beschrieben.

Haben wir also den Alten Menschen mit seinen Werken wirklich abgelegt, und den Neuen Menschen angelegt, der in Erkenntnis gemäß dem Bild Dessen, der ihn geschaffen hat, erneuert ist, ist Christus alles für ihn und Christus ist sein inneres Leben. Christus ist die Erfüllung seines Zieles, und Christus ist in ihm als sein Leben. Ganz einfach, aber wunderbar erfüllt. Er sagt nicht, was ein Christ sein soll, sondern das, was wir hier haben, ist, was ein Christ ist. Christus ist sein Leben und Christus ist ihm alles, wenn er dieses Leben hat. Er kennt sonst nichts. Wir mögen Mängel bei uns finden, das ist eine andere Sache, aber das ist, was wir als Christen sind: "Christus ist alles und in allen".

Wir sehen dann, wie segensreich der Apostel dies auf Kraft und Praxis bezieht. Er führt uns jetzt auf die positive Seite - den Geist und Pfad, auf dem ich gehe. "Zieht nun an als Auserwählte Gottes, als Heilige und Geliebte: herzliches Erbarmen, Güte, Demut, Milde, Langmut. Ertragt und vergebt einander, wenn einer Klage gegen den anderen hat; wie der Herr euch vergeben hat, so tut auch ihr". Das heißt Wandeln wie Christus. Da ich nun Christus als mein Leben und Christus als mein Ziel habe, bekomme ich Gewalt über die Motive, die ich vorher hatte, und die Dinge um mich herum haben ihre Gewalt verloren. Ich spreche davon, was das Leben in Seinem Charakter und Seinen Prinzipien ist. Das einzige Ziel, das das Neue Leben hat, ist Christus. Was alleine dieses Leben formt und regiert, ist Christus, und da die Seele des Gläubigen mit Ihm erfüllt ist, haben die Dinge der äußeren Welt ihre Kraft verloren: sein Denken ist mit etwas anderem erfüllt. Das Leben in ihm ist beschäftigt mit Christus. Die Folge davon ist, dass äußerliche Dinge nicht länger ihren Einfluss auf ihn haben. "Der Blick ist geschärft, der ganze Leib ist voll Licht". Was also den Alten Menschen erregte, funktioniert deshalb jetzt nicht mehr so, und das, was erscheint, ist die Folge des Offenbart-Seins Christi für den Neuen Menschen, der Neue Mensch lebt in (on) ihm. Der Apostel sagt: Auserwählte Gottes. Er sagt nicht: Erkennt, dass ihr "Auserwählte Gottes, heilig und geliebt" seid. Er sagt: Dies ist eure Stellung, ich möchte, dass ihr aufgrund dessen jetzt soundso handelt. Das gilt für jede gesegnete Zuneigung. Wenn ich als Kind bezweifeln würde, dass mein Vater mein Vater ist, wie könnte ich dann kindliche Zuneigung haben. Ich könnte sagen, ich wünschte, ich wäre dessen sicher, aber ich könnte nicht den vollen Zufluss der Zuneigung genießen, die sich daraus ergibt, dass ich keinerlei Zweifel habe.

Der Apostel sagt erst dann, "Zieht nun an als Auserwählte Gottes, als Heilige und Geliebte" etc. Jetzt wandle ich in dem Bewusstsein des Wohlgefallens Gottes an mir. Ist jetzt nicht Liebe, Freude, Friede in der Seele? Das ist der Ort, in dem mein Herz lebt, und jetzt habe ich alle diese Dinge anzulegen. Aber die Art, wie ich sie anlege, ist es, im gesegneten Wissen der Wahrheit meiner Stellung in Christus zu wandeln. Wenn ein Mensch erweckt ist, gibt es die Wünsche dieser Neuen Schöpfung, auch wenn er sich noch nicht daran erfreuen kann. Aus der Stellung, in der ich mich befinde, ergeben sich deren Neigungen und Pflichten. "Zieht nun an als Auserwählte Gottes, als Heilige und Geliebte". Oh ja, wenn mein Herz in dem, was ich jetzt bin, leben kann, als Auserwählter Gottes, heilig und geliebt, dann kann ich alles anziehen! Das ergibt sich aus dem Gesegnet-Sein der Stellung, in der ich bin. Wenn ich im Bewusstsein meiner Beziehung, im Bewusstsein dessen, was Gott für mich ist, lebe, dann sind dies die Früchte, denen ich folgen will. Die Erstlingsfrüchte des Geistes sind Liebe, Freude, Friede, dann Ausdauer, Freundlichkeit, Güte, Treue, Sanftmut, Mäßigung. Aber zuerst muss ich Liebe, Freude und Frieden haben. Wenn ich völlig zufrieden in Gott bin, ist es mir egal, ob mich jemand beleidigt, und ich ertrage es mit Geduld. Ich bin völlig glücklich und habe meine Seele am Ort dieser gesegneten Zuneigungen. Von daher haben andere Dinge nicht die Macht, mich davon abzubringen. Deshalb sagt er: "Zieht nun an als Auserwählte Gottes, als Heilige und Geliebte".

So ist es auch mit Christus. Er ist über Allem, Er ist das gesegnete Ziel, auserwählt, wertvoll - der Heilige, der über alles Geliebte. Und Er ist unser Leben. Wenn ich von dieser meiner Stellung aus handeln kann, ist mein Herz wahrhaftig in seinen Zuneigungen. Wir sind nun in dieser gesegneten Beziehung, und wir müssen danach trachten, überfließende Erkenntnis dessen zu haben, was wir vor Gott sind, *damit wir aus Freude daran die Früchte hervorbringen, die dieser Stellung gemäß sind.* Legt diese verschiedenen Dinge an, die das Leben Christi in dieser Welt sind: "herzliches Erbarmen, Güte, Demut, Milde, Langmut. Ertragt und vergebt einander... wie der Herr euch vergeben hat, so tut auch ihr. Und über all dies legt Erbarmen an, das das Band der Vollkommenheit ist. Und lasst den Frieden Gottes (oder Christi) in euren Herzen herrschen, zu dem ihr auch zu einem Leib berufen seid, und seid dankbar".

Nachdem Paulus aber nunmehr vom praktischen Charakter dieses Lebens gesprochen hat, betritt er eine weitere Stufe. Er blickt auf das Wort Christi, das reichlich in uns wohnt in aller Weisheit, und er ruft uns auf, in der Herzens- und der Verständnisgröße zu leben, die zu einer Person gehört, die in Christus ihren Platz hat. Er sagt, ich möchte, dass ihr euer Herz und euer Verständnis wachsen lasst, um in diesen Dingen zu leben. Ich möchte, dass das Wort Christi, diese volle Offenbarung, die Gott uns von seinen Gedanken und seiner Sichtweise (mind) im Herrn Jesus Christus gegeben hat, reichlich in euch wohnt.

Lasst uns jetzt innehalten und uns fragen: *womit war ich heute gedanklich beschäftigt? Wofür habe ich heute Energie investiert? Könntest du sagen: das Wort Christi hat heute reichlich in mir gelebt?* Vielleicht waren wir ja mit Politik beschäftigt, vielleicht mit einem Stadtgesprächsthema oder mit irgendeiner eigenen Angelegenheit. Hat das Wort unseres Herzens, das Wort unseres eigenen Trachtens, den größeren Teil des Tages ausgefüllt? Das ist nicht Christus. "Lasst das Wort Christi reichlich in euch wohnen, mit aller Weisheit". Alle Erkenntnis ist in Ihm, und alle praktische Weisheit. Das sind unterschiedliche Dinge. Aber wenn sie echt sind, passen sie wunderbar zusammen. Christus ist die Kraft Gottes und die Weisheit Gottes. Das ist es doch, wonach gesucht wird, dass in diesem Zustand die Entfaltung und die Entwicklung der gesegneten Erkenntnis Christi sein möge. Der Geist Gottes nimmt von den Dingen Gottes und zeigt sie uns. Wir leben in der Sphäre, in der Gott seine Absichten (mind) selbst entfaltet.

Damit zusammenhängend stellst du vielleicht fest, dass es nicht nur Erkenntnis oder Wissen ist, wovon Paulus spricht, sondern er fügt hinzu: "Lehrt und ermahnt einander in Psalmen und Lobliedern und geistlichen Liedern, und singt Gott mit Gnade in euren Herzen." Das betrifft dann den Bereich der Gefühle, denn das ist das Wesen der Loblieder und der geistlichen Lieder. Es geht nicht so sehr um Erkenntnis, die wie eine Predigt niedergeschrieben ist, sondern hier antwortet das Herz in seiner Zuneigung auf die Offenbarung Christi, vielleicht etwas, dass ich

105

in einer Zusammenkunft gehört habe, als Christus geschildert (unfolded) worden ist: es ist der Heilige Geist, der die Gefühle als Antwort emporsteigen lässt auf die Offenbarung Christi, die von oben kam. Das ist dann die Äußerung eines Herzens, die das in den Gefühlen des Neuen Menschen erlebt hat, indem es mit Preis und Anbetung, die es hervorbringt, darauf antwortet. Es mag nicht die genaue Wiederholung der gleichen Ideen sein, aber es ist die Anbetung des Herzens, die gegenüber der Person hervorgebracht wird, die offenbart worden ist.

"Was immer ihr tut, in Wort oder Tat, tut alles im Namen des Herrn Jesus und dankt Gott und dem Vater durch Ihn."

Hier habe ich die ganze Richtung des täglichen Lebens. Ich finde ständig Schwierigkeiten, wenn ich durch diese Welt gehe. Ich sage, sollte ich dieses oder jenes tun oder nicht? *Ich bin unsicher über die Richtung, oder ich finde große Hindernisse, das zu tun, was ich für richtig halte. Wenn ich mich nun jemals in Zweifel finde, dann ist mein Blick nicht zielgerichtet.* Mein ganzer Leib ist nicht lichterfüllt, deshalb ist mein Blick nicht fokussiert. *Gott bringt mich in bestimmte schwierige Umstände, bis ich das bemerke. Es kann etwas sein, das ich selbst nie in mir vermutet habe, das mich daran hindert, richtig zu sehen, aber es ist etwas zwischen mir und Christus, und bevor das nicht entfernt ist, werde ich nie Sicherheit über meinen Weg haben.* Deshalb sagt Paulus: "Was immer ihr tut in Wort oder Tat, tut alles im Namen des Herrn Jesus Christus". Das wird in 999 von 1000 Fällen Klarheit schaffen. *Wenn du dich fragst, ob du eine Sache tun sollst oder nicht, frag dich selbst: tue ich das im Namen Jesu? Das schafft sofort Klarheit.*

Wenn also jemand sagt, was ist denn Schlimmes dabei, wenn ich soundso handle? Ich frage, tust du das in dem Namen des Herrn Jesus? Vielleicht ist es etwas, auf das du direkt antwortest: "Natürlich nicht". Dann ist sofort alles geklärt. Es ist der Test des Herzenszustandes. Wenn mein Auge fokussiert ist, wenn die Absicht meines Herzens in Ordnung ist, komme ich dahin, dass jede Frage geklärt ist: es testet mein Herz. Ich wollte den Weg wissen, und er ist so einfach wie das ABC. Wenn mein Herz nicht bei Christus ist, werde ich danach trachten, meinen eigenen

Willen zu tun, und das ist nicht Gottes Wille. Es ist die immer gleiche Regel, die klar jeden Weg und Umstand beurteilt: tue ich es ganz einfach im Namen des Herrn Jesus?

Aber was finde ich außerdem? "Dankt Gott und dem Vater durch Ihn." An anderer Stelle heißt es: "Gebt Dank in Allem". Wohin mein Herz Christus mitnehmen kann, liegt mein Trachten (mind) auf Gott, und ich kann sagen: "Er ist mit mir", auch wenn es Verurteilung ist. Ich habe den Weg Gottes gefunden, ich habe Christus mit mir auf meinem Weg, und ich bin lieber dort als bei dem, was offensichtlich das Schönste und Angenehmste in der Welt ist, wie es in Psalm 84 heißt: "In deren Herz gebahnte Wege sind".

So schließt diese Entfaltung des Lebens Christi. Sie beginnt mit der großen Wahrheit, dass wir mit Christus tot und auferstanden sind, mit der absoluten und völligen Verurteilung des Alten Menschen, und unserer Betrachtung Seines praktisch völligen Tot-Seins. *Menschen haben über das Absterben des Fleisches gesprochen, und dass es ein langsamer Tod sei etc., das ist alles Unsinn.* Es ist eine einfache Tatsache, die *schon längst* wahr ist.

Und wenn ich mit Ihm gestorben bin, dann werde ich auch mit Ihm leben. In meiner Seele arbeitet die Kraft dieser Tatsache. Die Grundlage der ganzen Lehre des Paulus ist, dass wir mit Ihm gekreuzigt sind, und mit Ihm gestorben sind, und dass es jetzt nicht wir sind, die leben, sondern Christus, der in uns lebt. Christus wird dann Sinn und Ziel (object) dieses Lebens. Nachdem dieser Grund gelegt ist, dass der Alte Mensch aus- und der Neue Mensch angezogen ist, der Christus ist, nennt er die Konsequenz des Segens, in dem wir stehen, und die Früchte, die aus Ihm entstehen, und dann ist die einfache und gesegnete ernsthafte Regel: Ich tue nichts als das, was ich im Namen des Herrn Jesus tun kann.

Diese eine großartige Sache wird uns hier praktisch vorgestellt: Christus ist alles. Er ist in allem, aber dies ist die wunderbare Sache, auf die wir achten müssen: Ist Er wirklich Alles? Kannst du ehrlich sagen, obwohl ich eine arme schwache Kreatur bin, bin ich mir dessen ungeachtet sicher, in der ganzen Welt kein anderes Ziel zu haben als Christus? Du findest viele Schwierigkeiten: du bist nicht wachsam genug, dein Glaube ist schwach, du kennst deine Mängel - aber kannst du trotz alledem ehrlich sagen: "Ich habe kein Ziel in der Welt außer Christus"? Zunächst einmal ist Christus als das Leben unser aller Grund. Dann gehen wir zur äußerlichen Lebensführung im Wandel eines Menschen über. Und gestattet mir die Bemerkung, dass ein Mensch, während er äußerlich aufrecht und tadellos wandelt, doch als Christ sehr schwach und ungeistlich sein kann. Du wirst manchen Christen finden, der Christus als sein Leben hat, und tadellos seinen Weg geht, aber doch keinerlei Geistlichkeit hat. Wenn du mit ihm über Christus sprichst, ist da nichts, was antwortet, da ist zwischen dem Leben, das er ganz unten führt, und der Tadellosigkeit ganz oben, zwischen ihm und Christus, eine ganze Menge (a whole host) von Gefühlen und Zielen, die keineswegs Christus sind. Wie viel vom Tag, oder von der Tätigkeit deiner Seele, ist mit Christus angefüllt? Inwieweit ist Er das Eine Ziel deines Herzens? Wenn du zum Gebet zu Gott kommst, kommst du da nie an einen Punkt, wo du die Tür vor Ihm verschließt? Wo noch irgendein Rest, noch eine einzelne Sache in deinem Herzen ist, die du vor Ihm zurückhälst? Wenn wir nur bis an einen bestimmten Punkt um Segen bitten, wenn da ein Rest ist, dann gilt: Christus ist *nicht* wirklich alles für uns!

An all dies knüpft die folgende Arbeit Darbys zu Kol 3 zunächst inhaltlich an, um dann später mit einer ausführlicheren Auslegung ausgewählter Verse aus diesem Kapitel fortzufahren.

3.9 Leben als Christ[57] [58]

Hier finden wir die großartige Grundlage der Lebensführung des Christen und die Entwicklung christlichen Lebens selbst, sowohl negativ wie positiv – was wir lassen und was wir tun sollen (what we put off, and what we put on).

Es ist in jeder Hinsicht wichtig für uns, es nicht nur als Feststellung der Schrift zu verstehen, sondern die Aussage der Schrift in unsere Herzen und Sinne zu

---

[57] *Christian Life (Colossians 3), Erstveröffentlichung 1878, CW 31, 237ff*
[58] *Diese Übersetzung wurde von mir gewählt, weil der (auch mögliche) Ausdruck „Christliches Leben" allzu leicht mit der „Religion des Fleisches" gleichgesetzt werden könnte, also einer ritualisierten „frommen" Lebensführung, die Darby entschieden ablehnt.*

übertragen, dass wir in einer völlig Neuen Schöpfung sind, „erneuert in der Erkenntnis nach dem Bild Dessen, der sie erschaffen hat". Der Erste Mensch war also das Bild Gottes, obwohl er jetzt ein verlorenes, ruiniertes Geschöpf ist. In Tod und Auferstehung bekommt der Mensch insgesamt eine neue Stellung (place), nicht nur erhoben, sondern erhoben mit Christus! Ein Mensch kann bezüglich seines Geisteszustandes (state of mind) erhoben werden und dennoch denken, dass er in der Welt lebendig ist, was wir definitiv nicht sind.

Bezüglich unseres Zustandes vor Gott gehören wir nicht zu dem Leben, das auf dieser Seite des Todes ist. Ein Neues Leben mag gegeben sein und der Mensch hier unten gelassen, aber Christus wird als Mensch angesehen, der hier gestorben ist, nachdem Er an unsere Stelle kam, das Gericht auf sich genommen hat, den Kelch, und jenseits davon weiter gegangen ist; natürlich nicht, was unsere Leiber angeht, denn wir haben den Schatz in irdenen Gefäßen und warten auf die Adoption, nämlich (to wit) die Erlösung unserer Leiber, aber unser Platz in Glaube und Leben ist der Platz Christi, des Zweiten Adam, und nicht des Ersten. In Hinsicht auf unsere Leiber geht es um den Ersten, in Hinsicht auf unsere Seelen geht es um den Zweiten.

Ich wiederhole es, denn es ist sehr wichtig für die Zustimmung des Glaubens, dass Christus der Sohn, eine göttliche Person, Leben übermittelt hat, aber Christus starb, und jetzt sind wir mit Ihm erhöht.

An dem Platz, an dem wir durch Sünde und Ungehorsam waren, war Er für uns, und, nachdem Er das Werk vollbracht hatte, das nötig war, uns zu erlösen, sind wir an den Platz aufgenommen, wo Er ist, und wenn er kommt, die Toten zu erwecken, werden wir auch de facto (actually) dort sein.

Es geht jetzt darum, das Wesen Christi überzuziehen (put on), dann wird das Ganze tatsächlich in Herrlichkeit sein. Insgesamt ist die Lehre hier also nicht einfach, dass wir aus Gott geboren sind, sondern mit Christus auferstanden, der *als Mensch tatsächlich dort ist*, und die Grundlage des Christseins besteht darin, das zu verstehen, und auch die Liebe, die Ihn gegeben hat.

Wir müssen aufpassen und die Gewohnheiten (ways) des Alten Menschen ablegen, der einen Platz in der Welt sucht, Bedenken liebt etc. Christus aber hat den niedrigsten Platz eingenommen und ruft uns, Ihm zu folgen. Was unseren Platz bei Gott angeht: er ist Ihm ebenso nahe wie Christus Ihm nahe ist. „Wenn ihr mit Christus gestorben seid, wie könnt ihr geistlich in dieser Welt lebendig sein?" Diese Welt ist stark, wirbt immer um die Rückkehr des Christen – es ist ein ungeheures System, das Satan aufgebaut hat, um auf das Fleisch zu wirken und Gott zu verbergen.

Dies kann das Gewissen nicht beruhigen, und wenn daher das Gewissen eines Menschen aufgeweckt wird, biegt er seinen Kopf wie eine Binse (bulrush) und der Mensch sagt: „Soll ich die Frucht meines Leibes für die Sünde meiner Seele geben?" - und gerät unter Vorschriften. Er ist nicht in Geist und Zustand aus dieser Welt hinaus gegangen, er ist nicht tot für sie. Das ist die Religion, die Paulus als Saulus, als Pharisäer hatte. Ein unbekehrter Mensch kann diese Dinge viel besser als ein bekehrter, denn letzterer denkt zu viel nach, um trotz aller Überlegungen zufrieden zu sein.

Er mag auf die Knie fallen und angegriffen und ärgerlich sein, wenn du deshalb nicht gut von ihm denkst; er versteht seine Religion als lebender Mensch, nicht als erlöster.

Der Mensch ist ein religiöses Lebewesen, das ist eine Notwendigkeit des menschlichen Herzens. Sein Verstand mag ihn von der Suche nach Gott wegführen (reason out), aber tief unten bleibt sie da und bricht wieder aus, wie es nach der Französischen Revolution war. Es ist Teil der menschlichen Natur, mit Gott reden zu müssen. Es ist sein Gewissen, dass er seinen Nöten in dieser Welt nicht selbst abhelfen kann, und er muss sich an Gott in der Höhe (above him) wenden. Es mag erbärmlich und verdorben sein, aber der Mensch braucht Hilfe, er will hochschauen.

Der Teufel hat dies genutzt, um ihn Götter nach seinen eigenen Leidenschaften machen zu lassen, aber in der menschlichen Natur besteht ein Verlangen (craving) nach Gott. Und wenn der Mensch nicht durch das Erlösungswerk befreit wird,

wird er *religiös* sein. Das ist *Pharisäismus* – es hat immer Pharisäer gegeben. Es ist *nur Ritualismus, lebendig in der Welt und Vorschriften untertan, nicht tot mit Christus* (2,21f).

Ich kann mir einbilden (fancy), dass es in diesen Bereichen kostbare Geheimnisse gibt, aber die müssen alle bei Gebrauch vergehen, und deshalb macht die Alte Natur eine Religion daraus – „ein Schatten der kommenden Dinge, aber der Leib ist Christi". Sie gehen zurück in den Schatten, als ob sie etwas Wirkliches wären und werden Untertan von Vorschriften. Darin ist *menschlicher Wille, und der macht Menschengebote zur Lehre.* Das befriedigt das Fleisch. Wer war befriedigt, als der Pharisäer Gott dankte, dass er nicht wäre wie andere Menschen? Zu wessen Anerkennung führte das? Gottes oder Christi etwa?

Angenommen, ich sollte (to be to) siebenmal die Woche fasten. Dann denke ich mich halt besser als Einer, der es nur sechsmal tut. Das befriedigt das Fleisch. Angenommen, es geht um Gebet (dass Gebet das am meisten gesegnete Privileg ist, das der Mensch hat, brauche ich nicht eigens zu erwähnen). Wenn er also viele Gebete sagt, ist der, der fünf aufsagt, besser als der, der drei aufsagt? Es ist Befriedigung des Fleisches, obwohl der Leib selbst unberücksichtigt (neglected) bleibt. Das heißt, in Hinsicht darauf, dass ich mit Christus tot bin, bin ich komplett davon frei (clean out of is), ich habe Alles zurückgelassen, was soll ich damit, wenn ich tot bin? In dir ist gar nichts Gutes, denn die religiösen Dinge des Fleisches sind immer noch Fleisch, sie bedeuten nur, dass ich nicht tot mit Christus bin. So kann man natürlich auch mit dem umgehen, was unsere größten Privilegien sind.[59]

Kap.3,1: Wenn du mit Christus auferstanden bist, bist du nicht in der Welt. Wenn ich diesen Christusplatz innehabe, dass ich der Welt gestorben bin und Christus zu meinem Leben gemacht habe, erachte ich mich selbst als tot, und lebendig für Gott, nicht in Adam, sondern in Jesus Christus, unserem Herrn. Für den Gläubigen ist das eine großartige Sache, es rührt an die Wurzel einer Anzahl von Dingen im

---

[59] *Hier beginnt Darby nun mit der eigentlichen Auslegung ausgewählter Verse von Kol 3, zunächst in aller Kürze mit V.1, dann tendenziell zunehmend ausführlicher bei der Bearbeitung weiterer Verse.*

Detail, wenn wir weiter gehen. Soll ich, als lebender Mensch aus Adam geboren, meinen Platz bei Gott von da aus in Frage stellen? Oder bin ich tot mit Christus, auferstanden mit Christus, und habe als solcher meinen Platz?

„Wo Christus sitzt" - es gibt *einen* Menschen, der dorthin gegangen ist, ein gesegneter Mensch, der mich liebte und der sich selbst für mich gab. Ich bin mit Ihm auferstanden und ich kenne Erlösung und Vergebung, und meine Zuneigung liegt auf Ihm dort oben. Ich sehe Christus in der Höhe. „Setzt eure Zuneigungen auf höhere Dinge" etc. Er schaut auf den geistig – moralischen Zustand hier unten. Wenn ich das *Bewusstsein habe, dass Christus mein Leben dort oben ist, folgt Ihm mein Herz. Ein toter Mensch kann seine Neigungen und seinen Geist nicht auf irdische Dinge gerichtet haben.*

Vers 3: Eine weitere Sache, die hier äußerst gesegnet hervortritt, ist unsere komplette Gemeinschaft mit Christus. *Was wahr von Ihm ist, ist wahr von mir.*

„Er, der geheiligt ist, und die, die geheiligt werden, sind alle von Einem."

Christus ist tot – wir sind tot.

Christus ist verborgen in Gott – unser Leben ist verborgen in Ihm.

Er erscheint – wir erscheinen.

„Deshalb kennt uns die Welt nicht, weil sie Ihn nicht kennt." Es gibt eine gesegnete Identifikation mit Christus, wenn unsere Sünden weggetan sind. Und wie wir das Bildnis des Irdischen getragen haben, werden wir das Bild des Himmlischen tragen. „Wie Er ist, so sind wir in dieser Welt." Nicht, dass wir hauptsächlich in der Herrlichkeit wären, aber das *ist unser Platz vor Gott.* Das gibt wunderbaren, ruhigen (settled) Frieden, geliebte Freunde – alle Sünden komplett ausgelöscht.

Das ist aber nicht Alles, da ist noch etwas Anderes: wie werde ich dort empfangen? Einmal angenommen, Er hat uns vergeben und uns hiergelassen, um weiterzumachen so gut, wie wir können. *Das ist nicht das, was Er getan hat!*

„Angenommen in dem Geliebten" - *das* ist ein Christ![60] Die Werke des Fleisches

---

[60] *Nicht das, was ein Mensch tut (oder lässt) entscheidet darüber, ob er Christ ist – ein Christ ist einer, den Gott bereits **in dem Geliebten** angenommen hat - für Manchen mag dies ungewohnt erscheinen, aber es ist eben letztlich nicht Darby, der das sagt, sondern u.a. der Kolosserbrief.*

sind ausgelöscht und weggetan; dann aber sind wir in Christus, „wie Er ist, so sind wir", kurz gesagt, die positive, nicht die negative Seite. Geliebt, wie Christus geliebt ist. „Die Herrlichkeit, die du mir gegeben hast, habe ich ihnen gegeben". „Ich habe ihnen deinen Namen verkündet und werde ihn verkünden, damit die Liebe, mit der du mich geliebt hast, in ihnen sei und ich in ihnen." *Das ist jetzt!* Die Welt wird wissen, dass wir so geliebt sind, wenn sie uns in der gleichen Herrlichkeit mit Ihm sieht.

Christus war völlig alleine mit Gott, als Er für uns zur Sünde gemacht wurde und unsere Sünden in Seinem eigenen Leib auf dem Holz trug. Und als dies getan war, als Er oben in Herrlichkeit saß, sandte Er den Heiligen Geist, um uns die Gewissheit (consciousness) zu geben, dass wir am gleichen Ort sind.

Du kannst vielfach solche Passagen wie in 1Kor 15 finden, dass, wenn Christus nicht auferweckt ist, wir auch nicht auferweckt sind. Er war wirklich ein toter Mensch, und wenn ich nicht auferweckt wurde, wurde Christus es auch nicht. Wir bekommen Alles in dieser gesegneten Verbindung mit Christus, aber wo es zwickt ist, dass, wenn das wahr ist, auch „der, der da sagt, dass er in Ihm bleibt (abideth)", auch so wandeln sollte, wie Er gewandelt ist. Das passt nicht in die Welt. Es zwickt unsere armen, elenden Herzen, wenn das Fleisch wirkt, aber wenn das Herz auf Christus gerichtet ist, ist es Befreiung und gesegnete Freiheit, aber für das schwache Herz ist es hart, dass ich wie Christus hier unten sein soll.

Ich weiß, dass ich wie Christus in der Herrlichkeit sein werde, um das Bild des Himmlischen zu tragen; und so gibt es nur ein Ziel: Ihn zu gewinnen und mich zu reinigen, wie Er rein ist. Die Herrlichkeit des Herrn anschauend (beholding), werde ich in dasselbe Bild verwandelt.

So ist das Fundament gelegt: tot mit Christus – auferstanden mit Christus, natürlich noch nicht hier, aber unsere Neigungen auf die Dinge oben gesetzt, nicht auf irdische Dinge, beides zusammen geht nicht. „Wenn ein Mensch die Welt liebt, ist die Liebe des Vaters nicht in ihm." Unsere Neigungen folgen Christus dahin, wo Er tatsächlich hingegangen ist. Unsere Herzen sind an die Stelle gelangt, wohin Er in Herrlichkeit auferstanden ist. Wie weit sind unsere Herzen dahin gelangt? Wir sind teilweise angekommen, wir wissen, dass wir in Christus vor Gott sind, aber inwieweit sind unsere Herzen zufrieden damit, Ihm zu folgen, wie Er sagte: "Folgt ihr mir nach"? Das ist ein starkes Wort, insofern es uns direkt aus der Welt herausnimmt – ein voller und absoluter Herzensgegenstand. Es gibt den Pfad, den auch das schärfste menschliche Auge nicht gesehen hat – das Christus-Folgen, die Sache, an der Gott Freude hat.

Vers 5 etc. findest du *umfassender als sonst wo* in der Schrift, *was dieses Christenleben wirklich ist*. Aber es geht *nur* um Glieder, die *auf der Erde* sind. Aber merke dir, in dem Moment, wo ich hier bin, habe ich Kraft, die ich allein im Fleisch nicht habe. „Als wir im Fleisch waren, wirkte die Sünde in meinen Gliedern, um Früchte des Todes zu bringen." Der Neue Mensch unter dem Gesetz hat keine Kraft; wenn wir mit Christus tot und auferstanden sind, bekommen wir Kraft. „Abtöten" (to mortify) heißt, zu Tode bringen. Die Schrift sagt nicht: „sterben". Aber wir sind gerufen, uns selbst für tot zu erachten, weil Er es getan hat und unser Leben geworden ist, und *dann sage ich zum Fleisch, ich kenne dich nicht, von dir habe ich genug! Ich bin tot!*

Kolosser gibt die Tatsache, Rö 6 ist die Sicht des Glaubens dazu, 2 Kor 5 führt es praktisch aus, „und so wirkt der Tod in uns, und das Leben in dir"; da ist Kraft, die Kraft Christi.

Vers 6 : Unglaube ist nicht der einzige Gerichtsgrund: Die Welt als solche ist verurteilt, weil sie Christus verworfen hat, aber das Gericht ist für Werke.

Vers 7: „In denen auch ihr einst gewandelt seid, als ihr in ihnen lebtet". Jetzt, wo sie in Christus sind, haben sie in ihnen nichts mehr zu suchen; sie waren in ihnen gewandelt, wie andere Völker auch. Auffällige (gross) Dinge kommen zuerst, das, was klar und offen ersichtlich ist, aber da hört es nicht auf, das Fleisch soll sich überhaupt nicht rühren.

Wie kommt es, dass du ärgerlich bist? Heißt das nicht, dass das Fleisch praktisch nicht unterworfen ist? Ungeduld, woher kommt sie? Du sagst: „Oh, das nervt jetzt aber". Wäre Christus auch so ungeduldig? Und du hast doch das Leben Christi! „Lügt euch nicht an, wenn ihr doch seht, dass ihr den Alten Menschen mit seinen

Taten abgelegt habt." Ich sehe hier drei Arten (characters) der Sünde:

- teuflische und brutale Sünden
- Korruption in Ärger und Bosheit
- Selbstbetrug mit dem Argument, dass der Alte Mensch ja abgelegt sei.

Und nun haben wir das Anziehen (the putting on). Beachte hier das Maß: „erneuert in der Erkenntnis nach den Bild Dessen, der ihn geschaffen hat". Mein Standard bezüglich dessen, was gut ist, ist geistliches Wissen um Gottes Natur. Wir sind erneuert in Erkenntnis. Ich sage, das passt (suits) Gott nicht.

Wenn ich Charakter und Bild nehme, „sehe ich diese manifestiert in einem Menschen in Christus. In Eph heißt es: „Seid Nachfolger Gottes als geliebte Kinder." Er nimmt die essentiellen Namen Gottes, Licht und Liebe, und in beiden Fällen nimmt er Christus als Muster. Jemand sagt, ein Nachahmer Gottes! Wie kann ich armer Wurm das sein? Aber was ist dein Muster? Christus, das ist der Weg, den wir wandeln sollen. Es ist nicht einfach das, was vom Menschen unter Gesetz erwartet wird, aber mein Wandel soll der Ausdruck Gottes sein. Und das sehe ich in Christus – Liebe manifestiert inmitten des Bösen. Das bedeutet nicht, du sollst deinen Nächsten lieben wie dich selbst, sondern *weil die Welt eine böse Welt ist, musst du losgehen und Gott darin zeigen wie Christus es getan hat*, „zu Teilhabern der göttlichen Natur gemacht".

Vers 11: Hier steht nicht nur, Christus ist Alles in Allem, obwohl das auf seine Art schon sehr gut ist, sondern hier steht etwas mehr, was sehr wichtig ist: „Christ ist Alles", kein Gegenstand außer Christus. Und was heißt das? Das Kreuz vielleicht, da müssen wir durch. Er ist „in Allem", die Kraft des Lebens, und der einzige Gegenstand des Lebens. Wenn es um Zuneigung geht, ist Er Alles und Jedes für mich; und in mir ist Er auch die Kraft des göttlichen Lebens.

Ich sehe hier auch ein äußerst wichtiges Prinzip: Wenn ich diese Früchte bringen soll, und auf diesem Weg wandeln soll, wie Er uns sagt, und es tausend verschiedene Details gibt, auf denen es uns jeden Tag begegnet, und den ganzen Tag lang – nun, ich gehe als der Auserwählte Gottes!

Wenn ich mein Kind losschicke und sage: Geh als mein Kind, dann muss es sich daran erinnern, dass es mein Kind ist. Wenn es die Erinnerung daran verloren hat, ist die ganze Natur und der ganze Charakter des Botenganges verloren. Seid Nachahmer Gottes als geliebte Kinder, vergesst das nicht! Ebenso hier: „Zieht an als die Auserwählten Gottes, Heilige und Geliebte" etc. Stellt euch einmal vor, wenn ich das den ganzen Tag mitnähme! Hier bin ich, der Erwählte Gottes: *Gott hat entschieden, sich an mir zu freuen!* Sicher lässt Er uns unsere Nichtigkeit wissen, aber da ist das Wissen um Seine Liebe, wie ein Kind die Zuneigung seines Vaters kennt, aber überhaupt nicht, dass es sie wert ist. Abgesondert für Gott und geliebt von Gott gehe ich durch die Welt in dem gesegneten Sinn, dass Gott in Seiner souveränen Gnade mich in Sein Wohlgefallen aufgenommen (taken) hat.

Wir finden, dass all diese Dinge von Christus gesagt werden. War nicht Er der Erwählte Gottes, der Eine aus dem Volk herausgewählte? War nicht Er der Heilige im vollsten Sinne? War nicht Er der Geliebte, der geliebte Sohn, sein Leben im vollsten Sinne geheiligt? Und sagt Er nicht: „Wandelt ebenso"? Das kannst du nicht, wenn du nicht das Motiv hast, das die Zuneigungen bewegt, auch wenn Pflicht mit dabei sein kann. Wir sollen durch diese Welt gehen, nicht um etwas zu erreichen, auch wenn wir Freude und Segen bekommen; aber wenn wir diese Stellung bekommen haben, heißt es, den Alten Menschen abzulegen, und den Neuen anzulegen.

Wenn ich in dieser Stellung bin, und wenn ich dieses Neue Leben habe, ziehe ich auch an, was damit zusammenhängt: „Schwachheit, langes Leiden, Demut des Geistes, Niedrigkeit". Er nahm immer den letzten Platz ein; wenn abgewiesen, sagte Er: „Lasst uns in ein anderes Dorf gehen."

„Einander ertragend, einander vergebend" - hat nicht Christus uns vergeben, als Er angegriffen, angespuckt wurde? Ja, und nun geh und handle genauso. Wenn du 1 Kor 13 ansiehst, wirst du finden, dass dort nicht ein Atom Aktivität i.S. von Erbarmen angesprochen wird, sondern dass es immer um Selbstverleugnung, Schwachheit und Geduld geht. Wenn du weißt, was „Selbst" ist, weißt du auch genau, dass das genau das ist, in dem wir geprüft werden.

Ich muss nicht nur Freundlichkeit in diesen Pfad bringen, sondern auch das göttliche Element, das Alles prüft, was gegenteilig zu Heiligkeit ist, während ich demütig, unterwürfig etc. bin. Mit einher geht die göttliche Sache, die niemals einem Bösen gegen Sich selbst Zustimmung geben kann; Liebe, das Band der Perfektheit, bringt Alles an seinen Platz. In dem Moment, an dem ich Gott einbringe, bringe ich ein, was Anspruch auf das Herz hat, in genauer Übereinstimmung mit Dem, der sagt: „Meinen Frieden lasse ich euch, meinen Frieden gebe ich euch". Wenn dein Herz immer friedlich, ruhig und nett wäre, wie viele provozierende Dinge gäbe es da gar nicht. Es gibt auch Ruhe im Urteilen, damit wir wissen, was zu tun ist. Christi Friede wurde nie gestört. Niemals fandest du Ihn in einer Position, in der Er nicht Er selbst war.

Sogar in in Gethsemane, in Agonie, drehte er sich um zu Seinen Jüngern, so als ob nichts passiert wäre, und sagte: „Konntet ihr nicht eine Stunde mit mir wachen?" Er wechselt von einer Herausforderung zur anderen: Er verhält sich Seinem Vater gegenüber genauso wie Er es wegen des furchtbaren Kelches Ihm gegenüber tun sollte, und gegenüber Seinen armen Jüngern genauso, wie Er es in Liebe ihnen gegenüber tun sollte. Natürlich würden wir da versagen, aber das ist das Prinzip.

Vers 10 ist nicht nur negativ, noch ist es Das-Wesen-Christi-Anziehen, sondern die unergründlichen Reichtümer Christi, ein Öffnen der Seele für alles, was dem Christen gehört; „indem ihr einander lehrt und ermahnt...singend mit Gnade" etc. Nicht nur Wissen, sondern auch die Neigungen, die man als Mensch ausdrückt, drücken sie aus, und wie sie im Himmel ausgedrückt werden, "singend", dieses Wort gibt das Wissen aller Dinge, und dann die Melodie dazu ins Herz.

„Tut Alles in dem Namen des Herrn Jesus Christus." Wie kann ich Christus in die gewöhnlichen Dinge dieser Welt bringen? Was immer du sagst, und was immer du tust, tu es im Namen des Herrn Jesus. Du sagst, was ist denn Schlimmes dabei? Kannst du es im Namen Jesu tun? Wenn nicht, dann wende dich nicht von Jesus ab und tue es ohne Ihn! Schaust du dir diese Ausstellung an? Warum nicht? Ich kann nicht im Namen des Herrn gehen. Ich nenne ganz mit Absicht die üblichen

Dinge des Lebens, um es einfach darzustellen. Rauchst du? Nein, ich kann nicht im Namen Jesu rauchen. Egal, was es ist, in Wort oder Tat, die heftigen Dinge des Bösen alle beiseite getan, und dann das, was der Mensch „wertneutral" (indifferent things) nennen würde.

Es ist egal, ob ich das Buch hierhin oder dorthin stelle; aber angenommen, meinem Vater wäre es sehr wichtig, dass ich es dahin stelle, und ich tue es nicht, dann kannst du sagen, ich kenne das Buch zwar nicht, aber ich weiß, dass es dir sehr am Herzen liegt. „Der Mensch lebt nicht vom Brot allein, sondern von jedem Wort Gottes." Wenn du ein Gesetz daraus machst, wird es sehr hart sein, aber wenn Christus Alles für dich ist, wird es leicht sein. Wenn ich meinen Vater sehr liebe, werde ich das Buch sorgfältig dahin stellen, wo oder wie er es haben will.

Noch eine Sache, die zeigt, wo das Herz ist: Danken (giving thanks). Diese armseligen Dinge, die das Herz ablenken und den Heiligen Geist zum Verurteilen zwingen, kommen im Danken nicht vor, und Er wird der Geist der Freude und Dankbarkeit gegenüber Gott in dem Sinn, dass Er der Urheber von Allem ist. Sogar Trauer wird zum Segen: es ist ertragreicher (more profitable), in Trauer als in Freude zu sein. Wir können danken, wenn wirklich die Liebe Gottes in unseren Herzen ist, und unser Wandel in allen Dingen gemäß dem Namen des Herrn Jesus, und keine Ablenkung im Herzen; anderenfalls wird der Heilige Geist notwendigerweise ein zurechtweisender Geist, statt ein Geist der Freude und Dankbarkeit zu sein.

Bewegen wir uns in seinem Wohlgefallen, was besser als das Leben ist? Unsere Lippen mögen ihn preisen! Der Herr allein gebe uns, geliebte Brüder, auf diesem Pfad zu wandeln, im Vertrauen auf die Göttliche Liebe, und den Beweis dafür in der Liebe zu sehen, in Seiner Gegenwart innerlich verschont von den Provokationen der Menschen, um durch eine Welt der Verwirrung und Unruhe mit dem Frieden Christi in unseren Seelen zu gehen!

Diese Schrift Darbys zeigt im Rückblick deutlich seine Intention, die Forderungen aus Kolosser 3 zwar ausdrücklich als an die noch hier unten lebenden Christen gerichtet zu zeigen, fordert diese aber zugleich auf, sie permanent aus der Sicht als Neuschöpfung, die eben nicht mehr hier weilt, zu sehen und einzuordnen.

Himmlische Perspektive für das Irdische, aber dennoch zugleich auf die Erlösung der Leiber harrend – dieses Motiv wird von Darby weitestgehend konstant durchgehalten, wobei er äußersten Wert daraufliegt, dass wir nicht nur „erhöht", sondern „*mit Ihm* erhöht" sind. Die eigentliche „Anleitung" für das praktische Christsein auf der Erde sieht er dabei im „Überziehen des Wesens Christi", wie es bei Seinem irdischen Wandel hervorgetreten ist. Zu bedenken ist auch stets: Gott zeigt mir meine Nichtigkeit, aber vor Allem zeigt Er mir, dass Er sich entschieden hat, sich an mir zu freuen und mich zu lieben. Ein besonderer Hinweis Darbys befasst sich auch mit dem Dank im Wissen darüber, dass Gott allein der Urheber dessen ist, wofür wir danken dürfen. Danken bedeutet auch, ohne Ablenkung ganz bei Gott zu sein!

Es mag dem Leser auch aufgefallen sein, dass Darby, obwohl die biblischen Ansprüche an ein Christenleben bzw. an dessen Früchte in 1 Kor 13 recht konkret formuliert sind, auf diese eher „en passant" eingeht und stattdessen einmal mehr seine soteriologischen Prinzipien entwickelt und konkretisiert.

Die Gründe liegen, wenn man sich länger mit seinen Werken befasst hat, auf der Hand: Einen der größten Fallstricke des Christen (oder auch Namenschristen) sieht Darby in einer gesetzlichen „Do and Don´t"- Liste. Eine solche ist grundsätzlich hier auf der Erde und nicht beim Auferstandenen im Himmel verankert! Sie bringt alles Andere mit sich: Werkgerechtigkeit, schlechtes Gewissen, Zielsetzungen in der Welt, der wir doch längst tot sind, Etablierung fleischlicher Autoritäten und Hierarchien, kurz: ein Abziehen unserer Gedanken, Taten und Intentionen vom Herrn Jesus allein, also ein breites Einfallstor für Satan und seine Listen.

Von daher ist es Darby so immens wichtig, unsere Herzen immer wieder neu auszurichten auf Ihn, der allein zählt: Jesus Christus!

Von daher ist es Darby so immens wichtig, unsere Herzen immer wieder neu auszurichten auf Ihn, der allein zählt: Jesus Christus! Mit dem folgenden Artikel „Das Leben des Christen in Christus" zu Kolosser 1 stellen uns die CW *eine weitere Arbeit Darbys vor, deren Überschrift zwar ähnlich klingt als die des oben übersetzten Textes, aber doch wiederum, wie der Leser auf den folgenden Seiten merken wird, ganz eigene und neue Schwerpunkte einbringt, dies insbesondere im Schlussteil, aber eben auch immer wieder im laufenden Text.*

3.10 Das Leben des Christen in Christus[61]

Die folgende Arbeit wurde neun Jahre später erstmals veröffentlicht als der ebenfalls Kol 1 behandelnde und oben bereits übersetzte Text „Meetness And Growth" (3.5). Über die Gründe dafür kann man allenfalls Mutmaßungen anstellen, wobei die wahrscheinlichste ist, dass dieser Vortrag einfach später abgefasst oder gehalten wurde. Generell lässt sich annehmen, dass Darby sich zu manchem Thema besonders gerne schriftlich äußerte, da nicht davon auszugehen ist, dass jedwede mündliche Einlassung seinerseits zu einem bestimmten Thema irgendwann auch in schriftlicher Form erschienen ist.[62]

Thema in diesem Text ist einmal mehr der christusgemäße Wandel des Christen hier auf der Erde, <u>nachdem</u> er schon mit Christus gestorben und auferstanden <u>ist</u> und in Christus zur Rechten Gottes <u>sitzt</u>. Dies wird, wie bei Darby gewohnt, in seiner ein wenig „mäandrierenden" Weise dargestellt.

Diese Art des Schreibens sollte nicht einfach mit der Zitierung von Darbys bekanntem Satz „Ich denke auf Papier" abgetan werden, sondern auch als Chance begriffen werden, ständig erneute Anreize zu bekommen, sich auf seine Gedankenführung und die dabei vorgetragenen biblischen Aussagen und Zusammenhänge einzulassen. Darby erreicht insofern in seinen „writings" auch eine Dynamik, die der mündlichen Rede durchaus nahekommt. Dabei wird aber gleichzeitig von ihm eine Gedankentiefe erreicht, die den Leser wegen ihrer brillanten Formulierung zusätzlich zum Inhalt des Gesagten aufhorchen lässt.

„Das Leben des Christen in Christus" ist, trotz Darbys spezifischer Art des

---

[61] *The Christian's Life In Christ (Colossians 1), Erstveröffentlichung 1878, CW 31, 210ff*
[62] *Ich weise einmal mehr darauf hin, dass es sich hier um reine Spekulation handelt, die einer wissenschaftlichen Überprüfung, so sie denn möglich wäre, nicht unbedingt standhalten könnte (s.a. 2.1).*

Schreibens und auch, auch wenn man möglicherweise viele Aussagen Darbys über Kol 1 bereits kennt, von besonderer Klarheit, Schlichtheit und Verstehbarkeit in den Aussagen, und daher geeignet, beim Leser, egal welcher theologisch/ biblischer Vorbildung, immer wieder einmal neue „Kronleuchter" aufgehen zu lassen darüber, was das Neue Leben des Christen eigentlich ist, wie es zustande gekommen ist, und welche Konsequenzen für Zeit und Ewigkeit sich daraus ergeben. Die Einleitung Darbys führt zunächst gleich auf den Punkt:

Das Besondere an Kol ist, dass der Heilige als auferstanden gesehen wird: wir hören nichts über den Heiligen Geist außer dem Ausdruck: „eure Liebe im Geist". Dies lässt umso stärker einen weiteren Aspekt hervortreten: Christus als Leben in uns: „Christus in euch, die Hoffnung der Herrlichkeit". Dass der Christ als auferstanden gesehen wird, hat die Konsequenz, dass er nicht wie in Eph „in himmlischen Örtern" ist.

In Eph haben wir das Werk des Geistes Gottes, und die Gegenwart des Heiligen Geistes offenbart uns die Dinge über (above) uns, und Er verbindet uns mit ihnen. Hier in Kol ist der Heilige tot und auferstanden mit Christus, ein *auferstandener Mensch, der mitten durch die Welt geht.*

In Rö[63] sehen wir einen lebendigen Menschen, der wie wir alle tatsächlich in dieser Welt ist. Christus ist dabei sein Leben, und er erfreut sich an der Hoffnung der Herrlichkeit Gottes. In Rö finden wir deshalb, dass sich der Mensch Gott ausliefern (to yield) soll. In Eph dagegen werden wir als Solche gesehen, die von Gott kommen und Gottes Wesen in dieser Welt darstellen sollen. Wenn du tun kannst, was in Eph steht, kannst du auch tun, was in Rö steht. Christus hatte sich als sterbendes Opfer dahingegeben, du sollst dich als lebendes geben. In Eph haben wir „seid deshalb Nachahmer Gottes als geliebte Kinder (Eph 5,1) – dies geht weiter: *Was Kol uns gibt, ist nicht „himmlische Örter", sondern dass wir mit Christus tot sind, und mit Ihm auferstanden, und dieses Leben wird hier völlig entwickelt.*

---

[63] *Darby hat dem Vergleich Kolosser - Römer – Epheser eine eigene Arbeit gewidmet, die später noch Gegenstand der Betrachtung und Übersetzung sein wird*

Wir sehen die Art (way), auf die der Christ leben soll, und diese *gründet sich* auf der Position (place), in die er durch Gnade eingesetzt ist. Danach spricht Paulus von all den Dingen, die in Gott versöhnt werden müssen, während die Kirche bereits versöhnt ist.

Zuerst nimmt er die große Wahrheit darüber auf, was unser Leben ist, und unseren Wandel, und worauf dieser gegründet ist. Es gibt einen Pfad in dieser Welt, dessen Ursprung und Charakter darin besteht, dass Gottes Wille darin ist, der in Christus völlig erfüllt ist, und den selbst das schärfste natürliche Auge nicht erspäht hat. „Wer sagt, dass er in Ihm bleibe, sollte selbst ebenso wandeln, wie Er wandelte" (1 Joh 2,6). Dem Heiligen ist ein Pfad durch diese Welt gegeben, der mit der Welt nichts zu tun hat, der aber in sich den Charakter Christi darstellt. „Ich aber sage euch, dass ihr dem Bösen nicht widersteht, sondern dem, der euch auf die rechte Wange schlägt, haltet auch die andere Wange hin" (Mt 5,39). Das wäre keine Gerechtigkeit, aber Christus dargestellt. Ihr werdet das immense Privileg erkennen, hier unten wie Christus zu wandeln, der von sich selbst als „Menschensohn, der im Himmel ist" sprechen konnte, der hier unten himmlisch, ja sogar göttlich lebte!

Es gab kein einziges Motiv in Christus, das sich auf weltliche Dinge bezog, und auch kein einziges Motiv in der Welt, von dem Christus sich hätte bestimmen lassen. „Ich werde einen Neuen Weg in der Wildnis bahnen" (Jer 43,19), das ist der Weg des Christen.

Manchmal werden wir auf dem Weg gestoppt. Dann sage ich zu mir: meine Augen waren nicht völlig auf Christus gerichtet, sonst wäre der ganze Leib voll Licht. Es ist ein Pfad Gottes. Christus kam herab in diese Welt, und Er tritt einen Pfad, wie es sonst keinen gibt. Wir sind zum Gehorsam Christi geheiligt. Gottes Wille allein war Sein Motiv, und das war genau der Weg, auf dem Er Satan verblüffte (baffled). Er tat nie etwas, außer, weil es Gottes Wille *war*, mit diesem nicht nur *übereinstimmte*. „Wenn du der Sohn Gottes bist, befiehl, dass diese Steine Brot werden." Er war als Sohn anerkannt worden (owned), und der Geist war auf Ihn herabgestiegen (dorthin platziert Er uns), und dann wurde er vom Geist geführt, in der Wildnis versucht zu werden.

Als Satan zu Ihm kommt und zu Ihm sagt: „Befiehl, dass diese Steine Brot werden", da war ja nichts Schlimmes dabei, dass man isst, wenn man hungrig ist, aber Er sagt: „Ich habe keinen Befehl, das zu tun". „Es steht geschrieben, der Mensch soll nicht allein vom Brot leben, sondern von jedem Wort, das aus dem Munde Gottes kommt". So tut Er nichts, und der Satan tut auch nichts – er konnte es nicht, denn das wäre das Ende seiner Listen (wiles) gewesen. Der Gesegnete Herr kommt, um Gottes Willen zu tun, und Er war „gehorsam bis zum Tod, sogar zum Tod des Kreuzes".

Wir sehen das in einem beeindruckenden Vorgang, als Martha und Maria zu Ihm sandten: „Wahrlich Herr, der, den Du liebst, ist krank." Wir hätten gesagt, Er zieht sofort los, aber Er hatte keinen Befehl dazu. „Als Er hörte, dass er krank war, blieb (abode) Er noch zwei Tage an der gleichen Stelle, wo er war" (Joh 11,3-5). Jetzt können wir das erklären und verstehen: Eine Erweckung des Lazarus sollte zum letzten Zeugnis für Ihn werden. Das ist Kenntnis des Willens Gottes, nicht einfach nur: das Richtige tun!

So testet Gott den Zustand der Seele. Wenn da Weisheit und geistliches Verständnis ist, und einer richtig weitergeht - im Rückblick auf etwas, wo man im Zweifel war, da hat man dann das Gefühl: Ich frage mich, wie ich da jemals im Zweifel war.

Es gibt einen Pfad, auf dem der Heilige durch diese Welt zu gehen hat, und das ist Gottes Pfad darin für ihn. Gott stellt ihn darauf, um den Zustand seiner Seele zu prüfen, ob er Weisheit und geistliches Verständnis hat. „Wenn dein ganzer Leib deshalb Licht ist, ohne dunkle Stellen, ist Alles voller Licht, als ob der helle Schein einer Kerze in dir Licht gibt" (Lk 11,36).

Eine Kerze ist nicht nur selbst Licht, sondern sie gibt allen drumherum Licht. „In Deinem Licht sehen wir das Licht." „Der geistliche Mensch unterscheidet alle Dinge", darin ist sicherlich Fortschritt; dessen Maß bekommen wir im folgenden Vers: „Dass ihr des Herrn würdig wandelt zu allem Wohlgefallen". Nimm an, ich kenne meinen Vater nicht, dann wüsste ich auch nicht, wie ich seines Wortes würdig wandeln sollte. Aber die Säuglinge kennen Ihn.

Was den Charakter eines Menschen ausmacht, ist immer das, worauf sein Bemühen ausgerichtet ist: wenn er Geld liebt, ist er gierig; wenn er Macht liebt, ist er ehrgeizig; woran der Mensch also sein Vergnügen hat, das ist das, was seinen Charakter ausmacht. *Das Bestreben des Christen ist Christus.*

„Würdig wandeln" haben wir drei- oder viermal in der Schrift: 1 Thess 2,12: „Dass ihr würdig des Gottes wandelt, der euch zu Seinem Königtum und Herrlichkeit berufen hat". „Würdig des Gottes" - bedenkt, was das heißt, und das gemäß des Platzes, den wir mit Ihm in der Herrlichkeit haben sollen, wenn Alles vollendet ist!

Hier noch einmal: "dass ihr würdig des Herrn wandeln sollt zu allem Wohlgefallen". Der Göttliche Mensch in dieser Welt ist unser Beispiel. Dann Eph 4,1: „Deshalb beschwöre ich, der Gefangene Gottes, euch, dass ihr würdig der Berufung wandelt, mit der ihr berufen seid". Wandeln, „würdig des Evangeliums" in Phil 1 ist fast das Gleiche. In gewissem Sinne haben wir in diesen drei Passagen den Vater, den Sohn und Heiligen Geist.

Wenn wir davon sprechen, würdig des Herrn zu wandeln, sollen wir fruchtbar sein: „indem wir fruchtbar in jedem guten Werk und wachsend in der Erkenntnis Gottes sind". Davon werden unsere Herzen, Gefühle, Bestrebungen, Denken und Wandel geformt: zum Wandel des Christen zu werden. Wir haben dann die Kraft, in der Er wandelt: „Gestärkt mit aller Kraft gemäß Seiner herrlichen Macht" - das ist die Macht, richtig zu wandeln.

Pass nun auf, wie es geht: „zu aller Geduld". Wir würden denken, es würde jetzt etwas Wunderbares geschehen, aber es ist nicht Energie oder Wille. Das Geheimnis von Allem ist Geduld. Manchmal möchtest du Gott „anfeuern", aber das kannst du niemals. Manchmal finden wir das in dem Wunsch, eine Seele wiederherzustellen – ein guter Wunsch, aber Gott muss da auf den Grund gehen. Die syrophönizische Frau ist ein sehr schönes Beispiel: der Herr erschien schmerzhaft hart; die Jünger sagen: „Schick sie weg, sie ruft hinter uns her." Das sagen sie, um sie loszuwerden, aber Er antwortet ihr kein Wort. Sie bekam keine Reaktion, keine Zusage, noch sonst Irgendetwas. Schließlich sagt Er: Ich kann nicht „das Brot der Kinder nehmen, und es Hunden hinwerfen". Das brachte sie zu der Erkenntnis, was sie war, und was Gott war. Sie bestand darauf, dass es bei Gott Liebe genug gab, sie anzunehmen, wie sie war. „Wahr, Herr, doch essen die Hunde die Krümel, die vom Tisch ihres Herrn fallen." Da bekam sie alles, was sie wollte: Christus konnte nicht sagen, dass es nicht so wäre.

Vom Anschein her war der Herr hart, genau wie als sie Ihm die Botschaft geschickt hatten: „Herr, der den du liebst, ist krank", und doch: „Er verbrachte zwei Tage an der gleichen Stelle, an der Er war". Geduld erfordert völliges Vertrauen in Gott: Gott tut inzwischen seine eigene Arbeit, aber *wir müssen Ihm folgen, nicht vor Ihm hergehen!* Wenn ich „gestärkt bin ...zu aller Geduld", gibt es nicht meinen Eigenwillen, und in den Augen anderer werde ich lange leidend sein. Kraft wirkt in Geduld, in langem Leiden und Freude. Christus war "der Mann der Schmerzen (sorrows)", und dennoch konnte er zu Seinen Jüngern sagen „dass meine Freude in ihnen selbst vollfüllt werde". „Ich tue immer die Dinge, die Ihm gefallen", aber Er wartete ab, um zu erfahren, was die Dinge wären, die Ihm Freude machten.

In Kol 1,9-11 haben wir den Zustand der Seele, in den folgenden Versen dann die Privilegien, auf die er sich gründet. Was war das erste Zeichen eines Apostels? „Die Zeichen eines Apostels wurden unter euch in aller Geduld hervorgebracht, in Zeichen und Wundern und mächtigen Taten (2Kor 12,12)." Geduld war das erste Zeichen eines Apostels. Ihr werdet die Apostel niemals beim Heilen eines Freundes finden, weil es ihnen gerade gefiel. „Trophimus habe ich in Milet krank zurückgelassen (2 Tim 4,20)", und Epaphroditus, der Paulus irgendwo aufgespürt hatte, „war krank nahezu bis auf den Tod, aber Gott erbarmte sich seiner, und nicht nur seiner, sondern auch meiner, damit ich nicht Sorge über Sorge hätte (Phil 2,27)".

Das ist der Pfad der Heiligen, der überhaupt nicht von dieser Welt ist. Der Heilige ist immer noch in ihr, und er muss im Geist und im Wesen Christi da hindurch, mit geistlicher Intelligenz, mit Gottes Kraft und im Erfüllen des Willens Gottes, wenn ihm dieser Wille geoffenbart wird. „Lasst Geduld ihren völligen Dienst tun (Jak 1,4)."

Was die Gnade, die uns auf diesen Pfad setzt angeht, wirst du sehen, dass sie die vollste ist, die es überhaupt geben kann. „Danksagend dem Vater, der uns passend gemacht hat, Teilnehmer der Erbes der Heiligen im Licht zu sein." Alle Geduld und Ausdauer im Leiden gründen sich darauf. Er hat mich nicht nur gerechtfertigt und mir einen Anspruch (title) der Herrlichkeit gegeben, sondern er hat uns „passend gemacht, Erben zu sein" usw. Ich kann sagen, Gott hat mich, d.h. alle Christen, in die Lage versetzt, im Licht zu sein. Wir haben den Pfad und den Wandel des Christen gesehen, hier sehen wir die Gnade, die uns dahin versetzt hat.

Der Dieb am Kreuz konnte direkt ins Paradies gehen, durch das Werk Christi war er dazu zubereitet. Es gibt kein bemerkenswerteres Zeugnis des Wirkens der Gnade in der Seele. Als die ganze Welt gegen Christus war, bekennt er Ihm, als Er wie er selbst am Kreuz hing: „Herr, denke an mich, wenn du in deinem Reich kommst". Er war sich dessen sicher, und in der Agonie denkt er nicht erst darüber nach. Du siehst außerdem das völlige Vertrauen, das in ihm hervorgebracht wurde. Wenn wir dort hingen wie er, wie würden wir am liebsten in Erinnerung bleiben? Aber er war vorbereitet, mit Jesus im Paradies zu sein. Er war die einzige Person, die Christus am Kreuz ein Trost war, sicherlich das gesegnete Wirken des Heiligen Geistes – Christus hatte keinen anderen Trost in dieser Welt.

„Der uns zur Fülle gebracht hat" (which hath made us meet): hier bekommen wir das gesegnete Bewusstsein, das uns in diesen Wandel einführt. „Der uns befreit von der Macht der Finsternis". Wir „waren einst Finsternis, aber jetzt sind wir Licht im Herrn". Satan ist „Herrscher der Finsternis dieser Welt": davon sind wir vollständig erlöst, von der Dunkelheit dieser Welt, und von Allem, was darin ist – von Satan, ihrem Gott und Prinzen. Als Gott in Christus geoffenbart wurde, konnte Er sagen: „Dies ist deine Stunde, und die Macht der Finsternis" (Lk 2,53). Diese Welt – wir haben zehntausend Erbarmungen darin, um dankbar zu sein, und doch ist es eine Welt, die den Sohn Gottes abgelehnt hat, und über die der Satan regiert. „Dies ist deine Stunde."

Meine geliebten Freunde, den Einfluss der Welt über Heilige fürchte ich mehr als alles andere. Die Welt ist so subtil, dass sie zur Hintertür wieder hereinkommt, wenn man sie vorne hinausgeworfen hat. Wenn einer mehr Kinder hat, will er ein größeres Haus, und so kommt es oft; es ist nicht wie eine schwere (gross) Sünde, die man verdammen kann. Wie begann die Welt? Sie endete damit, dass sie Christus hinauswarf, aber es begann mit Kain. Kain ging weg aus der Gegenwart des Herrn und in das Land Nod (Nod bezeichnet einen Landstreicher). Er baute eine Stadt und benannte sie nach dem Namen seines Sohnes.

Genau das hat die Welt getan: sich außerhalb von Gott niedergelassen. Da genügt dann nicht eine dämliche Stadt (stupid city), deshalb willst du Reichtum - Vieh damals - und Künstler in Messing und Eisen, und Musikinstrumente, Harfe und Orgel. Die Leute sagen: was ist denn da Schlimmes dran? Das Schlimme ist, dass der Mensch, vertrieben aus der Gegenwart Gottes, und dann, noch schlimmer, nachdem er Christus vertrieben hat, sich die Welt so angenehm wie möglich gestalten muss, weil er eben von Gott entfernt ist. An Messing und Eisen ist an sich nichts Schlimmes, aber schlimm werden sie, wenn ich sie ohne Gott gebrauche. Wenn ich auf der Straße einen Menschen niederschlage, dann ist an meiner Kraft als solcher nichts Schlimmes, schlimm wäre die Art, wie ich sie gebrauche.

„ Und hat uns versetzt (translated) in das Königreich das Sohnes Seiner Liebe“:
So haben wir nicht nur Licht, sondern Liebe, die beiden wesenhaften Namen Gottes. Ich habe beides gemäß (according to) Christus. Während ich von der Kraft der Macht der Finsternis erlöst bin, bin ich - nicht einfach nur Licht, sondern obendrein (withal) – in das Königreich gebracht, wo Gottes ganze Liebe sich im Sohn Seiner Liebe darstellt – *da lebe ich jetzt!*

Dann fügt er sozusagen das „Wie“ des Ganzen hinzu: In dem wir Erlösung haben durch sein Blut, die Vergebung der Sünden“. Licht ist etwas von perfekter Reinheit: wenn wir schneeweiß gewaschen sind, zeigt das Licht, je mehr es scheint, auch desto mehr, *was wir sind.* Wir sind jetzt also von der Macht der Finsternis erlöst und versetzt in das Königreich des Sohnes Seiner Liebe. In Ihm habe ich dieses Gesegnet-Sein; meine Sünden sind alle vergeben, und ich habe ein perfektes Gewissen, sodass ich imstande bin, mich daran zu erfreuen, und wir haben einen Wandel, der darauf gründet.

Und wir haben noch einen weiteren unendlichen Segen. Wir hatten:

- den Charakter und die Perfektion des Wandels des Christen sowie
- die Fülle der Gnade, die wir in Christus haben.

Und nun nimmt die Schrift auf, was Gottes Wege und Pläne sind: „um durch Ihn alle Dinge mit (unto) sich selbst zu versöhnen". Das ist noch nicht gekommen, aber wir haben Christus auf dem Platz, den Er innehat, und wo wir in der Ordnung göttlicher Ereignisse stehen. „Der das Bild des unsichtbaren Gottes ist, der Erstgeborene jeder Kreatur." Er offenbart Gott, und im Hinblick auf das geschaffene System ist Er der Erste, das Haupt. Der Grund dafür ist, dass Er der Schöpfer dieses ganzen Systems ist. „Und Er ist das Haupt des Leibes, der Kirche, Er, der der Anfang, der Erstgeborene von den Toten ist, damit Er in allen Dingen den Vorrang habe."

Im Hinblick auf uns bekomme ich die gesegnete Wahrheit, dass, *während der Sohn alle Dinge geschaffen hat* („Durch Ihn und für Ihn wurden alle Dinge geschaffen"), *Er sie dennoch nicht in Besitz nehmen wollte, bis Er seine Miterben hatte.*

Die Zeit kommt, wenn die geschaffenen Himmel alle in Ordnung (order) sind und Christus das Haupt von Allem, wie Adam der Herr der Alten Schöpfung war. Das Gleiche finden wir in Heb 1: „Er, der die Ausstrahlung (brightness) Seiner Herrlichkeit und Abdruck (express image) Seiner Person ist, hat sich zur rechten Hand der Majestät in der Höhe gesetzt, nachdem Er durch sich selbst unsere Sünden gereinigt hatte." Diesen Platz nahm Er nicht einfach als Gott ein. „Nun ist der, der herabgestiegen ist, auch der Gleiche, der weit über alle Himmel heraufgestiegen ist, damit Er alle Dinge erfülle."

Er kam herab in den Tod, in einem gewissen Sinne tiefer als die Schöpfung. Er ging durch Tod, Grab und Hades, und jetzt ist er weit über allen Himmeln und erfüllt Alles, nicht einfach als Gott, sondern in der Kraft der Erlösung. Er ist das Haupt über alle Dinge für die Kirche.

Noch sind nicht alle Dinge in Ordnung gebracht; aber inzwischen hat Christus da, wo er jetzt sitzt, zur Rechten Gottes „im Warten, bis die Feinde zu Seinem Fuß-schemel gemacht sind", noch nicht seine große (great) Macht angenommen, aber er hat uns vollkommen gemacht. „Durch *ein* Opfer hat Er für immer alle die vollkommen gemacht, die geheiligt werden (Heb 10)." „Noch sehen wir nicht alle Dinge Ihm unterstellt, aber wir sehen Jesus...gekrönt mit Herrlichkeit und Ehre (Heb 2, 8f)."

Psalm 8 ist teilweise erfüllt, aber noch nicht gänzlich. Dies ist auch in 1 Kor15 entfaltet. Er sitzt jetzt zur Rechten Gottes, während er seine Miterben sammelt. Er trägt den Titel „der Erstgeborene aller Schöpfung". Er wartet, bis Alles erfüllt ist. „Und Er ist das Haupt des Leibes, der Kirche": das ist eine ganz besondere Beziehung. Er wird die oberste Stellung (headship) der Schöpfung haben, und Er ist das Haupt der Kirche, aber darin ist er der Erstgeborene von den Toten.

Hier finde ich Gottes Plan (scheme) so festgesetzt, dass Christus, der als Sohn alle Dinge geschaffen hat, alles als Mensch übernimmt, aber dann ist Er nicht nur Haupt über Alles, sondern Haupt der Kirche. Das ist eine unermessliche Wahrheit, nicht nur eine Tatsache, sondern eine Wahrheit. Der Sohn Gottes war für diesen ganzen Fall, den unsere Bosheit hervorgebracht hatte, vollkommen gerüstet (met); Er war unter Tod, unter Satans Gewalt, „zur Sünde gemacht für uns".

Die Stellung des Menschen im Herrn Jesus Christus ist wie nach ausgeübter Bestrafung; der Mensch ist an einem Platz, den Adam in Unschuld nie hatte, nach dem Tod, nach Satans Gewalt. Er ist an diesem Platz mit einem völlig Neuen Leben, Christi Eigenem Leben. „In Ihm war das Leben", Er wurde Mensch, weil Gott „Freude an den Menschensöhnen hatte". Er bringt unsere Verantwortlichkeit ans Kreuz und geht, nachdem Gott perfekt verherrlicht wurde, an einen neuen Ort, gemäß der Herrlichkeit Gottes, die für uns ist. „Denn es gefiel der ganzen Fülle, in Ihm zu wohnen." Wenn du dir Vers 9 im nächsten Kapitel anschaust, siehst du diese Tatsache. „Denn in Ihm wohnt die ganze Fülle der Gottheit leibhaftig." Hier hast du die ganze Absicht, das ist der Unterschied.

Es war nicht nur ein besonderes Individuum mit einer bestimmten Menge an Göttlichkeit, ein Gedanken, der in jenen Tagen sehr populär (familiar) war[64], sondern „der ganzen Fülle der Gottheit gefiel es, in Ihm zu wohnen".

Jetzt komme ich zu einem zweiten Punkt. Er wird diese Dinge versöhnen, aber: „Euch *hat* Er versöhnt" (das haben wir auch in 2 Kor 5). Hier haben wir die gesegnete Wahrheit, dass es schon unser *jetziger* Seelenzustand mit Gott ist. Ich habe seine Liebe kennengelernt, ich habe gelernt, dass meine Sünden weg sind. *Mein Herz ist als gegenwärtiges Ding in Gottes Gegenwart gebracht, und hier bin ich bei (with) Gott*, ohne eine Wolke oder Zittern (quiver), versöhnt mit Gott! „Euch heilig und untadelig und unsträflich vor Seinem Angesicht zu präsentieren." Das *ist unser Zustand* in den Absichten Gottes; gehen wir weiter zu unserer *Verantwortung* in Verbindung damit.

Wir sind zu Gott zurückgekommen, mit Wesentlich mehr Liebe, als wenn wir nie gesündigt hätten, denn wir sehen, dass Gott für uns das Beste (best thing) im Himmel nicht verschont. Jetzt kann ich mich in Gott für mich selbst erfreuen. Danach wirst du Warnungen finden, das haben wir hier. Mit dem, was hier folgt, wirst du schnell merken, dass dein Gewissen und dein Verantwortungsgefühl geübt werden. Wir sind nicht nur passend gemacht dafür, zum Himmel zu gehen, sondern wenn ich durch Christus zu Gott gehe, glaube ich an Seine völlige Liebe, und ich habe ein reines (perfect) Gewissen, sodass ich Ihn erfreuen kann.

Das ist der Grund, warum mich 1 Joh 4,9-19 so sehr berührt. Zuerst spricht Johannes von der Art und Weise, „in der Gottes Liebe sich dargestellt hat. Er hat uns Seinen Sohn gegeben, hat uns Seinen Geist gegeben, dass Er in uns wohnt, hat Seine Liebe zu uns perfekt gemacht, dass wir am Tag des Gerichts Kühnheit haben dürfen, und dann sagt Johannes weiter: „Wir **lieben** Ihn, weil er uns zuerst geliebt hat", nicht, dass wir Ihn lieben *sollen*!

Unser Herz hat alles aufgesogen (drunk in), was diese Liebe gebracht hat, Ewiges Leben und auch Sühnung (propitiation) für unsere Sünden. Der Sinn dieser Liebe

---

[64] *Und leider in seinen diversen Ausformungen bis heute noch ist.*

ist Versöhnung (reconciliation[65]). Wenn du ein Kind sagen hörst. „Oh, wenn du meine Mutter kennen würdest, ihre Liebe, ihre Zärtlichkeit – und obwohl ich so unvernünftig bin, ist sie immer Dieselbe". Dieses Kind liebt seine Mutter, obwohl die Liebe der Mutter immer noch größer (superior) ist. „Wir lieben Ihn, weil Er uns zuerst geliebt hat", das setzt Versöhnung voraus.

Gerechtigkeit wird regieren, wenn Christus regiert, Gerechtigkeit wird in den Neuen Himmeln und der Neuen Erde herrschen (dwell). Das Ergebnis davon, *dass wir in einem Zustand, in dem die Dinge noch nicht versöhnt sind, versöhnt sind* ist, dass wir dafür verantwortlich sind, bis zum Ende weiterzugehen. Die Wildnis *ist kein Teil der Absichten (purposes) Gottes, aber Teil Seiner Wege.* Du siehst in 2Mos 3,6-15, dass es Gottes *Absicht* war, den Israeliten Kanaan zu geben. Mit uns ist das genau so, und Er nimmt den Fall des mitgekreuzigten Diebes, um zu zeigen, dass die Wildnis keine notwendige Sache ist.

Hier sind wir also, gehen durch diese Welt, und damit verbunden sind die „Wenns". In den Absichten Gottes gibt es keine „Wenns" beim Vollenden (accomplishment) Seiner Rettung – aber es gibt „Wenns" *auf dem Weg*, den Er uns führt, indem Er uns demütigt und prüft. „Wenn ihr im Glauben ausharrt, gegründet und gefestigt, und nicht wegbewegt werdet von der Hoffnung des Evangeliums." Wenn du Christus aufgibst, kommst du niemals dorthin! Er schickt sie durch die Wüste, wo sie hinsichtlich ihres Gehorsams und ihrer Abhängigkeit von Gott erprobt werden. Was mein In-Christus-Sein angeht, gibt es kein „Wenn" - ich weiß, dass ich in Christus *bin*. „An jenem Tag werdet ihr wissen, dass ich in meinem Vater bin, und ihr in mir, und ich in euch (Joh 14,20)." Aber in dem Moment, wo Er mich als einen hier unten lebenden Menschen sieht (takes), sagt Er: "Lauft so, dass ihr ihn erhaltet (1Kor 9,24)". Ich muss (i am set) nun einmal durch die Wüste, und wenn ich nicht bis zum Ende komme, werde ich Kanaan nie erreichen.

Was ist meine Zuversicht? „Er wendet seine Augen nicht von den Gerechten ab." Ich habe Christus als gesegnetes Zeugnis dafür, hier kommen Versprechen

---

[65] *In den CW findet sich eine Arbeit Darbys über Kol 1, die dieses Wort als Überschrift trägt. Sie wird später ebenfalls noch übersetzt und kommentiert.*

dazu. Es ist kein Versprechen, dass Christus meine Gerechtigkeit *ist*[66], aber ich habe Verheißungen für mein Unterwegs-Sein.

In den Wegen Gottes, auf denen Er uns durch diese Welt leitet, sind wir ständig von Seiner Treue abhängig, damit wir auf diesen Wegen bleiben. Wir „werden bewahrt (kept) durch die Kraft Gottes durch Glauben bis zur Rettung (1 Pet 1,5)." Wir sind jeden Moment in Gefahr, aber in der Schrift ist es klar wie das ABC, dass Gott uns bis zum Ende hält. Aber lass dich nicht durcheinanderbringen, nicht zum Stolpern bringen. Warum heißt es denn: "Niemand wird sie aus meiner Hand reißen (Joh 10,28)"? Eben weil wir in Gefahr stehen, herausgerissen zu werden! Das Wort „fangen" beinhaltet dem Sinn nach das Gleiche: „Der Wolf fängt sie und zerstreut die Schafe".

Perfekte Sicherheit habe ich in der Treue des Herrn, nicht in meiner eigenen! Hier bin ich ganz abhängig von Ihm. „Ich habe für dich gebetet, dass dein Glaube nicht verginge", sagte Er zu Petrus, und sein Glaube versagte nicht (to fail). Ich bekomme eine riesige (vast) Menge von dem, was damit verbunden ist, nicht nur die Tatsache, dass ewige Erlösung erfüllt wurde, sondern auch, dass es keinen Moment gibt, an dem Gott nicht an mich denkt. Keine Gewalt von Außen kann sich gegen uns durchsetzen (to prevail), „und auch Niemand kann sie aus meiner Hand reißen", und *auch kein innerer Abfall.* „Sie werden niemals verloren gehen." Es gibt eine markante Stelle, wenn auch bei weitem nicht so gesegnet wie die in 1Kor1. Was sie uns so gnadenvoll macht ist, dass die Korinther so schockierend abwichen (went ill). [67] „Ich danke meinem Gott immerdar euretwegen für die Gnade Gottes, die euch durch Jesus Christus gegeben ist (1 Kor 1,4)." „Der euch auch festigen wird bis zum Ende, untadelig bis auf den Tag unseres Herrn Jesus Christus (1 Kor 1,8)."

Was macht Paulus dann? Er beginnt, sie zu tadeln und zeigt alles auf, was sie taten. Wir werden durch diesen Ort von Schwierigkeit, Übung und Versuchung geführt,

---

[66] *Da dies ja bereits verwirklicht ist, hat diese Aussage nicht mehr den Charakter eines Versprechens für die Zukunft.*

[67] *Gemeint ist wohl, dass Paulus trotz all der Vorkommnisse in Korinth Gott so dankbar für diese Glaubensgeschwister ist, da er auch in ihnen die Gnade Gottes in Christus am Werk sieht.*

aber wir haben dieses Wort, dass wir „von der Kraft Gottes gehalten (kept) werden", deswegen wird unsere Verantwortung betont, dass wir uns an jedwedem Moment auf seine Gnade verlassen (to lean on). Ich kann zu meinem Kind sagen: Wenn du ins Stolpern gerätst, kann es tödlich ausgehen; aber ich werde es nicht stolpern *lassen*.

Du wirst jeden Tag durch diese Übungen geführt, um zu zeigen, ob du auch treu dabei bist, dich auf Seine gesegnete Stärke zu verlassen, nicht auf deine eigene, und zwar bis zum Ende des Weges. Es ist Gottes Weg, uns durch die Wildnis zu schicken, wie Er es mit den Israeliten getan hat, aber Er vergaß sie niemals, ließ sie niemals ohne Manna. Diesen Prozess durchlaufen wir auch, während Er uns zur Herrlichkeit bringt, damit wir uns selbst erkennen, aber Er verwebt alle unsere Versuchungen und Schwierigkeiten mit Seiner Gnade. Gott hat nicht nur ewige Erlösung für uns erworben, Er „wendet Seine Augen niemals von dem Gerechten."

Wenn ich mich verhalte wie Israel, also: „Wir wollen alles tun, was der Herr gesagt hat", werden wir mit Sicherheit stolpern. Sage ich aber wie Paulus: „Wenn ich schwach bin, bin ich stark", bin ich in Sicherheit. Paulus war in Gefahr, als er vom dritten Himmel herabstieg[68], aber da gab ihm der Herr einen Dorn ins Fleisch, einen Boten Satans, um ihn hin- und herzuwerfen (to buffet). So lernt er die Vollkommenheit der Stärke Christi kennen, als er zu äußerster Schwäche reduziert war und seine Schwäche auch fühlte. Wir müssen alle da hindurch.

Wir sind mit Gott versöhnt, und Seine Absicht ist es, uns „heilig und unfehlbar und untadelig vor Sein Angesicht" zu stellen, aber den ganzen Weg lang werden wir erprobt, um zu sehen, inwieweit wir „würdig des Herrn wandeln zu allem Wohlgefallen". In der Wüste gibt es ständig „Wenns". Gott weiß, ob wir viel Gesiebtwerden brauchen, wie Hiob, der eine Menge davon durchmachte, als Satan auf ihn losgelassen wurde. Aber was war das Ergebnis des Ganzen? „Deshalb verabscheue ich mich und bereue in Staub und Asche."

---

[68] *Diese Stelle (2Kor 12,2) wird in der Auslegungstradition meist auf Paulus selbst bezogen; ob dieser jedoch von sich selbst oder von jemand Anderem spricht, ist vom Text her nicht endgültig zu belegen.*

In Bezug auf die Vollkommenheit des Werkes Christi gibt es keinerlei Unsicherheit, auch nicht in Bezug darauf, dass Er uns in Herrlichkeit empfängt. Er möchte aber, dass unsere Herzen einen praktischen Sinn dafür bekommen, dass wir ständig von Ihm abhängig sind, mit dem gesegneten Versprechen, dass Er auf diesem Pfad keinen Fehler macht und uns bis zum Ende hält. Wenn das Herz abweicht (to wander), besteht sofort Gefahr. Deshalb haben wir Aussagen wie „Haltet euch in der Liebe Gottes". Hier kommt unsere eigene tägliche Verantwortung ins Spiel, und wir haben immensen Gewinn, wenn wir „unsere Sinne darin üben, Gut und Böse zu unterscheiden". Paulus sagt nicht „ich glaube", sondern „ich weiß, **wem** ich geglaubt habe und es immer noch tue". Hier findet die Seele Ruhe.

Wir finden in Gewisser Weise Ähnliches in Psalm 23: „Der Herr ist mein Hirte, mir wird nichts mangeln (I shall not want)", sagt der Psalmdichter. Er sagt nicht: „Du hast meinen Berg stark und hoch gemacht" o.ä. - ich habe große Segnungen, aber es ist der Herr Selbst, der mich segnet. Wie lernt der Psalmist das? Seine Seele wird wiederhergestellt, der Herr bereitet ihm einen Tisch in der Gegenwart seiner Feinde. Er hatte Ihn durch all das kennengelernt, und er fürchtet die Macht des Todes oder des Feindes nicht mehr: „Wahrlich, auch wenn ich durch das Tal des Todesschattens wandle, werde ich nichts Schlimmes fürchten, denn du bist bei mir": und er weiß, dass Gott ihn bis zum Ende bewahren wird. „Mit Sicherheit werden mir Güte und Gnade alle Tage meines Lebens nachfolgen, und ich werde für immer im Haus des Herrn wohnen."

In Kol 1 finden wir also diese 3 Dinge:

1. Dass wir würdig des Herrn wandeln sollen, und keinen Deut weniger.

2. Die gesegnete Gewissheit, dass die Frage, wo wir die Ewigkeit verbringen, völlig geregelt ist.

3. Dass Gott uns auf einem Weg führt, auf dem wir gesiebt und versucht werden, was denn die Motive des Herzens sind, damit wir wissen, was in unseren Herzen ist, und auch Ihn kennenlernen.

Es ist wunderbar, dass Gott an unsere Gefahren denkt, unsere Charaktere und unsere Umstände. Er hört auf unserem Weg niemals auf, an uns zu denken!

Diese letzten Sätze Darbys bringen sicherlich die wichtigsten Aspekte von Kol 1 auf den Punkt. Andererseits könnten sie doch angesichts der Länge und Tiefe des Artikels als ein wenig knapp empfunden werden. Es erscheint daher angeraten, dessen vielseitige Aussagen doch noch einmal etwas ausführlicher in Erinnerung zu bringen.

Nach den bei Darbys Kolosserauslegungen häufiger auftauchenden Einleitungsgedanken der Abgrenzung und zugleich Verbindung von Eph und Rö zu Kol (s.a. FN 73) geht der Autor bald weiter zu der praktischen Erläuterung von „mit Ihm tot und auferstanden" (also dem jetzigen Zustand des Gläubigen) und damit zu der Frage, was sich daraus direkt für die Handlungsweise und das Verhalten (den „Wandel") des Christen hier unten ergibt.

Das „hier unten" der Gläubigen bedeutet bei Darby entsprechend den biblischen Aussagen immer den „Marsch durch die Wüste" bzw. „Wildnis" in Analogie zur Wüstenwanderung Israels, bis wir denn das Ziel erreichen, <u>leibhaftig</u> in der Herrlichkeit bei Gott zu sein. Wichtig ist in diesem Zusammenhang, dass wir mit der „Wildnis", also der „Welt", durch die wir müssen, <u>nicht das Geringste zu tun haben</u>. Wie im weiteren Verlauf des Artikels bzw. Vortrags deutlich herausgearbeitet wird, ist diese Wanderung eine Zeit der Prüfungen und Versuchungen, um <u>uns</u> unseren Seelenzustand vor Augen zu führen (Gott kennt ihn eh), und unser Gewissen dafür zu schärfen, ob wir auf dem Weg das <u>Wesen Christi darstellen</u> oder nicht, d.h. „christusgemäß wandeln". Das ist aber, darauf weist Darby hin, <u>nicht Ziel</u> der Wanderung, sondern <u>Zweck</u>. Ziel ist das Erreichen des Ortes, in dem wir in Christus <u>jetzt schon sind</u>. Wir sind unterwegs dahin, unsträflich und unverdorben vor Gott präsentiert zu werden. Solange wir in der Wüste sind, haben wir diese beiden Eigenschaften <u>nicht</u>. Unterwegs steht uns als Hilfe immer Christi Handeln und Gesinnung vor Augen, die uns Orientierung gibt.

Der ganze Artikel ist bereichert durch eine Fülle praktischer Anregungen und Hilfen beim Wandel und auch bei der Reflexion desselben. In besonderer Weise *wird immer wieder auf die Tatsache der <u>Unverlierbarkeit</u> unserer Rechtfertigung und Versöhnung hingewiesen sowie darauf, dass wir hier <u>perfekte</u> Sicherheit haben, die in <u>Gottes</u> Hand und Treue liegen, <u>nicht in unserer</u>.*

Erwähnenswert ist in diesem Zusammenhang Darbys Rekurs auf 1 Kor 1, d.h. auf die Tatsache, dass der von Gott inspirierte Verfasser Paulus trotz der schlimmen Zustände in Korinth Gott täglich für die Korinther als <u>Glaubensgeschwister und Erwählte Gottes</u> dankbar ist.

Ein weiterer erwähnenswerter Exkurs hierzu (der Unverlierbarkeit des Heils)ist Darbys Kurzexegese von Psalm 23: Gott ist es <u>selbst</u>, der den Psalmisten, trotz aller Anfechtungen, wiederherstellt und ihm ebenfalls <u>selbst</u> einen Tisch angesichts seiner Feinde bereitet.

Damit zeigt sich im letzten Teil des Artikels eine starke und deutliche Ablehnung von seiten Darbys gegenüber dem Arminianismus (ohne diesen explizit beim Namen zu nennen), der, wie wir auch etwa durch die Schriften Spurgeons wissen, zur damaligen Zeit wohl ein besonderes Problem unter der Leser- und Hörerschaft war (und es unter den verschiedensten Namen und Erscheinungs-formen leider bis heute geblieben ist). Wie gut, dass Darbys Texte und die Bibelverse, die diesen zugrunde liegen, uns stets daran erinnern, dass Gott beständig liebevoll an uns denkt und unsere Nöte, Anfechtungen und Hindernisse genau kennt und uns jederzeit hindurchträgt.

Im Folgenden soll nun zunächst der bereits mehrfach erwähnte (FN 64) ausführlichere Vergleich Darbys zwischen Kolosser-, Römer- und Epheserbrief übersetzt und betrachtet werden. Wie sich zeigen wird, siedelt er Kol inhaltlich „in der Mitte" der beiden anderen Episteln an. Der Leser wird bald feststellen, dass dieser Vortrag[69] Darbys in ganz besonderer Weise von etwas abstrakterem theologischem und teils philosophischem Hintergrund (in der Denkstruktur, <u>nicht</u> vom Inhalt her) bestimmt wird, und von daher evtl. etwas weniger flüssig zu lesen ist als mancher bereits in diesem Buch übersetzten Artikel. Belohnt wird der Leser

---

[69] *Gewisse Formulierungen im Text zeigen, dass es sich in der Tat primär um einen Vortrag handelt, der dann wohl mitgeschrieben oder zusätzlich in verschriftlichter Form vorgelegt wurde. S.a. FN 81*

dafür jedoch mit einer großen Bandbreite angesprochener geistlicher Themen und Fragen, zu denen sich Darby jeweils glasklar und biblisch fundiert äußert.

3.11 Kolosser verglichen mit Römer und Epheser[70]

Wenn ich mich jetzt dem Kolosserbrief zuwende, möchte ich den Anfang damit machen, indem ich ihn mit den Briefen an die Epheser und Römer vergleiche. Dies soll uns dabei helfen, die verschiedenen Arten, in denen der Zustand der Seele behandelt wird, besser zu verstehen. Das Kapitel 1, das ich vorgelesen habe, verbindet sich auch selbst in bemerkenswerter Weise mit den Ratschlüssen Gottes, und enthält darüber hinaus einige der elementareren Wahrheiten, wie unsere Hoffnung auf Herrlichkeit und unsere Verantwortung, was dieses Kapitel sehr praktisch für unsere Seelen macht. Ohne die Lehre von der Verantwortlichkeit des Menschen und die von der Freien Gnade Gottes in Christus vereinigt zu sehen, wird man beides niemals richtig verbinden und ihren Zusammenhang verstehen können.

Vom Paradies an findet man genau dieses Problem von Gott selbst eingebracht (proposed) im „Baum des Lebens" und im „Baum der Erkenntnis von Gut und Böse". Der Mensch kam jedoch seiner Verantwortung nicht nach und wurde vom „Baum des Lebens" ausgeschlossen. Dies waren die beiden Seiten der Frage direkt am Anfangspunkt des Weges Gottes mit den Menschen.

Die gleiche Frage wurde vom Gesetz aufgeworfen. Beide Dinge waren da, und durch das Erfüllen der Verantwortung sollte der Mensch den Weg des Lebens finden. Dann kam Christus, der der Verantwortung des Menschen Genüge tat und das Leben ist. Gnade, die das Leben schenkt, sandte uns Christus, der der Verantwortlichkeit des Menschen entsprach. Ich empfange Ewiges Leben durch die Gerechtigkeit Gottes, wenn ich selbst keine aufbringe, und ich habe Ihn zu verherrlichen, indem ich dieses Leben in meinem Leib darstelle (to exhibit).

In göttlichen Dingen vergessen die Leute (was in menschlichen Angelegenheiten

---

[70] *Colossians Compared With Romans And Ephesians (Erstveröffentlichung 1871), CW 34, 450ff*

täglich zu sehen und so einfach ist), dass Pflichten immer Ausfluss von Beziehungen sind, in denen wir bereits stehen. Jemanden in eine Beziehung zu setzen, setzt diesen auch ganz natürlich in die Verpflichtungen, die zu dieser Beziehung gehören. Ist die Position (place) konstant, ist auch die Beziehung konstant – z.B. zwischen Eltern und Kindern oder Mann und Frau.

Die oft gemachte Aussage, wenn ich gerettet bin, kann ich tun und lassen, was ich will, ist somit erledigt (disposed of). Kann mein Kind sagen, weil es mein Kind ist, kann es tun, was es will? Nein; die Pflicht ist Ausfluss der Beziehung. Wenn ich ein Gotteskind bin, ist die Pflicht immer da. Wenn ich dabei versage, bin ich zurecht zu bringen (to chasten) – ganz recht, aber die Beziehung bleibt bestehen. Genau das tut Erlösung. Angesichts des totalen Versagens des Menschen in seiner Verantwortung, bringt sie mir die Gabe des Ewigen Lebens in Christus. Der Ausfluss daraus sind Lobpreis, Dienst, Gehorsam, alles das, was zu einem Gotteskind gehört.

Nun zeigt uns der Epheserbrief die Pläne Gottes, während Römer von der Verantwortlichkeit des Menschen und seinem Versagen dabei spricht, und dann von seiner Rechtfertigung angesichts dieses Zustandes. Diese beiden Gesichtspunkte sind mit zwei Aspekten der Sünde verbunden: erstens in ihren Lüsten und Leidenschaften, in denen der Mensch in Sünden lebt; dann in Richtung auf Gott, demgegenüber er tot in seinen Sünden ist. Einerseits finde ich ihn in Sünde lebend, entfernt von Gott, und willig, seinen Lüsten nachzugeben. Da frage ich mich, was ist der Zustand seiner Seele in Richtung auf Gott? Er ist tot! Die Schrift spricht von beiden Zuständen. In Römer lebt der Mensch in seinen Sünden, in Epheser ist er tot gegenüber Gott. Wenn man ihn als lebendig in seinen Sünden betrachtet, geht es darum, damit aufzuhören, und um Rechtfertigung. In Richtung auf Gott betrachtet, also tot, geht es nicht darum. Es geht darum, ihn aus dieser Lage zu erhöhen (to quicken) – und daher um Leben und Neuschöpfung.

Diese ganze Seite ist verbunden mit den Ratschlüssen Gottes. Betrachtet man einen Menschen als tot, dann ist aus ihm nichts mehr herauszuholen. Er hat weder Gefühl noch Gedanken in Richtung auf Gott. Böses orientiert sich an Bösem, aber in Richtung auf Gott rührt sich nichts. Wenn Christus ins Spiel gebracht wird, sieht ein Mensch in Ihm keine Schönheit, die ihm gefallen würde. So ist der Mensch.

In Kolosser finden sich beide Zustände (Kap.3,7): „in denen ihr auch wandeltet, als ihr in ihnen lebtet" (das ist Römer); und Kap.2,13: „die ihr tot in euren Sünden wart" - das bringt Epheser mit ein. *Die Epistel steht also zwischen Römer und Epheser und nimmt beide Seiten auf.*

Wenn wir zu Epheser kommen, finden wir Gottes Pläne: Versiegelung mit dem Geist, das Erbe, unser erlangtes (made) Zusammensitzen in Christus in den Himmlischen Örtern. Demzufolge ist es Gott selbst, der uns als „Muster" (pattern) gegeben wird: „Seid Nachahmer (imitators) Gottes als liebe Kinder." Außerdem erhalten wir die Wahrheit in Jesus, die lautet: Ihr habt den Alten Menschen abgelegt und den Neuen angezogen. *Dies ist kein Lehrsystem, sondern bedeutet: mit dem Einen bin ich fertig und bin in das Andere hinübergegangen (passed).*

In Kolosser wird der Heilige Geist nie erwähnt, es sei denn gelegentlich und ausnahmsweise, als „Liebe im Geist", aber hier ist *Leben* das große Thema.

In Epheser ist der Heilige Geist, nachdem der Alte Mensch abgelegt und der Neue angelegt ist, im Christen, als Kraft, die Gott in Seinen Wegen darstellt, und so der Ausdruck Gottes in einem Menschen. Gott ist Liebe, und Gott ist Licht: „Wandelt in der Liebe" und "Ihr seid jetzt Licht in Gott". Christus ist das Muster für Licht und das Muster für Liebe. Es gibt zwei Arten, in denen sich Liebe darstellt: Erstens die göttliche Liebe, die ihre Größe dadurch zeigt, dass sie sich mit dem Abscheulichsten (vilest) abgibt, indem sie sich über das Böse erhebt und es wegschafft. Zweitens, wo Zuneigung durch ihren Bezugsgegenstand charakterisiert wird, indem man sich selbst in Demut aufgibt für Den, der uns so geliebt hat. *Wenn du liebst, was minderwertig ist, ist es auch nur eine minderwertige Zuneigung usw. Die Zuneigung entspricht dem Objekt, auf das sie fixiert ist.*

Diese beiden Ausprägungen der Liebe in Christus finden sich in Eph 5,2 - und das ist unser Pfad. Er „hat uns geliebt", sagt die erste, „Gott zum Wohlgeruch" antwortet die zweite. Liebe geht „an uns in jeder Not", aber **an Gott** als ihrem konstanten Gegenstand. So ist das mit uns: um den Charakter unserer Liebe aufrecht zu erhalten, muss unsere Seele immer auf **Gott** schauen. Hier finde ich nun die umfassendste Beschreibung, was der Weg des Christen ist: ich sitze in den Himmlischen Örtern in Christus, und nicht in Adam! Die Werke sind bereits vorgebildet, und passend zu dem Ort, an dem wir sind.

In jüdischer Position sind die Werke gesetzlich; das Kind ist aber nicht Diener, und der Diener nicht Kind. Wir sind berufen, als völlig Andere (new kind) in Werken zu wandeln, unserer Stellung gemäß.

In Römer finde ich die Verantwortung und das Versagen sorgfältig untersucht und beglaubigt (proved). Unter den Nationen gab es Dinge, die zu abscheulich waren, sie überhaupt aufzuzählen. Unter den Juden gab es Bruch des Gesetzes. Ergebnis: „Jeder Mund ist zum Schweigen gebracht (stopped)". Das Gericht Gottes wird in einfacher und absoluter Art geoffenbart. Hier heißt es: „Da ist Keiner, der gerecht ist, auch nicht Einer"!

Der Apostel schämt sich des Evangeliums nicht, weil darin „die Gerechtigkeit Gottes offenbart ist". Warum? Weil „der Zorn Gottes vom Himmel offenbart ist gegen alle Gottesfeindschaft (ungodliness) und Ungerechtigkeit der Menschen, die die Wahrheit in Ungerechtigkeit halten." Was auch immer unvereinbar (unconsistent) mit Gottes Gegenwart ist, wird Er nicht dulden. Merke, der Zorn ist offenbart, nicht verborgen, und die Offenbarung ist genauso vollständig, als ob Er schon auf dem Großen Weißen Thron sitzen würde!

Im zweiten Teil des Römerbriefes (5,12 bis Kap.8) wendet er sich zur Natur dessen, das die Frucht gebracht hat. Es ist nicht die **Schuld**, sondern der **Zustand**. Die **Schuld** ist dadurch erledigt, dass **Christus für unsere Sünden starb**, und wir Erlösung durch Sein Blut haben, der **Zustand** dadurch, dass **wir mit Ihm gekreuzigt sind**. Dann ist die „Gerechtigkeit des Gesetzes in uns erfüllt", aber sie *bringt nicht das Gesetz zurück, um uns eine Regel für den rechten Wandel zu* *geben* (der *erforderte* zwar Gerechtigkeit, brachte aber *keine hervor*!). Rechter Wandel ergibt sich vielmehr aus unserem Wandel im Geist.

Er produziert *die* Gerechtigkeit, die das Gesetz zu seiner Erfüllung gebraucht hätte. Christus ist meine Gerechtigkeit, und der Geist ist die Lebenskraft in uns, die Gerechtigkeit hervorbringt. Das Gesetz brachte nichts als Verdammnis (condemnation), indem es die Sünde hervorrief (to provoke). Leben und Geist Christi geben uns den Pfad der Gottgefälligkeit (godliness), im Gegensatz zum Gesetz, über das Römer in Bezug auf praktische Gerechtigkeit nicht hinausgeht. Durch das Blut Christi gerechtfertigt, und durch Christus zu Gott gebracht, wird uns völlig die Hoffnung gegeben, wie Christus in Herrlichkeit zu sein .

Die folgenden Kapitel (Rö 9-11) sollen die bedingungslosen (unconditional) Versprechen an die Juden mit der Erklärung „da ist kein Unterschied" miteinander vereinbaren (reconcile). Die Juden könnten ja nun fragen, was denn aber mit den Versprechen an Abraham sei. Paulus zeigt, dass sie die Grundlagen des Versprechens überhaupt nicht erreichen konnten und überlässt alles der Gnade.

In Rö betrifft die Erlösung die ganze Situation, in der **ich** bin. Eph ist die Antwort auf **Gottes** Ratschlüsse und Absichten. In Kol finden wir **Beides**. Du hast noch nicht die vollen Konsequenzen des Eph, aber du hast mehr als in Rö. Dazwischen, im Kolosserbrief, findest du „auferstanden mit Christus", eine unermessliche Sache für die Seele, weil alles Andere demgegenüber zurücktritt. Wenn ich nur „aufgeweckt" bin, kann ich das nicht sagen, denn ich lag tot in Sünden, Christus kommt in Gnade dahin herunter, wo ich war, und entfernt, als Er herunter kommt, alles das, was zur Sünde gehört. Dann kommt Gott und erhöht Ihn und uns zusammen. Das bringt Einheit ins Spiel (to involve). Ich sage nicht mehr dazu, weil die Einheit letztlich durch den Heiligen Geist kommt.

Rö gibt das nicht her; aus diesem Grund nimmt der Apostel ein Individuum und sagt, *du hast in Sünde gelebt, du musst persönlich gerechtfertigt werden. Jeder muss für sich sagen: „Ich bin fleischlich", nicht „**wir** sind fleischlich"* - das würde Alle umfassen. In dem Moment, an dem ich merke, dass **wir** alle zusammen tot in Sünden sind, werden **wir** alle zusammen aus dem Tod geholt, Gott hat **uns** zusammen mit Christus erhöht. Wo immer du Tod und Auferstehung findest, bedeutet das einen **Schritt zur** Einheit und bringt „den Einen Leib" ins Spiel.

Wenn du **tot** mit Christus bist – das finde ich in Römer. Wenn du **auferstanden** mit Christus bist, das finde ich in Kolosser; aber ich gehe noch nicht mit, um in den himmlische Örtern zu sitzen – das ist Epheser. Daher **suche** ich (in Kol) nach dem, was oben ist, weil ich da eben noch nicht **sitze**. Ich bin hier, nicht als für die Welt lebendig, aber eben auferstanden, und meine Zuneigungen sind dort, mit Christus beschäftigt, Ihm dorthin folgend. Wenn ich vom Heiligen Geist spreche, muss ich **Einheit** haben. In Kolosser geht es um L**eben**, nicht um den Geist, der uns zu dem Einen Leib in den himmlischen Örtern in Christus vereint. Himmlische Dinge sind (noch) unsere Hoffnung (Kol 1,5).

Statt in Kolosser mit den Plänen Gottes zu beginnen wie in Epheser, haben wir ein langes Vorwort des Apostels bezüglich der Heiligen in Kolossä, dass sie mit Ernsthaftigkeit in dieser Hoffnung auf himmlische Dinge verharren. Beide Aspekte der Wahrheit sind wichtig, dass wir (in Eph) lernen, „in Christus in den Himmlischen Örtern zusammen zu sitzen", ebenso, wie wir (in Kol) gezeigt bekommen, dass mein Herz und meine Zuneigungen sich darauf konzentrieren sollen. *Meine Hoffnung liegt oben im Himmel, aber ich sitze noch nicht dort.*

Schauen wir uns nun das Gebet des Apostels (Kol 1,9f) an, das, anders als in Eph, anstelle unserer Berufung kommt. In Eph bekommst du die Segnungen und Privilegien der Kirche, das ganzen **Leibes,** in Kol den Wert und die Fülle des **Hauptes.** Es ist gut für uns zu sehen, wohin Er uns setzt. Wenn wir das nicht einzig und allein im Blick haben, entstehen Zweifel. Daran haben wir vielleicht noch nie gedacht, aber wenn wir zweifeln, haben wir zu viel Anderes im Blick. Gott prüft unseren Seelenzustand auf verschiedene Weise. *Wenn du nicht siehst, ist nicht das Ding unklar, sondern das Auge!* Es ist der Seelenzustand, der durch all diese geistlichen Prüfungen getestet wird. Vielleicht denke ich, mir fehlt Weisheit, während Gott mich die ganze Zeit lediglich testet. Maß und Wesen des Wunsches des Apostels ist, dass wir „christusgemäß wandeln zu allem Wohlgefallen", und nichts weniger – auch hier wieder eine Prüfung des Zustandes!

Um „christusgemäß" zu verstehen, muss ich Ihn kennen.

Ich muss Seine Gedanken und Gefühle kennen, muss geistlich gesinnt sein. Wachsend in der Erkenntnis Seiner Person wissen wir, wie wir wandeln sollen. „Gekräftigt mit aller Kraft nach der Macht Seiner Herrlichkeit (Kol 1,9)." Wozu? Oh, wie verschieden sind die Wege Gottes und die des Menschen! Welch erbärmliches Ergebnis scheint da zum Vorschein zu kommen! „Zu aller Geduld und langem Leiden mit Freude" - nichts testet den Herzenszustand mehr! „Geduld", genau das charakterisiert den Pfad des Herrn. Hatte er einen **Willen?** Nie! Er kam, um den Willen des Vaters zu tun. Er war geduldig bis zum Kreuz, und sonst nichts.

In Phil 2, als Er sich selbst entäußerte (to empty), und tiefer und tiefer hinabstieg, ist Er das beeindruckendste (first) Beispiel von „Wer sich selbst erniedrigt, wird erhöht werden". „Mit Freuden" - auch das war in Ihm zu sehen, deshalb konnte er sagen: „dass sie meine Freude völlig in sich haben". **Wille** verbindet uns nicht mit Gott; **gebrochener Wille** macht uns frei zur Freude an Ihm, und ich finde genau das, was meinen Willen bricht in Seiner Nachfolge, und so erhalte ich Freude.

Haben wir dieses Wachsen, was finden wir? Nun, der Mensch **wurde** passend gemacht, Teilhaber des Erbes der Heiligen im Licht für alle Zeiten zu werden (Kol 1,12), sodass er, nachdem er dieses „Wachsen in der Erkenntnis Gottes" erbracht (to press) hatte, dem Vater danken kann, dass Er uns passend gemacht hat. Werde ich mit Heiligen im Licht sein? Dann muss ich alles an Heiligkeit und Licht bekommen, das ich überhaupt hier haben kann. *Wenn ich nach Heiligkeit suche im Blick aufs Angenommen-Sein (acceptance), dann brauche ich nicht wirklich* **Heiligkeit**, *sondern* **Gerechtfertigt-Sein**!

Die Leute nennen das Heiligkeit, aber das ist nicht wirklich so. Es gibt keine wahre Heiligkeit ohne Rettungsgewissheit. Ein Kind ist von Natur aus imstande, das Gefühl zu haben, Kind seiner Eltern zu sein, aber ein Waisenkind kann dieses Gefühl nicht haben, weil es weder Vater noch Mutter kennt.

Ein aus Gott Geborener kann insofern als Solcher keine Heiligen Gefühle Gott gegenüber haben – er braucht den Geist der Adoption „durch den wir rufen, Abba, lieber Vater", bevor es wahre Heiligkeit geben kann. Du bist im Blut Christi reingewaschen? Erlaubst du in dir selbst etwas, das im Widerspruch dazu steht? Das darf nicht sein. Das Blut ist auf dein Ohr, deine Hand und auf deinen Fuß getan. Es darf nichts im Kopf sein, was dem Blut Christi nicht entspricht (is not fit for).

Deshalb wird Sünde zu etwas so Hassenswertem. Du bist losgezogen, wenn auch nur für fünf Minuten, für etwas, das Christus Qualen (agony) bereitet. Das ist schrecklich! Wir haben das im Fall der Roten Kuh (4 Mos 19), deren Blut siebenmal vor Gott gesprenkelt wurde. Die Sünde war vernichtet (consumed) worden, als die Kuh getötet worden war, aber die Asche der Kuh bringt mich zurück zu Christi Leiden und zeigt mir die Abscheulichkeit der Sünde durch genau den Ort, an dem ich bin. Hier geht es *um Heiligkeit, nicht um Angenommen-Sein!* Es ist der Platz, an dem wir sind, der uns das Ausmaß des Bösen zeigt.

Die Schrift kommt nun zum Doppelcharakter der Herrlichkeit Christi, sowie der Versöhnung, die in besonderer Weise die Herrlichkeit des Hauptes, nicht des Leibes, entfaltet. In Kol 1,16f nimmt Christus Seinen Platz als Haupt der Schöpfung ein – natürlich, weil Er der Schöpfer *ist*. Dann kommt Paulus zur Auferstehung von den Toten und Christi Haupt-des-Leibes-Sein (V 18). Hier ist Christus nicht „Erstgeborener der Schöpfung" als Mensch, sondern der „Erstgeborene aus (from) den Toten". Dann kommt die ganze Fülle, der es gefällt, in Ihm zu wohnen. In Kol 1,19 steht nicht „Es gefiel **dem Vater**", denn verliehenes (given) Haupt-Sein wäre Unsinn, sondern wie auch in Kol 2,9 ist es die Herrlichkeit der Person Christ selbst!

Gehen wir jetzt zu dem Punkt: „Alles ist in Ordnung gebracht durch Versöhnung". Auch diese hat Doppelcharakter. „Durch Ihn alle Dinge mit sich zu versöhnen (Kap 1,20)" - das ist noch nicht erfüllt. „Euch...hat er versöhnt" - das ist bereits geschehen. *Wir sind versöhnte Leute inmitten einer unversöhnten Welt!*

So etwas wie einen unversöhnten Christen gibt es nicht; aber unsere Leiber sind noch nicht versöhnt – sie gehören zur Alten Schöpfung. Nichts ist zwischen uns und Gott (allenfalls Christus, wenn man so will). Wenn es noch die kleinste Sache dazwischen gibt, sind wir nicht versöhnt! In Gottes Eigener Sicht kann Christus uns also nicht „heilig und tadellos und unsträflich" vor Ihn stellen (V 22).

„Wenn ihr im Glauben weitergeht." In dem Moment, in dem es um Heilige auf der Erde geht, gibt es „Wenns".

Jetzt finden wir den zweifachen Dienst des Paulus: „Das Evangelium, das ihr gehört haben, und das für alle Geschöpfe unter dem Himmel gepredigt wurde" (nicht wie bei Petrus nur für die aus der Beschneidung), und: „Die Kirche, zu deren Diener ich gemacht worden bin, gemäß der Haushaltung Gottes, die mir für euch gegeben ist, um das Wort Gottes zu vollenden".

In dem Moment, in dem die Kirche geoffenbart wurde, war der gesamte Kreis des Zeugnisses Gottes erfüllt. Kol 1,27 gibt uns „Christus unter euch, die Hoffnung der Herrlichkeit". Der Messias nach der Vorstellung der Juden war nicht „die Hoffnung der Herrlichkeit", sondern „eine Krone der Herrlichkeit", wenn er käme, und für die Heiden sowieso nicht bestimmt. Aber jetzt haben die Heiden, die kein Anrecht (title) auf die Herrlichkeit haben, Ihn als „die **Hoffnung** der Herrlichkeit". *Der Brief an die Kolosser ist ein Wort auf dem Weg, auf dem du dich zwischen Juden und Heiden befindest!*

Ich habe dann die ganze Fülle der Gottheit für mich in Christus geoffenbart, „denn in Ihm wohnt die ganze Fülle der Gottheit leibhaftig". Als Christus kam, war nichts mehr zu offenbaren. Um die Verbindung der Verse 2,9 und 2,10 zu erhalten, lies „die ganze Fülle der Gottheit" und „Ihr seid in ihm zur Fülle gelangt".

Die Fülle der Gottheit wurde zu uns gebracht, und wir sind vor dem Angesicht der Gottheit in Ihm zur Fülle gelangt. Das ist die rechte „Beschneidung des Herzens". Aber was wird aus den „Prinzipien der Welt"? Sie sind alle weg! „Ihr seid in Ihm zur Fülle gelangt" - deshalb braucht ihr überhaupt nichts mehr davon. Zuerst gehe ich in den Tod als lebender Sünder und habe die Wahrheit von Römer (Kol 2,13). Dann bin ich tot in Sünden und erhöht, das habe ich in Epheser (Kol

2,13), in einer ganz neuen Schöpfung. Er hat meine Übertretungen (trespasses) in den Tod gebracht, und jetzt erhöht Er mich ohne sie.

Er bringt die Christen nicht in die Himmel, aber Er ergreift ihr Bewusstsein im Hinblick darauf, in welcher Position sie vor Gott sind! Ritualismus und der ganze Rest davon ist zerschmettert. Selbst wenn du reines Blattgold zwischen das Haupt und den Leib schiebst – alles ist weg, das ist der Tod. *Vor Gott habe ich Nichts zu bringen außer, dass ich in Ihm zur Fülle gelangt bin.* All dies war nur ein „Schatten von Dingen, die kommen sollten."

Was weißt du denn schon von Engeln[71] (2,18)? Woher willst du wissen, ob sie dich hören können? Weißt du, ob sie sich überhaupt für dich interessieren? Willst du behaupten, es ist großartig, einen Engel als Freund bei Hofe zu haben – und verneinst damit, in Christus zu sein? Wir haben Ihn, Christus selbst, als Mittler für unsere Schwachheit! Ich traue Seinem Herzen mehr als irgendeinem Engel! Er war Mensch in meinen Umständen und weiß, was ich fühle. Engel nicht.

Hier sind wir wieder bei Römer. „Warum seid ihr Satzungen (ordinaces[72]) untertan?" (Kol 2,20) Ihr seid doch mit Christus gestorben, und in dieser Hinsicht seid ihr mit Alldem fertig! Das war nur Genugtuung für das Fleisch. Wir sind jetzt bei der praktischen Anwendung des Ganzen. Hier sind wir, auferstanden mit Christus (Kol 3), und insofern auf Ephesergrund, nur dass wir in den Himmlischen Örtern nicht **sitzen**, wir **suchen** sie. Ihr habt Ihn in euren Herzen, damit eure **Zuneigungen** (affections) da sind, wo Er ist. Da wir mit Ihm gestorben sind, gilt: Wenn Er verborgen ist, sind wir verborgen, wenn Er erscheint, dann erscheinen wir.

Es folgt die kompletteste Aussage, die es irgendwo in den Episteln gibt über das, was Christliches Leben ist. Er will nicht irgendein anderes Leben haben, sondern spricht davon: „**als** ihr tot in ihnen gelebt habt". Zuerst findet ihr die schweren

---

[71] *Paulus wendet sich hier gegen einen speziellen Aspekt der „Gnosis", in diesem Fall der Engelverehrung (heutzutage auch wieder stark in Mode). Gnosis (wö. „Erkenntnis") war und ist letzlich ein Sammelbegriff für alle Spielarten von Esoterik, Okkultismus, Spiritismus usw., die bereits in Kolossä gängig waren und es heute leider auch wieder überall sind, Tendenz zunehmend.*

[72] s. FN 6

(gross) Sünden, von denen in 3,5 die Rede ist, dann, in 3,8 keine große Begierde, aber der Wille nicht gebrochen, und in 3,9 Unreinheit. All diese sollst du ablegen. Sie kombinieren die beiden großen Wesenszüge der Sünde, **Gewalt** und **Verdorbenheit** (corruption). Die Schrift fordert uns weder irgendwo auf, den Alten Menschen abzulegen, noch irgendwo, in Sünde zu sterben. Soll der Neue Mensch etwa in Sünden sterben? Ich hoffe nicht! Sag dem Alten Menschen, er soll sterben, und er sagt: Will ich aber nicht, ich will solange leben, wie ich kann. „Die Christus gehören, haben das Fleisch **gekreuzigt**", nicht: haben es absterben (mortified) lassen. Als aktive Person bringe ich diese Dinge zu Tode; sie absterben zu lassen heißt: praktisch zu Tode bringen – dafür braucht es Kraft, die Kraft des Lebens. Sterben ist nicht Macht, deshalb lesen wir: „indem ihr seht, den Alten Menschen **abgelegt zu haben** mit seinen Taten".

Jetzt finde ich die Erkenntnis über Heiligkeit gemäß der Natur Gottes - „erneuert in der Erkenntnis nach dem Bilde Dessen, der ihn geschaffen hat." *Das reicht viel weiter als die bloße Abwesenheit von Sünde* wie beim unschuldigen Adam. „Zieht daher an als die Auserwählten Gottes, Heilige und Geliebte, das innere Wesen (bowels) von Erbarmen, Güte, Demut" usw. (3,12). „Heilig und geliebt", das bin ich, Er bringt uns immer an unseren Platz. *Das ist nicht das, was ich anziehen soll, sondern ich soll anziehen, was diesem Charakter und dieser Beziehung entspricht.* Kol 3,16 schaut auf ein vergrößertes Herz, vergrößert in der Erkenntnis göttlicher Dinge.

3,17: „Was auch immer ihr tut, in Wort oder Tat, tut alles im Namen des Herrn Jesus." Das gibt uns eine Regel, die weit über das „Was ist denn Schlimmes an diesem oder jenem" hinausgeht[73], und dabei doch so simpel ist. Sie betrifft alle Dinge des täglichen Ablaufs, wie z.B. etwas zum Anziehen zu kaufen. Tust du das im Namen des Herrn? Kannst du in Seinem Namen in ein Konzert gehen? Natürlich nicht.

---

[73] *und auch über die bekannte, letztlich fleischliche Regel: „Was du nicht willst, das man dir tu, das füg auch keinem Anderen" hinaus!*

Die Sache an sich mag nicht schlecht sein, aber mit Kol 3,17 ist alles geklärt (settled), hunderte von Einzelfragen, die noch auftauchen könnten. Der Vers gibt mir Maß und Regeln zum Wandel in Christus und zum Leben für Christus. Ich habe Christus als mein Leben und wenn Er mit etwas nicht zufrieden sein kann (He cannot do it), dann bin ich entfernt von Ihm, und dann muss Er sich darum kümmern. Wenn ich es ernst meine, dann ist das die einfachst mögliche (most comfortable) Regel. Wenn nicht, dann zwickt sie mich unangenehm. Vielleicht sagst du, kann ich denn niemals etwas für mich selbst tun – betrüg dich ruhig **selbst**. Was für ein Trost, zu wissen, was **Er** will!

In 99 Prozent aller Fälle wissen wir ganz genau, ob wir im Namen Christi handeln. Es zieht sich durch den ganzen Charakter des Lebens in Christus, dieses „ablegen" und „anlegen". Es bringt nicht den Heiligen Geist, sondern das **Leben** in uns. Was Leben anbetrifft – der Heilige Geist ist die *Kraft* des Lebens, aber es ist das *Leben Christi*, das in mir ist. Vom Heiligen Geist zu sprechen als dem, der als mein Leben in mir wohnt, wäre eine Fleischwerdung des Geistes, das ist Unsinn! Christus ist mein Leben, aber andererseits ist es durch den Heiligen Geist, dass ich Leben und Freiheit bekomme, Kraft und bewusste Einheit mit Christus.

Abschließend lasst mich fragen: Wenn du sagen kannst, dass du dir über den Platz, an den du gesetzt bist, bewusst bist, passend gemacht für das Erbe der Heiligen im Licht, *kannst du dann ehrlich in Bezug auf deine Herzensabsicht sagen: Ich tue alle Dinge im Namen des Herrn Jesus? Bist du dir im Klaren darüber, das als Neigung, Ziel und festes Prinzip deines Lebens zu haben? Zwar mag ich dabei versagen, aber das ist das, was ich will? Wenn ich einen Weg gehe, kann ich stolpern oder langsam sein, aber ich gehe nicht in die entgegengesetzte Richtung! Ich weiß, dass du stolpern kannst, aber ich frage: ist es dein Lebensprinzip, Alles im Namen des Herrn Jesus zu tun? Das ist ein immenses Privileg!* In den einfachsten Dingen können wir Christus einbringen. Der Apostel kann dem Hausdiener nicht sagen, er solle nicht stehlen, ohne dabei durch das ganze Schema des Christseins zu gehen. „Dass sie die Lehre von Gott, unserem Retter zieren mögen, denn die Gnade Gottes, die uns Rettung bringt, ist erschienen" (Tit 2).

Wenn das Herz auf ein Objekt gerichtet ist, beurteilt es alle Dinge dementsprechend. *Ich tue etwas, weil es Ihm gefällt; es zeigt, dass Er mir etwas wert ist. Ist mein Herz darauf gerichtet, Ihm zu gefallen, regele (have) ich Alles so, wie Er es mag und einfach, weil er es mag?* Wenn wir unsere Herzen mit Christus gefüllt haben, bedeutet es für uns kein großes Opfer mehr, um Seinetwillen ohne den ganzen Schund (dross) zurecht zu kommen*!*

Anders als die Überschrift des Artikels vermuten lassen könnte, stellt der oben übersetzte Artikel Darbys keine interpretierende Betrachtung der drei Briefe zu gleichen Anteilen dar. Vielmehr ist es eher eine durchgehende Auslegung von Kol 1-3, hin und wieder bestimmte Besonderheiten hervorhebend anhand gewisser Unterschiede oder, falls erforderlich, auch Ähnlichkeiten im Vergleich mit den beiden anderen Briefen. Darby selbst verfolgt dabei, wie leicht erkennbar ist, die Absicht, insbesondere den „Zustand der Seele" im jeweiligen Brief herauszustellen.

Hinsichtlich des ersten Kapitels von Kol behandelt Darby zunächst ausführlich die Wichtigkeit des Verständnisses vom Zusammenhang zwischen Gottes Freier Gnade und unserer Verantwortlichkeit, die beide als vereinigt, weil beide wurzelnd in Christus zu verstehen sind.

Das Problem unserer Verantwortlichkeit im Heilsplan Gottes zieht sich wie ein Roter Faden durch den ganzen Artikel. „Unsere Verantwortlichkeit" bezeichnet damit nicht ein Denken und Handeln, um gerettet zu werden, sondern unser Denken und Handeln als Gerettete und gipfelt in der gegen Ende des Artikels immer häufiger und dezidierter gestellten Frage, ob wir Alles, ja Alles in unserem Erdenleben im Namen des Herrn Jesus Christus tun. Warum wir dies so handhaben sollen und auf welcher Grundlage wir dies überhaupt können, dies zu entwickeln ist letztlich der Inhalt des Artikels.

Den erwähnten „Zustand unserer Seele" verortet Darby (inhaltlich) „zwischen" Rö und Eph, allerdings auf verschiedenen „Ebenen", zunächst auf der Ebene des „Noch-Sünder-Seins":

Römer: lebend in Sünden

Epheser: <u>tot</u> gegenüber Gott.

Beide Züge findet Darby auch aufgenommen in Kol 3,7 – einerseits anklingend an Rö, aber auch im Anklang an Eph in Kol 2,13.

Es folgt, auf Eph basierend, eine längere Ausführung über Wesen und Wirken des Heiligen Geistes. In Kol spielt der Heilige Geist keine große Rolle und wird kaum erwähnt. Nach Eph ist der Heilige Geist die Kraft <u>im</u> Christen, der ihm den „<u>Ausdruck Gottes</u>" verleiht, nachdem dieser den Alten Menschen abgelegt und den Neuen angezogen hat. Als „Ausdruck Gottes" ist auch der Mensch nunmehr Licht und Liebe in Gott nach dem „Muster" Christi - Liebe in doppelter Hinsicht: Gott liebt ihn, er liebt Gott und zwar, indem er <u>sein Selbst</u> aufgibt, ebenso wie seinen <u>Eigenwillen</u>.

Darby geht nunmehr über zu Rö, in dem Juden und Heiden unter Gottes Zorn dargestellt sind, dies jedoch <u>nicht wegen einzelner Sünden</u>, sondern im Hinblick auf ihren gottesfernen <u>Zustand</u>, der die <u>einzelnen Sünden nach sich zieht</u>. Durch das „Mit-Ihm-Gekreuzigt-Sein" ist dieser Zustand völlig verändert. Darby kann nun als eine Art „Zwischenfazit" feststellen, dass die Erlösung in Römer die ganze Situation betrifft, in der der (ungläubige) Mensch ist, während Eph Gottes Ratschlüsse, Pläne und Absichten hinsichtlich dieser Situation offenbart, während sich in Kol beides findet, anders ausgedrückt:

<u>Tot</u> *mit Christus in Römer*

<u>Auferstanden</u> *mit Christus in Kolosser*

<u>Sitzend</u> *mit Christus in den himmlischen Örtern in Epheser.*

In Kol bin ich mit allem Denken und Trachten unterwegs zu diesen Örtern (daher auch Darbys Formulierung von der „Zwischenposition" des Menschen bzw. seines Herzens in Kolosser). Wichtig zu erwähnen ist auch, dass sich Eph stark mit der Einheit des <u>Leibes</u> befasst, Kol demgegenüber mit dem <u>Haupt</u>!

Da es zur Zeit Darbys wohl bereits (oder bereits wieder) die Debatte bzw. falsche Lehren über die Frage der Heiligung, bzw. des Heilig-Seins gab (was sich bis heute leider wenig geändert zu haben scheint), befasst er sich auch hiermit (CW 34,455) und klärt diese Frage präzise in Absetzung zu den Begriffen

„Angenommensein" und „Gerechtigkeit", (ein wichtiger Aspekt und einigen Brüdern sehr zur Lektüre empfohlen).

Weiterhin folgen klärende Auseinandersetzungen mit dem Aspekt der „Fülle", aber auch mit dem immer wieder neu aufblühenden falschen Unterworfen-Sein unter Gebote (Rö!), Klerikalismus, Ritualismus etc. - alles Dinge, die mich von Jesus Christus trennen, weil es <u>Nichts</u> zwischen mir und Ihm bedarf. Ebenso rechnet Darby mit Engelverehrung ab. Weiterhin folgt eine Klärung über die Wesenszüge der Sünde: Gewalt und Verdorbenheit.

Es finden sich dann bis zum Schluss noch allerlei wichtige Ausführungen zu verschiedenen Themen, etwa zum „Etwas-für-Sich-Selbst-Tun-Wollen", lt. Darby Selbstbetrug („<u>Selbstverwirklichung</u> um jeden Preis" ist bekanntlich eines der wichtigsten gesellschaftlichen Themen unserer Zeit), zur Frage des Stolperns auf dem Weg (passiert, aber darf nicht die eigentliche Richtung meines Unterwegsseins zu den himmlischen Örtern beeinflussen) und andere Dinge mehr.[74]

Dieser Artikel illustriert insgesamt sehr schön Darbys spezielle Art des Schreibens bzw. Vortragens: präzise analysierte Aussagen und Begrifflichkeiten der Bibel werden im Lauf der Abhandlung immer mehr um seelsorgerliche Aspekte und Auseinandersetzungen mitbestimmten, damals (wie heute) wichtigen Abgrenzungen zu falschen Lehren und Tendenzen erweitert. Daraus entsteht dann die Notwendigkeit, bestimmte geistliche Begriffe noch einmal zu präzisieren[75].

Der vorliegende Artikel Darbys ist daher weit mehr als ein theologischer Vergleich dreier neutestamentlicher Episteln (wie es die – von wem auch immer gewählte - Überschrift vermuten lässt), sondern dankbarerweise, wie so oft bei

---

[74] *Möglicherweise(!) nimmt Darby im Schlussteil seines (mehrteiligen?) Vortrags Fragen auf, die zwischendurch von Seiten der Zuhörer an ihn herangetragen wurden.*

[75] *Als Beispiel für diese Abgrenzungen und Präzisierungen geistlicher Begriffe (aber auch wegen der Bedeutung dieses Artikels selbst) soll im folgenden Kapitel die Übersetzung des Artikels „Versöhnung", der seinerseits auf Kol 1 fußt (CW 27,267ff von 1853) dienen, wobei auch einige Themen der oben übersetzten Artikel wieder auftauchen werden. Darüber hinaus enthält die Arbeit „Versöhnung" aber auch Abgrenzungen und Erläuterungen zu weiteren biblischen Grundbegriffen, was diesem Artikel im Vergleich zu den anderen in diesem Buch übersetzten Texten ein deutliches Alleinstellungsmerkmal verleiht.*

Darby, fast schon ein Kompendium biblischer Begriffe, und nicht zuletzt eine <u>*seelsorgerliche Schrift*</u>*, dringend empfohlen für die Gemeinde und den Einzelnen!*

3.12 Versöhnung[76]

Auch in diesem Artikel erläutert Darby, um zum Thema der Überschrift hinzuführen, zunächst den Hauptunterschied zwischen dem Kolosser- und dem Epheserbrief und auch kurz den zum Römerbrief.[77] Ein ähnliches Verfahren, das der Abgrenzung von anderen wesentlichen biblischen Grundbegriffen, nutzt Darby dann auch, bevor er einige Seiten später (CW S.269) die Frage der Versöhnung genauer untersucht. Das allein ist aber nicht das, was dem folgenden Text besondere Bedeutung verleiht.

Der Leser wird feststellen, dass bei diesem Beitrag Darbys auffallend viele Stellen von mir durch Kursivdruck hervorgehoben wurden. Grund dafür ist, dass Darby gerade im folgenden Text eine breite Vielfalt von Themen bzw. theologischen Fragen anspricht, wie sie sich in keinem anderen der hier übersetzten Beiträge finden, und insbesondere angesichts gewisser Irrwege in der damaligen (wie auch in der heutigen) Zeit klare biblische Aussagen ins Feld führt.

Die im Folgenden übersetzte Schrift „Versöhnung" reicht über die Erläuterung des Begriffs, der die Überschrift bildet, weit hinaus. Ich selbst finde den Artikel so wichtig und tiefgehend, dass ich mich entschlossen habe, im Anschluss daran einen zusätzlichen Einschub zu machen, in dem die Besonderheiten des Textes noch einmal separat zusammengefasst werden.

In gewisser Hinsicht führt uns der Brief an die Kolosser nicht in solche Höhen wie der Epheserbrief. Letzterer bezieht sich sehr deutlich auf den Bereich der Pläne und Ratschlüsse Gottes und der Neuen Schöpfung. Von daher wird deren Unterschied zum Menschen in der Alten Schöpfung auf sehr bemerkenswerte Art dargestellt.

---

[76] *Reconciliation (Colossians 1), Erstveröffentlichung 1853, CW 27, 267ff*
[77] *In den ersten Abschnitten der Einleitung ist nicht immer ohne Weiteres deutlich, von welchem dieser drei Briefe gerade die Rede ist. Die Lektüre erfordert daher erhöhte Aufmerksamkeit.*

In Eph lesen wir, dass Gott uns dahin gebracht hat, dass wir „zusammen in Christus Jesus in den Himmlischen Örtern sitzen", und der Heilige Geist das Siegel unserer Stellung ist; in Kol dagegen sind wir „auferstanden mit Christus", und dieses Leben und sein Platz wird ausführlich entwickelt, aber wir sind eben selbst noch auf der Erde, und sollen „nach den Dingen trachten, die oben sind, wo Christus zur Rechten Gottes sitzt". Von daher sieht Eph den Menschen nicht als verantwortliche Person, bei der man sehen muss, was aus ihr noch zu machen ist, und der dann in Gnade zu begegnen ist wie in Römer.

Es beginnt mit dem Menschen als „tot in Sünden". Er ist etwas völlig Neues, geschaffen in Christus Jesus. Auch was Christus selbst betrifft, beginnt es mit Ihm als tot, als einem Menschen, der von den Toten auferweckt ist, und mit dem Menschen als „tot in Sünden und Vergehungen". Es ist nicht so, dass der Mensch ein lebender Sünder ist, wie wir das in Römer haben, wo die ganze Frage der Verantwortlichkeit untersucht wird. Vielmehr ist der Mensch hier tot in Vergehungen und Sünden, und Christus ist in den Tod heruntergekommen, in dem der Mensch sich befindet. Christus ist daraus erhöht, und wir zusammen mit Ihm, und wir sind mit Ihm auferstanden und in himmlische Örter versetzt. So weit geht Kol nicht.

In Rö wird der Mensch immer als in der Welt lebend betrachtet, er lebt in Sünde. Das betrifft ihn in seiner Verantwortlichkeit und zeigt Juden und Heiden ihren Zustand an. Es ist nicht die Rede davon, dass der Mensch tot in Sünden ist, sondern er muss sterben, weil er in Sünden lebendig ist. Und wenn er Christ ist, ist er immer noch ein lebendiger Mensch in dieser Welt, Christus ist sein Leben, und er ist gerechtfertigt und in Christus, aber er ist immer noch hier lebendig, auch wenn er der Sünde tot ist. Er wird ermahnt, seinen Leib als lebendiges Opfer darzustellen.

In Kol findest du den Menschen, der Sünde gestorben durch das Kreuz Christi, und dann, obwohl immer noch in dieser Welt, mit Christus auferstanden, wie in Eph (in Rö findet sich das nicht), aber nicht wie dort, weitergebracht, um in Himmlischen Örtern zu sitzen. Hier ist der Mensch ein auferstandener Mensch, natürlich nicht leiblich, seine Hoffnung ist für ihn im Himmel aufbewahrt. Er sitzt nicht dort, aber er wandelt in dieser Welt als auferstandener Mensch, auferstanden in Christus. Auf diese Weise ist er als Lebender mit Christus verbunden. Er ist „mit Ihm erhöht" und daher gilt „Er hat euch alle eure Übertretungen vergeben". Christus kam herunter, dorthin, wo wir tot in unseren Sünden lagen, hat sie getragen und sie durch Seinen Tod weggetan, und dann wurden wir erhöht und mit Ihm auferweckt, alle Sünden vergeben. Auf diese Weise kamen wir, als wir mit Ihm erhoben wurden, sauber aus der ganzen Sache heraus, in die wir verwickelt waren (we came clean out of the whole thing in which we were).

In Kol finden wir *viel mehr davon*, was *Christus in uns* ist, als davon, was wir in *Christus* sind. Es geht um „*Christus in euch*", *nicht*: „*ihr in Christus*". Also: Christus in uns *hier unten. Und das macht den Brief so *außerordentlich wertvoll.* Du findest darin *die umfänglichste Auseinandersetzung mit dem Leben hier*, im Christen mit seinen versuchlichen (tried) Bedingungen *auf der Erde*. Es gilt: „Wenn ihr mit Christus auferstanden seid, sucht nach den Dingen, die oben sind, wo Christus zur Rechten Gottes sitzt. Richtet eure Zuneigungen auf die Dinge oben, nicht auf die auf der Erde. Denn ihr seid tot, und euer Leben ist mit Christus in Gott verborgen."

Weiter heißt es: "Wenn Christus, der unser Leben ist, erscheinen wird, dann werdet auch ihr mit Ihm in Herrlichkeit erscheinen."

Zuerst stellt der Brief den Menschen als mit Christus auferstanden dar, und dann folgen sein Herz und all seine Sehnsüchte Ihm dahin nach, wo Er zur Rechten Gottes ist. In Kol wird der Heilige Geist nicht erwähnt. Kol ist die vollste *Darstellung des Lebens einer Person in Christus, die immer noch in dieser Welt wandelt.*

In Kap. 1 sehen wir den Zustand und die Stellung des Christen, und wie sich das auf seinen Wandel auswirkt. Wie gesegnet wird der Christ in seiner Stellung durch Gnade dargestellt! Insbesondere lese ich in Vers 14: „In dem wir Erlösung (durch Sein Blut) haben, sogar die Vergebung der Sünden."

Die *Vergebung der Sünden* - genau dies nehme ich als *Ausgangspunkt*.[78] Wir haben diese gesegnete Wahrheit, diese Grundwahrheit (first truth), wenn du so willst, der Gnade, und Freude und Friede, völlige Vergebung durch Christus. Er kam zu uns herab und hat uns aus der Lage, in der wir waren, freigekauft. Ich bin sicher, je weiter wir von Tag zu Tag fortschreiten, desto mehr erkennen wir die Wichtigkeit, dies zu ergreifen, – eine elementare Wahrheit in einer Zeit, wo so sehr nach unvergebener Vergebung gesucht wird.

Werde ich in die Gegenwart Gottes gebracht, dann belasten mein Gewissen die Sünden, die ich *bereits vollbracht* habe, natürlich weiß ich da noch nichts von denen, die ich *noch vollbringen* werde. Wird daher eine Person zur Erkenntnis der rettenden Vergebung gebracht, hat sie zunächst ein Gespür für die bereits begangenen Sünden. Aber kommt man dann zu denen, die sie *noch nicht* begangen hat, kommt sofort die Frage nach den zukünftigen Sünden auf. Und dann entwickeln sich in den Herzen der Menschen *verschiedene Wege*, um diese *loszuwerden*, von der gröbsten Form, der *Absolution*, bis hin zur subtileren Form, der *Eucharistie*.

Eine Person, die auf calvinistischem Hintergrund steht, wird sagen, du sollst dich deiner *Taufe* erinnern, während der gewöhnliche Evangelikale dich lehren wird, auf eine *permanente Sprenkelung* mit dem Blut Christi zu achten, etwas, das in der Schrift *völlig unbekannt* ist, und deshalb wird er auf diese Weise niemals Frieden finden!

Es ist doch völlig klar: wären meine Sünden nicht *jetzt schon* bis in alle Ewigkeit beiseite getan, ja wann denn dann? Christus müsste dann *weiterhin* das Kreuz auf sich nehmen und unsere Sünden auf sich legen lassen – das ist einfach unmöglich, weil Er jetzt bereits in der Herrlichkeit ist! „Durch *ein* Opfer hat Er *für immer* die vollkommen gemacht, die geheiligt sind." Der Begriff „für immer" meint nicht nur ewig, sondern *ununterbrochen*. Für Gott liegt darin *ständige Dauer*, ohne

---

[78] *Hier beginnt eine kurze und dennoch äußerst prägnante Darstellung der biblischen Lehre von der Rechtfertigung des Sünders, in klarer Abgrenzung zu den biblisch nicht haltbaren Glaubenssätzen anderer Denominationen und Konfessionen. Danach ist der Weg quasi „freigeräumt" zur näheren Befassung mit dem Begriff der „Versöhnung".*

Unterbrechung. Der Begriff spricht *nicht* von *Ewigkeit*, obwohl das durchaus auch darin enthalten ist, sondern von *permanenter Perfektheit* vor Gott.

Da Christus *„immer"* (always) - das Wort „für immer" (for ever), das hier steht, meint das Gleiche – zur Rechten Gottes sitzt, ist auch *unser Gewissen* für *immer* vollkommen. So wird es in Heb 10,12 gebraucht, um zu zeigen, dass Er dem nichts mehr hinzuzufügen braucht. Heutzutage ist es wichtig, über diesen Punkt, dass unsere Sünden weggetan sind, Klarheit zu bekommen, und zwar in Hinsicht auf unsere *Rechtfertigung* vor Gott, und zu sehen, dass ich vor Gott *immer* auf diesem Boden stehe, weil Christus alle meine Sünden getragen hat. Das ist das Erste hier, der erste Grundsatz, wenn auch nicht das Erste, was hier erwähnt wird. Es ist eine *ewige Erlösung*, sie wird niemals beendet oder unterbrochen, denn Gott kann das, was Ihn so völlig verherrlicht hat, niemals aus den Augen verlieren!

Wenden wir uns nun einem anderen Punkt zu, von dem der Apostel hier spricht. Der *ganze Zustand der Dinge im Himmel und auf Erden* – sie werden *alle* versöhnt werden – *alle* Dinge werden neu gemacht. Und dann fügt er hinzu: „Und ihr, die ihr einmal Fremdlinge und in eurer Gesinnung durch böse Werke Feinde wart, hat Er nun versöhnt." Die *Schöpfung* wurde ruiniert, befleckt, korrumpiert durch *unsere* Sünde – man kann *sie* nicht beschuldigen, daran *teilgenommen* zu haben – alles wird versöhnt werden.

Der Apostel beginnt aber nun zuerst mit denen, die zu diesem Ruin aktiv beigetragen haben – die „in ihrer Gesinnung Feinde waren". Für Gott bin ich versöhnt, zurück zu Ihm gebracht in einer göttlichen Gerechtigkeit, die für mich erworben wurde. Das ist unendliche göttliche Liebe. Wir sind zu Gott gebracht – für Gott versöhnt, und es ist großartig, bewusst vor Gott zu stehen, uns seiner Liebe zu erfreuen in dem Wissen, dass Er nichts gegen uns hat, und unsere Herzen daher in völligem Vertrauen, imstande sind, an Ihn zu denken und an das, was Er für uns getan hat, und nicht an uns selbst!

Was Gerechtigkeit angeht - in Ihm bin ich zur Gerechtigkeit Gottes gemacht, nichts fehlt, es bleibt nur noch Freude an Gott. Wenn zwei Personen völlig miteinander versöhnt sind, kann es zwischen ihnen keinerlei unangenehme

Gefühle mehr geben. So ist das auch, wenn ich mit Gott versöhnt bin (at home with God). Seine Gefühle der Gnade ruhen auf mir, und mein Herz ist zu Ihm zurückgebracht, und wenn Er mich ansieht, darf ich sagen, Er schaut seine eigene Gerechtigkeit an – seinen Sohn, der mir gehört (who is mine). Ich bin geliebt, so wie Er Ihn liebt! Mein Herz glaubt es, und ich komme zurück zu Ihm. Ich bin versöhnt mit Gott.

Der Kolosserbrief beharrt sehr auf dem *Leben*, der *göttlichen Natur*, die *aus Gott* geboren und imstande ist, sich an Ihm zu erfreuen und Seine Gerechtigkeit zu verstehen. Dieses Leben *habe* ich durch das *Geschenk Christi* und durch die *Kraft des Heiligen Geistes*, die Zuneigung Gottes ruht auf mir, und dort finde ich Ruhe, eine großartige Sache. Nicht nur, dass alle Sünden ausgelöscht sind, sondern Gott hat auch – zu seiner eigenen Herrlichkeit – bewirkt, dass Er völlig verherrlicht ist. Durch Ihn glaube ich an Gott.

Und was glaube ich? Dass Er mich zusammen mit Christus in Seine Gegenwart gebracht hat, Sünde ist verschwunden, ich bin in Ihm zur Gerechtigkeit Gottes geworden. Ich gelange zur Quelle und dem Geheimnis dessen, was Gott in sich selbst ist und kann mich daran erfreuen. Ich brauche kein Wort zu meinen Gunsten zu sagen. Ich war verloren, und ich bin jetzt völlig gerettet, nicht gemäß dem, was der *Mensch sein sollte*, sondern gemäß dem, was Gott *ist*. Wenn es gemäß dem sein müsste, was der Mensch sein sollte, brauchte es keine Errettung – aber so ist es eben nicht!

Was hat Gott dazu bewegt, uns Seinen Sohn zu geben? *Natürlich Garnichts (Why, nothing, of course!).*[79] Es kam *aus Seinem eigenen Herzen*. Ist Gott nicht gerecht in der Art, wie Er uns gerettet hat? Ja, ich bin „zur Gerechtigkeit Gottes in Ihm gemacht." Er hat „Frieden gemacht durch das Blut Seines Kreuzes", und uns so mit sich versöhnt. Diese Versöhnung ist es, mit der Gott sich selbst völlig verherrlicht hat, und Er hat sich mit mir völlig in sich versöhnt. *Das Einzige, was wir zu bringen hatten, waren unsere Sünden!*

---

[79] *Hier ist, wenn auch nicht explizit genannt, die Rede von der Freien Gnade Gottes, über die im Lauf der Kirchengeschichte viel debattiert wurde und wird, die aber biblisch ganz klar belegt ist.*

Selbst in jeglichem Sinn mangelhaft, *wie* wurde ich versöhnt? Als *erkauft und erhöht* und zu Gott zurück*gebracht* gemäß dem, was Er bewirkt hat. Ich bin Ihm *nicht einmal halbwegs* entgegengekommen: „Du in Deiner Gnade hast die Erlösten in Gnade vorangeführt, Du hast sie in *Deiner* Kraft zu Deiner Heiligen Wohnung *geführt*." „Ich habe dich mit Adlers Flügeln geborgen und selbst zu mir gebracht." *Er hat mich im Einklang mit sich selbst zu Ihm selbst gebracht.*

So also wurde die Liebe Gottes uns in dieser Versöhnung gezeigt, für die sich Christus selbst gegeben hat, und für uns ist es eine gesegnete Sache, dass wir mit Gott versöhnt sind gemäß dem, was Er ist, und Gott wird darin verherrlicht. „Wenn Gott in Ihm verherrlicht ist, wird Gott auch Ihn in sich selbst verherrlichen und wird Ihn geradewegs verherrlichen." Wie wunderbar! Die Feindschaft des menschlichen Herzens gegen Gott zeigte sich bis zum Äußersten am Kreuz, wo das Werk vollendet wurde, in der Vortrefflichkeit, in der Gott Christus in Herrlichkeit zu Seiner Rechten gesetzt hat, und Gott selbst verherrlicht ist.

Gesegneterweise ist es wahr wie beim Verlorenen Sohn, dass, als der junge Mann nach Hause kam, man kein einziges Wort mehr von ihm hört; es geht nur um die Freude des Vaters, es ist der Vater, der Alles tut, es ist die Darstellung dessen, was Gott ist, und mein Herz ist in Übereinstimmung mit Ihm. So werde ich mit Gott versöhnt. Die Dinge hier unten sind noch nicht mit Gott versöhnt – wie wir wissen, *auch unsere armen Leiber nicht.* „Wir haben diesen Schatz in irdenen Gefäßen, dass die Vortrefflichkeit der Kraft *von Gott* sei, *nicht von uns.*" Es ist *allein das Werk Christi*, und *niemals irgendein Beitrag unsererseits*, denn *wer* hat es schließlich *getan*? Wir? Auch *nicht das Geringste davon*, sondern *Gott selbs*t!

Und dann noch ein weiterer Aspekt, der uns dabei Klarheit und Unterscheidbarkeit gibt. „Dem Vater dankend, der uns passend gemacht hat, Teilhaber des Erbes der Heiligen im Licht zu sein." Hier finde ich diese gesegnete Wahrheit, dass ich, obwohl ich hier in diesem ärmlichen Leib bin, rundum von Schwäche eingeschlossen, und Sünde in mir lebendig, sodass ich nicht in der Gegenwart Gottes wandeln kann und das Fleisch sich meldet (to come up), ich doch dieses habe: „Wer hat uns passend gemacht?" Es ist nicht so, dass es keinen Fortschritt gibt; der sollte schon da sein, und den gibt es auch, weil *der Herr will, dass wir Fortschritte machen*, indem Er uns züchtigt, wenn es nicht anders geht.

Auf jeden Fall wird auf ständigem *Fortschritt* beharrt: „Er, der diese Hoffnung in sich hat, reinigt sich selbst, wie Er rein ist." Das findest du aber *niemals vermischt mit dem Passend-Gemacht-Sein. Fortschritt ist vermischt mit Erfahrung und göttlicher Leitung, Passend-Gemacht-Sein dagegen mit dem Werk Christi und unserem Bei-Ihm-Sein. In Hinsicht auf unseren Wandel gibt es die beständige Leitung Gottes. Dabei sieht Er auf Fortschritt; aber hier, wenn es um die Frage der Versöhnung mit Ihm selbst geht, gibt es keinen Fortschritt. Es gibt keinen Fortschritt im Wert des Blutvergießens Christi. Es gibt keinen Fortschritt in dem Leben, das ich bekommen habe, nicht in dessen Wesen, wenn auch in dessen Entwicklung Fortschritt sein sollte.*

Täglicher Fortschritt muss in unserem Wandel liegen, aber hinsichtlich unserem Passend-Sein ist es das Werk Gottes, da heißt es: „Was hat Gott gewirkt?" Der arme Dieb am Kreuz geht direkt ins Paradies, in einem einzigen Augenblick passend zur Begleitung Jesu für alle Ewigkeit gemacht. So etwas mag die Welt nicht, und viele Christen auch nicht, denn sie wollen ihre selbsterworbene Gerechtigkeit. Um *Heiligkeit* geht es hier gar nicht – obwohl man darauf gar nicht genug beharren kann – sondern es geht um *Gerechtigkeit*. Wir sind „angenehm gemacht (accepted) in dem Geliebten".

Natürlich gibt es hier keine Fehler, und darum keinen Fortschritt; es verletzt Heiligkeit, wenn sie hier eingebracht wird. Wenn du von *Heiligkeit* sprichst, die aufs Engste mit *Wandel* verbunden ist, sollte es Fortschritt geben – aber *das ist nicht Gerechtigkeit. Heiligkeit ist Abscheu vor dem Bösen.* In uns ist Heiligkeit nicht wirklich entwickelt, auch wenn eine heilige Natur da sein sollte, bis wir verstehen, dass wir die Gerechtigkeit Gottes *sind. Bis dahin kann ich nicht anders* als Heiligkeit mit meinem Angenommen-Sein zu *vermischen. Bis dahin* trage ich die *Frage mit mir herum*, was die Folge meiner Sünde hinsichtlich meines *Angenommen-Seins vor Gott bewirken mag.*

Bin ich mir aber im Klaren darüber, was mein Angenommen-Sein bei Gott angeht und dass ich im Licht bin, wie Gott im Licht ist, dann kommt es zu einem *Abscheu gegenüber der Sünde um ihrer selbst willen*, weniger hinsichtlich der einzelnen bösen Tat, sondern der Sünde als der Wurzel selbst. Und *das ist Heiligkeit*.

Dann noch eine weitere Wahrheit, und die besagt, dass ich von der Macht der Finsternis befreit und in das Königreich des geliebten Sohnes Gottes *versetzt* bin. Das kommt vielleicht noch vor dem anderen, wenn du so willst. Ich habe meine *ganze Position (place) verändert*. Dunkelheit ist die Abwesenheit des Wissens von Gott. Das Licht schien in der Finsternis, „und die Finsternis hat es nicht begriffen". „Wenn wir im Licht wandeln wie Er im Licht ist, haben wir Gemeinschaft miteinander." „Wenn wir sagen, dass wir Gemeinschaft mit Ihm haben und in der Finsternis wandeln, lügen wir und tun nicht die Wahrheit."

Entweder sind die Leute im Licht oder in der Finsternis. Hier heißt es nicht: gemäß dem Licht, oder: der Dunkelheit entsprechend. Gott ist Licht, und wenn ich in Finsternis wandle, kenne ich Ihn überhaupt nicht. Christus sagte: „Dies ist eure Stunde, und die Macht der Finsternis." Ein schreckliches Wort für einen Menschen! Er ist Sklave Satans. Er sagt nicht, sie sind einschlägige Kriminelle, sondern dass sie *ohne Gott sind und in Finsternis, obwohl sie durchaus liebenswürdig oder auch das Gegenteil davon sein können*.

In Christus war das Licht natürlich makellos. Er ging durch diese Welt mit dem Bewusstsein, dass all die Leute, denen Er begegnete, natürlich mit Ausnahme der Bekehrten, ohne Gott waren. Bei all dem gibt es ein Gewissen[80], einen Sinn dafür, dass der Mensch ein verantwortliches Wesen ist. Er versucht zwar alles, um mit Gott ins Reine zu kommen, aber wenn er Sünde begangen hat, weiß er, dass er Sünde begangen hat. Jeder hat Gewissen, aber die Leute verwechseln die Regeln für das Gewissen mit dem Gewissen selbst. Der Mensch fühlt, was richtig und falsch ist.

Satan *verbirgt nun aber Gott vor dem Gewissen*. Ich denke nicht, dass er das Gewissen völlig zerstören kann, aber er *verbirgt* Ihn davor. Christus sagt: „Ich bin

---

[80] *Hier und in den folgenden Sätzen ist zu bedenken, dass das englische Wort ʹconscienceʹ sowohl ʹBewusstseinʹ als auch ʹGewissenʹ bedeuten kann.*

das Licht der Welt", und dann öffnet Er dem Menschen die Augen, und er sieht. Der *ganze Rest war unter der Macht der Finsternis. Das geschah in aller Öffentlichkeit. Die ganze Welt ist völlig ohne Gott, es gibt keinen einzigen gemeinsamen Gedanken zwischen Gott und ihren Seelen.*

Gut, wir sind „befreit von der Macht der Finsternis" - aber ist das alles? Nein, wir sind zudem „*versetzt in das Königreich Seines geliebten Sohnes*". Dorthin wurden wir *gebracht*. Die Wahrheit konnte *nicht aus eigener Kraft* kommen. Da sie in Gestalt des Herrn Jesus kam, musste zwangsläufig auch Liebe kommen. Er sagt *nicht* „versetzt ins *Licht*", obwohl das so war, sondern „*versetzt in das Königreich*" usw. Die Macht der Finsternis ist die Herrschaft Satans über *diese Welt,* und durch Nichtigkeiten, Geld, sogar durch Wissen, *durch alles, was hier vor sich geht, verblendet er die Augen der Menschen und behält seine Macht über sie.* Er benutzt alle diese verschiedenen Dinge, um den Menschen ohne Gott zu halten. Genau wie Kain verschönert er seine Stadt und baut alles so nett auf, wie er das ohne Gott tun kann. Und von *Alldem* sind wir freigemacht und in das Königreich des geliebten Sohnes Gottes *gebracht.*

Es ist das Königreich, *der Platz, wo Christus das Sagen hat.* Das ist die Wirkung der Erlösung. Die Kraft der Liebe ist in die Welt gekommen und hat uns frei gemacht, und hat uns in das Königreich gebracht, das Er errichtet hat. Am Kreuz wurde die volle Kraft Satans zerstört; dort setzte Satan alles, was er hatte, ein (to bring everything to bear). Die Apostel liefen weg, und Satan brachte Jeden gegen den Sohn Gottes auf. Es war die Stunde Satans und der Macht der Finsternis. *Er brachte die ganze Welt mit gegen Gottes Sohn.* Der Geist wird deshalb „die Welt der Sünde überführen, weil sie nicht an mich glauben; der Gerechtigkeit, weil ich zu meinem Vater gehe und ihr mich nicht mehr sehen werdet; des Gerichts, weil der Fürst dieser Welt gerichtet ist". Satan stellte sich dem Sohn Gottes als Prinz der Welt entgegen, jetzt wird er vertrieben. Das Kreuz war die volle Feindschaft des Menschen gegen Gott, unter Satans Gewalt – aber er fand seinen Gegner. Seine Kraft wurde verurteilt – sie ist völlig zerstört.

Wenn wir *im Fleisch* auf ihn hören, *kann er uns einwickeln (to ensnare), aber er hat keine Macht*: wenn wir widerstehen, wird er von uns fliehen (es wird nicht gesagt, dass wir ihn besiegen). Das Kreuz war das Einzige, was Gott erlaubt hat, damit dadurch seine Kraft zerstört werden könnte. Am Kreuz beherrschte Satan die ganze Welt, und dort geriet die Macht Satans in eine Krise. Er trieb die Menschen dazu an, den Sohn Gottes zu kreuzigen, und dann wurde seine ganze Macht zerstört. Jetzt gilt: „Rechnet es alles als Freude, wenn ihr in verschiedene Versuchungen fallt", natürlich nicht in Sünden. In ihnen müssen wir dem Satan nur widerstehen, und er flieht von uns.

Wir *sind* von der Macht der Finsternis befreit und *zu dem Ort übergegangen, wo Christus ist*, und nur da, nicht nur ins Licht, aus der Dunkelheit heraus, sondern *im* Königreich *verbunden* mit dem einzigartigen Gegenstand Seiner besonderen Liebe, dem Königreich des geliebten Sohnes Gottes, dort wurden wir *hineingebracht*. Wir *haben* diesen Platz, in den *Gnade* uns gebracht hat, wir sind „passend gemacht, Teilhaber des Erbes der Heiligen im Licht zu sein".

Aber all das haben wir nun einmal in diesen *ärmlichen irdenen Gefäßen*, wenn auch „auferstanden mit Christus". Und daher sollen wir „die Dinge, die oben sind, suchen". Es heißt „Richtet euer Trachten auf die Dinge oben, nicht auf Dinge auf der Erde, denn ihr seid tot." Tot für das Gesetz, tot für die Sünde, mit Christus zusammen erhöht, und: „Wenn Christus, der euer Leben ist, erscheinen wird, dann werden auch wir mit Ihm in Herrlichkeit erscheinen." Der auferstandene Christus zur Rechten Gottes ist unser Leben, und noch sind wir nicht aus dieser Welt herausgenommen.

Und dann steht da: „Wandelt würdig des Herrn zu allem Wohlgefallen." Wir haben drei „würdig" in den Episteln. „Würdig Gottes, der euch zu Seinem Königreich und Herrlichkeit berufen hat" in Thessalonicher; „Würdig der Berufung" in Epheser; praktisch das Gleiche, der Heilige Geist hat uns als Wohnung, die Wohnung Gottes durch den Geist als gegenwärtige Sache. Und hier heißt es „Würdig des Herrn." *Mein Pfad durch diese Welt soll Seiner würdig sein.* Mein Leben soll der *Ausdruck Christi* sein, mein Leben, meine Art, alles das, was Christus ausmachte.

„Fruchtbar zu jedem guten Werk, und wachsend in der Erkenntnis Gottes." *Hier* habe ich Wachstum. Bei der *Versöhnung* gibt es *kein Wachstum* – es gibt *kein Wachstum im Wert des Blutes Christi*, aber von dem Moment an, an dem ich *Leben* bekomme, gibt es „wachsend" (increasing) oder „wachsend (growing) durch die Erkenntnis Gottes." Ich kenne Gott und kann sagen: Das entspricht Gott nicht (That is not fit for God). Ich reinige mich selbst. Es steht nicht da, dass er[81] so rein wie Gott ist, aber dass er sich „reinigen soll, so wie Er rein ist." Wenn mein Auge gereinigt ist, sehe ich besser; meine „Sinne werden geübt, gut und böse zu unterscheiden", und je *weiter* ich komme, desto *mehr* sehe ich, *wohin* ich weiterkomme.

Hier möchte ich betonen, dass es *für einen Christen keinerlei Vollkommenheit gibt, außer Christus in Herrlichkeit* (ich sehe nämlich, dass es in bestimmten Kreisen gängige Auffassung ist, dass man hier Vollkommenheit erreichen kann). Wenn ich ein auferstandener Mensch bin, nehme ich Ihn auf der Erde als Vorbild für *meine Schritte*, aber nicht als Vorbild dafür, was *ich erreichen* kann. Christus hier unten kann ich *nicht* durch Nachahmung erreichen, weil Christus keine Sünde hatte, aber ich habe Sünde. Hier unten gibt es *keine Vollkommenheit, du findest nirgendwo einen Anhaltspunkt dafür*, der sie nicht auf Adamsebene herunterbricht. Ich versuche, im Wandel so zu sein wie Christus im Wandel war, überhaupt nicht nach dem Fleisch. Der Punkt, auf den ich hinauswill und den ich suche, ist *Christus in Herrlichkeit*. Es heißt „wenn *Er erscheint*", dass ich sein werde wie Er, und *nicht vorher!* Ich versuche, hier so weit ich überhaupt kann, wie Er zu sein. „Das Eine tue ich, ich vergesse die Dinge hinter mir und strecke mich nach vorne aus zu den Dingen, die vor mir liegen, und ich strebe zur Ziellinie für den Preis der himmlischen Berufung", der Berufung oben, „Gottes in Christus Jesus." *Hier unten habe ich keine Berufung, die Berufung ist oben*, alles das, was Gott für uns *vorbereitet* hat.

Die Leute sagen, Gott kann dir keine Regel geben, an die du dich nicht halten kannst. Aber ich sage, *Gott gibt dir keine Regel, die du einhalten kannst - nie!*

---

[81]　*Gemeint mit „er" ist „Jeder, der diese Hoffnung auf Ihn hat", 1 Joh 3,3.*

Zuerst gab es das Gesetz. Konnte der Mensch es im Fleisch einhalten, wo es ihm gegeben war? Es unterwarf sich *niemals* dem Gesetz Gottes, und das *kann* es auch nicht. Und jetzt haben wir Christus in Herrlichkeit. Kann ich *das* erreichen? *Niemals hier! Aber ich strecke mich danach aus; es ist vor mir, und ich werde es niemals erreichen, bevor ich zu Ihm komme.*

Der Gegenstand, auf den ich mich konzentriere, beherrscht mich, wo ich bin, „ich lebe durch den Glauben an den Sohn Gottes", und wenn du nicht durch Ihn, den Verherrlichten, lebst, hast du Ihn überhaupt nicht. Wenn du nach *Vollkommenheit hier unten strebst, hast du dein Ziel verloren*, und unterliegst einem völligen Irrtum in der Sache selbst. Der *verherrlichte Herr* ist der Gegenstand, auf den unser Denken *stets ausgerichtet* sein sollte. Wir sind vorherbestimmt „dem Bild Seines Sohnes gleich" zu werden, und wenn du auf irgendetwas anderes schaust, schaust du darauf eben nicht.

Und jetzt, merke dir, was den Pfad hier unten angeht, sind wir „mit aller Macht gestärkt, gemäß Seiner herrlichen Kraft." Ist das nicht wunderbar, dass wir das sagen können? Und was ist die *Frucht* daraus? Es hört sich ärmlich an - *„Geduld"!* Aber ich sage, versuch es und sieh, ob da nicht ein tätiger Wille in dir ist, der nicht gerne gebremst werden will. Das ist nicht Geduld! „Lasst uns die Geduld ihr vollkommenes Werk tun, damit ihr vollkommen und völlig seid und nichts mehr braucht." Sieh, ob du für Geduld *nicht göttliche Kraft* brauchst. „Ob, wenn du es richtig machst, und dafür leidest, dies bei Gott angenehm ist."

Das ist das Erste: „Gestärkt mit aller Kraft zu aller Geduld." Und was *danach? „Langmut (long-suffering)."* Wie wir es in Epheser sehen: „Ich flehe euch an, dass ihr der *Berufung würdig* wandelt, mit der ihr berufen seid, mit aller Demut, Sanftmut mit Langmut." Und *dann folgt „Freudigkeit"*. Der Moment, in dem der Wille gebrochen ist, *mein Wille sich Gottes Willen beugt*, und ich alles ertrage, was mir begegnet, dann ist die Freudigkeit unbehindert.

Wir haben also einen *Ort*, an den wir versetzt sind, und dann das *Verhalten*, mit dem wir wandeln sollen. Worauf der Apostel dringt ist, dass wir „erfüllt mit der Erkenntnis Seines Willens und geistlichem Verständnis" sein sollen. Aber finden wir nicht oft *Ablehnung* (ignorance) Seines Willens? Wo wir das tun, ist immer *unser eigener Wille am Werk.* Der Apostel sucht nach geistlicher Übereinstimmung mit dem *Willen Christi,* damit unser Denken daran ausgerichtet ist, und nach *Wandel und Wegen,* dass unser Leben den *Ausdruck* des Lebens Christi tragen kann. Es geht nicht nur darum, offensichtliche Sünden zu vermeiden, es geht um viel mehr.

Die Frage ist: Was gefällt Christus? Ich sage nicht, eine Sache ist falsch – nicht völlig falsch - aber was gefällt Christus? Es ist wirklich die Frage, geliebte Freunde: Reicht Christus in unseren Herzen dafür aus, dass wir nur eine Sache auf dieser Erde suchen, bis wir dahin kommen, wo Er ist? Wenn unsere Herzen auf Christus ausgerichtet sind, wird unser einziger Wunsch sein, „würdig des Herrn zu wandeln", und dann wird die Welt uns nicht erkennen.

Wir sehen also, dass nicht nur *unsere Sünden weg* sind – weggetan durch das kostbare Blut Christi - sondern dass wir *an diesen neuen Ort in Christus gebracht sind,* „befreit von der Macht der Finsternis, und versetzt in das Königreich Seines geliebten Sohnes", und dass wir also, auf diese Weise dorthin gebracht, dort „würdig des Herrn" wandeln müssen. Genauso, wie wenn ich ein Kind hinaus in die Welt schicken würde und ihm sagen würde: Geh nun und wandle deines Vaters und deiner Familie würdig. Aber wie könnte es das tun, wenn es seinen Vater gar nicht kennen würde?

Gott möchte, dass wir „heilig, tadellos und einwandfrei vor seinem Angesicht" stehen sollen. *So* möchte er uns haben, das erfreut Ihn selbst. Das ernste Suchen danach, würdig des Herrn zu allem Wohlgefallen zu wandeln; vergeben, gerechtfertigt, mit Gott versöhnt, passend gemacht für das Erbe der Heiligen im Licht, passend für das Königreich des geliebten Sohnes Gottes, und dazu *ausgesandt, hier unten in der Erkenntnis unseres Platzes dort oben zu wandeln.*

Gebe es der Herr allein, dass Seine Heiligen auf diese Weise einen *tieferes, wahrhaftigeres Gespür über den Ort haben, an den Er sie im Herrn Jesus Christus versetzt hat,* damit sie wissen, *was* Gott zu bringen ist, *gemäß des Angenommen-Seins, das in Christus Jesus ist.*

3.12.1 Besonderheiten[82] des Textes „Versöhnung"

- *Wir finden vielmehr davon, was Christus in uns ist, als davon, was wir in Christus sind. Es geht um „Christus in euch", nicht: „ihr in Christus". Also: Christus in uns hier unten. Und das macht den Brief so außerordentlich wertvoll.*

- *Wir finden darin die umfänglichste Auseinandersetzung mit dem Leben hier, im Christen mit seinen versuchlichen (tried) Bedingungen auf der Erde.*

- *Kol ist die vollste Darstellung des Lebens einer Person in Christus, die immer noch in dieser Welt wandelt.*

- *Die Vergebung der Sünden - genau dies nehme ich als Ausgangspunkt. Wir haben diese gesegnete Wahrheit der Gnade, und Freude und Friede, völlige Vergebung durch Christus.*

- *Werde ich in die Gegenwart Gottes gebracht, dann belasten mein Gewissen die Sünden, die ich bereits vollbracht habe - natürlich weiß ich da noch nichts von denen, die ich noch vollbringen werde. Wird daher eine Person zur Erkenntnis der rettenden Vergebung gebracht, hat sie zunächst ein Gespür für die bereits begangenen Sünden.*

- *Aber kommt man dann zu denen, die sie noch nicht begangen hat, kommt sofort die Frage nach den zukünftigen Sünden auf. Und dann entwickeln sich in den Herzen der Menschen verschiedene Wege, um diese loszuwerden, von der gröbsten Form, der Absolution, bis hin zur subtileren Form, der Eucharistie.*

- *Eine Person, die sich calvinistischem Hintergrund steht, wird sagen, du sollst dich deiner Taufe erinnern, während der gewöhnliche Evangelikale dich lehren wird, auf eine permanente Sprenkelung mit dem Blut Christi zu achten, etwas, das in der Schrift völlig unbekannt ist, und deshalb wird er auf diese Weise niemals Frieden finden!*

---

[82] *„Besonderheiten" meint Gesichtspunkte des Textes, auf die Darby nur in dieser Auslegung des Kolosserbriefes so deutlich eingeht und Zusammenhänge und Abgrenzungen aufzeigt. Sie werden hier in der Reihenfolge ihrer Nennung im Darbytext in Thesenform dargestellt, der Wortlaut wird weitestgehend beibehalten. Eine geänderte Reihenfolge oder zusätzliche Kommentierung würde die Dynamik der Sätze Darbys nur verwässern.*

- *Wären meine Sünden nicht jetzt schon bis in alle Ewigkeit beiseite getan, ja wann denn dann? Christus müsste dann weiterhin das Kreuz auf sich nehmen und unsere Sünden auf sich legen lassen – das ist einfach unmöglich, weil Er jetzt bereits in der Herrlichkeit ist!*

- *„Durch ein Opfer hat Er für immer die vollkommen gemacht, die geheiligt sind." Der Begriff „für immer" meint nicht nur ewig, sondern ununterbrochen. Für Gott liegt darin ständige Dauer, ohne Unterbrechung. Der Begriff spricht nicht von Ewigkeit, obwohl das durchaus auch darin enthalten ist, sondern von permanenter Perfektheit vor Gott.*

- *Da Christus „immer" (always) - das Wort „für immer" (for ever), das hier steht, meint das Gleiche – zur Rechten Gottes sitzt, ist auch unser Gewissen für immer vollkommen. So wird es in Heb 10,12 gebraucht, um zu zeigen, dass Er dem nichts mehr hinzuzufügen braucht.*

- *Es ist wichtig, über diesen Punkt, dass unsere Sünden weggetan sind, Klarheit zu bekommen, und zwar in Hinsicht auf unsere Rechtfertigung vor Gott, und zu sehen, dass ich vor Gott immer auf diesem Boden stehe, weil Christus alle meine Sünden getragen hat.*

- *Es ist eine ewige Erlösung, sie wird niemals beendet oder unterbrochen, denn Gott kann das, was Ihn so völlig verherrlicht hat, niemals aus den Augen verlieren!*

- *Was den ganzen Zustand der Dinge im Himmel und auf Erden betrifft: sie werden alle versöhnt. Alle Dinge werden neu gemacht.*

- *Die Schöpfung wurde ruiniert, befleckt, korrumpiert durch unsere Sünde – man kann sie nicht beschuldigen, daran teilgenommen zu haben.*

- *Was Gerechtigkeit angeht: in Ihm bin ich zur Gerechtigkeit Gottes gemacht, nichts fehlt, es bleibt nur noch Freude an Gott. Wenn zwei Personen völlig miteinander versöhnt sind, kann es zwischen ihnen keinerlei unangenehme Gefühle mehr geben.*

- *So ist das auch, wenn ich mit Gott versöhnt bin (at home with God). Seine Gefühle der Gnade ruhen auf mir, und mein Herz ist zu Ihm zurückgebracht, und wenn Er mich ansieht, darf ich sagen, Er schaut seine eigene Gerechtigkeit an –*

seinen Sohn, der mir gehört (who is mine). Ich bin geliebt, so wie Er Ihn liebt!
Mein Herz glaubt es, und ich komme zurück zu Ihm. Ich bin versöhnt mit Gott.

- Ich habe neues Leben durch das Geschenk Christi und durch die Kraft des
Heiligen Geistes. Durch Ihn glaube ich an Gott.

- Und was glaube ich? Dass Er mich zusammen mit Christus in Seine Gegenwart
gebracht hat, Sünde ist verschwunden, ich bin in Ihm zur Gerechtigkeit Gottes
geworden. Ich gelange zur Quelle und dem Geheimnis dessen, was Gott in sich
selbst ist und kann mich daran erfreuen. Ich brauche kein Wort zu meinen Gunsten
zu sagen. Ich war verloren, und ich bin jetzt völlig gerettet, nicht gemäß dem, was
der Mensch sein sollte, sondern gemäß dem, was Gott ist.

- Was hat Gott dazu bewegt, uns Seinen Sohn zu geben? Natürlich Garnichts (Why,
nothing, of course!). Es kam aus Seinem eigenen Herzen. Ich bin „zur
Gerechtigkeit Gottes in Ihm gemacht." Er hat „Frieden gemacht durch das Blut
Seines Kreuzes", und uns so mit sich versöhnt. Diese Versöhnung ist es, mit der
Gott sich selbst völlig verherrlicht hat, und Er hat sich mit mir völlig in sich
versöhnt. Das Einzige, was wir zu bringen hatten, waren unsere Sünden.

- Selbst in jeglichem Sinn mangelhaft, wie wurde ich versöhnt? Als erkauft und
erhöht und zu Gott zurückgebracht gemäß dem, was Er bewirkt hat. Ich bin Ihm
nicht einmal halbwegs entgegengekommen: „Du in Deiner Gnade hast die
Erlösten in Gnade vorangeführt, Du hast sie in Deiner Kraft zu Deiner Heiligen
Wohnung geführt." „Ich habe dich mit Adlers Flügeln geborgen und selbst zu mir
gebracht." Er hat mich im Einklang mit sich selbst zu Ihm selbst gebracht. Mein
Herz ist in Übereinstimmung mit Ihm. So werde ich mit Gott versöhnt.

- Die Dinge hier unten sind noch nicht mit Gott versöhnt – wie wir wissen, auch
unsere armen Leiber nicht. „Wir haben diesen Schatz in irdenen Gefäßen, dass
die Vortrefflichkeit der Kraft von Gott sei, nicht von uns." Es ist allein das Werk
Christi, und niemals irgendein Beitrag unsererseits, denn wer hat es schließlich
getan? Wir? Auch nicht das Geringste davon, sondern Gott selbst!

- Der Herr will, dass wir Fortschritte machen, indem Er uns züchtigt, wenn es
nicht anders geht.

- Das findest du aber niemals vermischt mit dem Passend-Gemacht-Sein. Fortschritt ist vermischt mit Erfahrung und göttlicher Leitung, Passend-Gemacht-Sein dagegen mit dem Werk Christi und unserem Bei-Ihm-Sein. In Hinsicht auf unseren Wandel gibt es die beständige Leitung Gottes. Dabei sieht Er auf Fortschritt.

- Wenn es um die Frage der Versöhnung mit Ihm selbst geht, gibt es keinen Fortschritt. Es gibt keinen Fortschritt im Wert des Blutvergießens Christi. Es gibt keinen Fortschritt in dem Leben, das ich bekommen habe, nicht in dessen Wesen, sondern in dessen Wandel!

- Täglicher Fortschritt muss in unserem Wandel liegen, aber hinsichtlich unserem Passend-Sein ist es das Werk Gottes. Wir sind „angenehm gemacht (accepted) in dem Geliebten".

- Natürlich gibt es hier keine Fehler, und darum keinen Fortschritt; es verletzt Heiligkeit, wenn sie hier eingebracht wird. Wenn du von Heiligkeit sprichst, die aufs Engste mit Wandel verbunden ist, sollte es Fortschritt geben – aber das ist nicht Gerechtigkeit. Heiligkeit ist Abscheu vor dem Bösen. In uns ist Heiligkeit nicht wirklich entwickelt, auch wenn eine heilige Natur da sein sollte, bis wir verstehen, dass wir die Gerechtigkeit Gottes sind. Bis dahin kann ich nicht anders, als Heiligkeit mit meinem Angenommen-Sein zu vermischen. Bis dahin trage ich die Frage mit mir herum, was die Folge meiner Sünde hinsichtlich meines Angenommen-Seins vor Gott bewirken mag.

- Bin ich mir aber im Klaren darüber, was mein Angenommen-Sein bei Gott angeht und dass ich im Licht bin, wie Gott im Licht ist, dann kommt es zu einem Abscheu gegenüber der Sünde um ihrer selbst willen. Und das ist Heiligkeit.

- Ich bin von der Macht der Finsternis befreit und in das Königreich des geliebten Sohnes Gottes versetzt. Ich habe meine ganze Position (place) verändert. Dunkelheit ist die Abwesenheit des Wissens von Gott. „Wenn wir im Licht wandeln wie Er im Licht ist, haben wir Gemeinschaft miteinander." „Wenn wir sagen, dass wir Gemeinschaft mit Ihm haben und in der Finsternis wandeln, lügen wir und tun nicht die Wahrheit."

- Entweder sind die Leute im Licht oder in der Finsternis. Wenn ich in Finsternis wandle, kenne ich Gott überhaupt nicht.

- Bei all dem gibt es ein Gewissen, einen Sinn dafür, dass der Mensch ein verantwortliches Wesen ist. Der Mensch fühlt, was richtig und falsch ist.

- Satan verbirgt nun aber Gott vor dem Gewissen. Ich denke nicht, dass er das Gewissen völlig zerstören kann, aber er verbirgt Ihn davor. Die ganze Welt ist völlig ohne Gott, es gibt keinen einzigen gemeinsamen Gedanken zwischen Gott und ihr.

- Wir sind „versetzt in das Königreich Seines geliebten Sohnes". Dorthin wurden wir gebracht. Die Wahrheit konnte nicht aus eigener Kraft kommen.

- Die Macht der Finsternis ist die Herrschaft Satans über diese Welt, und durch Nichtigkeiten, Geld, sogar durch Wissen, durch alles, was hier vor sich geht, verblendet er die Augen der Menschen und behält seine Macht über sie. Und von Alldem sind wir freigemacht und in das Königreich des geliebten Sohnes Gottes gebracht.

- Wir sind von der Macht der Finsternis befreit und zu dem Ort übergegangen, wo Christus ist, und nur da, nicht nur ins Licht, aus der Dunkelheit heraus, sondern im Königreich verbunden mit dem einzigartigen Gegenstand Seiner besonderen Liebe, dem Königreich des geliebten Sohnes Gottes, dort wurden wir hinein-gebracht. Wir haben diesen Platz, in den Gnade uns gebracht hat, wir sind „passend gemacht, Teilhaber des Erbes der Heiligen im Licht zu sein."

- All das haben wir in ärmlichen irdenen Gefäßen, wenn auch „auferstanden mit Christus". Und daher sollen wir „die Dinge, die oben sind, suchen". Der auf-erstandene Christus zur Rechten Gottes ist unser Leben, und noch sind wir nicht aus dieser Welt herausgenommen.

- „Wandelt würdig des Herrn zu allem Wohlgefallen." Mein Pfad durch diese Welt soll Seiner würdig sein. Mein Leben soll der Ausdruck Christi sein, mein Leben, meine Art, alles das, was Christus ausmachte.

- „Fruchtbar zu jedem guten Werk, und wachsend in der Erkenntnis Gottes." Hier habe ich Wachstum. Bei der Versöhnung gibt es kein Wachstum – es gibt kein

Wachstum im Wert des Blutes Christi, aber von dem Moment an, an dem ich Leben bekomme, gibt es „wachsend" (increasing) oder „wachsend (growing) durch die Erkenntnis Gottes." Ich kenne Gott und kann sagen: Das entspricht Gott nicht (That is not fit for God).

- Für einen Christen gibt es keinerlei Vollkommenheit, außer Christus in Herrlichkeit (wir sehen leider, dass es in bestimmten Kreisen gängige Auffassung ist, dass man hier Vollkommenheit erreichen kann). Wenn ich ein auferstandener Mensch bin, nehme ich Ihn auf der Erde als Vorbild für meine Schritte, aber nicht als Vorbild dafür, was ich erreichen kann. Christus hier unten kann ich nicht durch Nachahmung erreichen, weil Christus keine Sünde hatte, aber ich habe Sünde.

- Was ich suche, ist Christus in Herrlichkeit. Es heißt „wenn Er erscheint", dass ich sein werde wie Er, und nicht vorher. Hier unten habe ich keine Berufung, die Berufung ist oben, alles das, was Gott für uns vorbereitet hat.

- Gott gibt dir keine Regel, die du einhalten kannst - nie! Zuerst gab es das Gesetz. Konnte der Mensch es im Fleisch einhalten, wo es ihm gegeben war? Es unterwarf sich niemals dem Gesetz Gottes, und das kann es auch nicht. Und jetzt haben wir Christus in Herrlichkeit. Kann ich das erreichen? Niemals hier! Aber ich strecke mich danach aus; es ist vor mir, und ich werde es niemals erreichen, bevor ich zu Ihm komme.

- Der Gegenstand, auf den ich mich konzentriere, beherrscht mich, wo ich bin, „Ich lebe durch den Glauben an den Sohn Gottes", und wenn du nicht durch Ihn, den Verherrlichten, lebst, hast du Ihn überhaupt nicht. Wenn du nach Vollkommenheit hier unten strebst, hast du dein Ziel verloren, und unterliegst einem völligen Irrtum in der Sache selbst. Der verherrlichte Herr ist der Gegenstand, auf den unser Denken stets ausgerichtet sein sollte. Wir sind vorherbestimmt „dem Bild Seines Sohnes gleich" zu werden, und wenn du auf irgendetwas anderes schaust, schaust du darauf eben nicht.

- Was den Pfad hier unten angeht, sind wir „mit aller Macht gestärkt, gemäß Seiner herrlichen Kraft." Und was ist die Frucht daraus? Es hört sich ärmlich an: „Geduld"! Aber ich sage, versuch es und sieh, ob da nicht ein tätiger Eigenwille

in dir ist. Das ist nicht Geduld! „Lasst uns die Geduld ihr vollkommenes Werk tun,
damit ihr vollkommen und völlig seid und nichts mehr braucht." Sieh, ob du für
Geduld nicht göttliche Kraft brauchst.

- Das ist das Erste: „Gestärkt mit aller Kraft zu aller Geduld." Und was danach?
„Langmut (long-suffering)." Wie wir es in Epheser sehen: „Ich flehe euch an,
dass ihr der Berufung würdig wandelt, mit der ihr berufen seid, mit aller Demut,
Sanftmut mit Langmut." Und dann folgt „Freudigkeit". Der Moment, in dem der
Wille gebrochen ist, mein Wille sich Gottes Willen beugt, und ich alles ertrage,
was mir begegnet, dann ist die Freudigkeit unbehindert.

- Wir haben also einen Ort, an den wir versetzt sind, und dann das Verhalten, mit
dem wir wandeln sollen. Worauf der Apostel dringt ist, dass wir „erfüllt mit der
Erkenntnis Seines Willens und geistlichem Verständnis" sein sollen. Der Apostel
sucht nach geistlicher Übereinstimmung mit dem Willen Christi, damit unser
Denken daran ausgerichtet ist, und nach Wandel und Wegen, dass unser Leben
den Ausdruck des Lebens Christi tragen kann.

- Die Frage ist: Was gefällt Christus? Ich sage nicht, eine Sache ist falsch – nicht
völlig falsch - aber was gefällt Christus? Wenn unsere Herzen auf Christus aus-
gerichtet sind, wird unser einziger Wunsch sein, „würdig des Herrn zu wandeln".

- Gott möchte, dass wir „heilig, tadellos und einwandfrei vor seinem An-
gesicht" stehen sollen und dazu ausgesandt, hier unten in der Erkenntnis unseres
Platzes dort oben zu wandeln.

3.13 Christus: Sein Werk und Zeugnis[83]

Dieser Artikel Darbys hat mit dem vorangehenden Text „Versöhnung" eine
gewisse innere Verwandtschaft in der Argumentation und auch in der Vielfalt der
hier von ihm angesprochenen Themen. Zwar betont Darby eingangs, dass es hier
weniger um den Leib und seine Privilegien gehe als um das Haupt und Seine Fülle,
gleichwohl befasst sich der Text in seiner Gesamtheit einmal mehr mit dem

---

[83] *Christ: His Work And Testimony (Colossians 1), Erstveröffentlichung 1878, CW 31,204ff*

172

christusgemäßen Wandel hier auf der Erde, auch wenn wir bereits mit Christus auferstanden sind.[84] *Diesem Ansinnen wird Darby gerecht, in dem er von „Christus in uns" hier auf der Erde ausgeht und damit klar macht, dass jedwede Frage des Wandels (einschließlich Evangelisation) seitens des Einzelnen oder der Gemeinde letztlich allein vom Haupt her zu lösen und zu beantworten ist.*

Hier geht es nicht um den Leib und seine Vorrechte, sondern um das Haupt und seine Fülle, nicht um den Geist, sondern um Christus als unser Leben, und das ist genauso wichtig. Es geht auch um den Wandel angesichts der Hoffnung. Wir sehen, wohin der Apostel uns als mit Christus Auferstandene setzt, die trotzdem hier wandeln, und deshalb fragt, wie wir unseren Lauf vollenden. In Eph kommen wir von Gott her, und weil wir dort bei Ihm sind, zeigen wir Sein Wesen genauso, wie Christus es getan hat. Wenn ich sage, ich bin auferstanden, möchte ich auch wie auferstanden wandeln, wenn von Sünde gerechtfertigt, möchte ich Gott mein Leben übergeben, der Sünde tot und von den Toten auferstanden.

Vers 4: Er hatte von ihrer Liebe zu allen Heiligen gehört. Niemand kann aber Gottes Willen erkennen, wenn er nicht mit allen Heiligen verbunden ist. Christi Herz umschließt sie nämlich alle, und wenn wir das nicht tun, scheitern wir dabei, die zu umarmen, die Sein Blick in den Kreis aufgenommen hat (Eph 3,18). In dem Moment, in dem wir in einen erhobenen Zustand aufgenommen werden, sind wir alle Eins. Wir sind, als irdische Menschen betrachtet, Juden, Heiden, alles Mögliche; sind wir aber auferstanden, ist das alles erledigt (done with).

Es gibt zwei Dinge, man könnte auch sagen drei, die wir in der Auferstehung Christi haben. Erstens bezeugt Gott, dass Er das Werk Christi völlig angenommen hat - „Gott hat Ihn von den Toten auferweckt" - und zweitens ist da deren Wirkung, ein neuer Ort mit Gott zusammen, an dem weder Jude noch Heide, weder der unschuldige noch der schuldige Adam jemals gewesen sind.

---

[84] *Von der Einleitung her lässt sich vermuten, dass es sich hier um den Versuch einer möglichst genauen Wiedergabe eines mündlich vorgetragenen Textes handelt. Weiterhin lässt sich vermuten, dass Darby entweder dazu eingeladen war, oder es selbst als notwendig erachtete, zum Thema des Wandels des Christen hier auf der Erde zu sprechen. Offenbar standen Fragen zum gemeindlichen Leben, aber besonders auch Fragen zur Evangelisation seitens der Ortsgemeinde auf der „Tagesordnung".*

Das, geliebte Freunde, ist von größter Bedeutung für unsere Herzen – das Bewusstsein unserer Beziehung zu Gott. Was Christus angeht, sind Sünden Vergangenheit, Gericht Vergangenheit, Tod Vergangenheit, Satans Macht Vergangenheit, seit Christus von den Toten auferstand. Sein Tod war ein furchtbares Zeugnis vom Zustand des Alten Menschen, aber auch ein totaler Bruch mit dem fleischlichen Menschen. „Du sollst keine Früchte mehr tragen, von jetzt bis in alle Ewigkeit." Wir werden niemals das volle Bewusstsein unserer eigenen Segnung haben, bis wir das klar und deutlich verstanden haben, nicht nur, dass wir schuldig sind, sondern dass der ganze Baum schlecht ist.

Gott hat den Menschen beiseitegesetzt, und im Fleisch kann er Gott nicht gefallen, er hat keinerlei echte lebendige Verbindung mit Ihm, welcher Art auch immer, kein Leben, keine Natur, in der er Ihm gefallen kann (Rö 8). Wenn wir davon reden, mit Christus auferstanden zu sein, haben wir die ganze Szenerie hinter uns gelassen, die auch Christus hinter sich gelassen hat; natürlich nicht die Welt, weil Er nicht von der Welt ist, obwohl wir natürlich da durch und uns von ihr unbefleckt halten müssen. Christus ist wieder ins Leben gekommen, ein völlig neuer Zustand nach all diesen Dingen. Wir sind mit Ihm gekreuzigt, der Sünde und Welt gestorben und in diesem neuen Zustand, in dem Christus jetzt ist. Er starb hier unter unseren Sünden, wir wurden darin tot erfunden, und jetzt mit Ihm erhoben, alle unsere Übertretungen vergeben. In Kolosser geht es nur um diesen Ortswechsel, nicht um alles, was noch dazu gehört.

Der Wunsch des Apostels für die Kolosser war, dass sie hier als Auferstandene wandeln sollten, erfüllt von der Erkenntnis, dass hierin das Tun Seines Willens lag. Es gibt einen Pfad, den nicht einmal das schärfste Auge (the vulture´s eye) erkennen konnte, der aber in Christus entfaltet ist, den Er für uns markiert hat, und: „Wer sagt, dass er in Ihm Überfluss hätte, sollte selbst genauso wandeln, wie Er gewandelt ist." Wenn du auf Christus schaust, wirst du niemals auch nur eine einzige Sache sehen, die Er für sich Selbst getan hat: vollkommene Gnade, ein Zeugnis des Willens Gottes, der nur geistlich wahrgenommen wird, nicht durch gesetzliche Gerechtigkeit. Bedeutet solche Gerechtigkeit, auf die eine Wange geschlagen zu werden, und die andere auch hinzuhalten? Das ist die einzige Sache, nach der wir jetzt suchen müssen, und die es nicht einmal im Himmel gibt – einen vollkommenen Pfad mitten durch das Böse.

Oft ist es ein versuchlicher Pfad: die Leute werden ab und zu auf dich treten; aber ist es mein Ziel, dabei meinen Charakter zu behalten, oder Christus zu behalten? Auf diese Weise wirst du schnell merken, welches Motiv dich beherrscht. Wenn du den Blick nur darauf gerichtet hast, wirst du von Gott Erkenntnis bekommen, die klarste Sicht, die es überhaupt gibt, einen Adlerblick. Das Auge Christi in uns sieht das, was Christus gefällt, und die Welt kann das natürlich nicht verstehen. Sie bewundert dich vielleicht, weil sie deine Selbstlosigkeit sieht. Je weiter wir kommen, und je mehr Böses aufwächst, Untreue, Korruption und Aberglauben, desto mehr wird uns unser Glaube das zeigen. Die Welt mag nicht verstehen, warum jemand alles aufgibt, was er hat, aber sie sieht, dass er es getan hat – dass da Motive sind, die das Herz nüchtern und ruhig beherrschen. Bring ihnen das Wort Gottes: sie glauben nicht, dass es ein gutes Schwert ist, aber es ist so, denn es erreicht das Gewissen, und niemand ist seinem Gewissen untreu. Mitten in dieser armen selbstsüchtigen Welt können sie nicht verstehen, wenn da jemand ist, der ganz für einen Anderen lebt. Die Tatsache, dass sie es nicht verstehen können, lässt es sie in gewisser Weise doch verstehen: nämlich, dass da etwas ist, dass sie nicht verstehen können.

Vers 10: „Wandelt würdig des Herrn", das ganze Motiv des Christen in seinem Kommen und Gehen, auf seinem ganzen Lebenspfad. Welch wunderbares Vorrecht. Geliebte Brüder, denkt daran!

Vers 11: „Gestärkt mit aller Kraft...zu aller Geduld und Langmut." Was war das Leben Christi? Jedwede Geduld und Langmut; alles war gegen Ihn, und Sein Pfad der Pfad unwandelbarer Güte, von jeglicher Geduld und Langmut, wenn Er vorbeiging. Suche nach Geduld und Langmut in dieser Welt! Die Welt, die eine Welt ist, die die Prinzipien des Christen nicht haben will, will Christus nicht haben. Unser Pfad darin ist Geduld, Geduld im Dienst an den Seelen. Die Seelen sind voll von sich selbst, aber tief unten gibt es immer eine Sehnsucht. „Kauft die Zeit aus" - nicht Fleiß, sondern die gegebenen Gelegenheiten sehen, so von Christus erfüllt sein, dass ich sie nicht verpasse, wenn ich sie sehe.

Geduld scheint eine Kleinigkeit zu sein, aber versuch es einmal in deinem Herzen und sieh, ob sie dich nicht auf die Probe stellt. Saul wartete sechsdreiviertel Tage und verlor das Königreich, weil er nicht auch noch das letzte Viertel abwarten konnte. Er handelte für sich selbst. Von Natur konnte er lange warten, aber diesmal konnte er nicht durchhalten. Geduld arbeitet für Gott: „Lasst Geduld ihr vollständiges Werk tun." Christus tat nie Seinen eigenen Willen; ihr solltet Seinen Willen tun, geheiligt dafür, Ihm zu gehorchen.

Der Apostel legt nun den Grund, den ich anfangs auf dem Herzen hatte; aber was ich gesagt hatte, ist von ganz praktischer Wichtigkeit. Mein Platz ist das Licht. Wir können niemals rechtes Zeugnis geben oder Anderen dienen, bevor nicht unsere eigenen Beziehungen zu Gott genau geklärt sind. Das Zeugnis Gottes kannst du nicht mit Einsicht bringen, wenn du deinen eigenen Platz nicht kennst. Es geht nicht darum, dass du von dir selbst erzählst, aber kannst du in Gottes Gegenwart sagen „Ich danke dir, dass du mich passend gemacht hast"? Der ganze Wandel ist darauf gegründet: ich bestehe darauf, denn wir wissen alle, wie dass abgelehnt wird, aber es ist der Boden, auf dem alle Christen gegründet sind. Du magst durch die tiefsten Prüfungen gehen (je tiefer, desto besser), aber wenn du an deinen Platz als Christ gebracht bist, dankst du dafür, dass Er dich passend gemacht hat. Die vollkommene und unendliche Liebe hat mich erhoben, einen armen Sünder, und mich passend für das Licht gemacht. Da bin ich jetzt, ein gesegneter Gedanke, das ist die Vollkommenheit der Liebe, Gottes Gedanke, und Er hat ihn ausgeführt. Angenommen, ich bin tatsächlich erhöht, bin ich dann nicht passend für das Erbe der Heiligen im Licht? Die Selbstgerechtigkeit (eine sehr unterschwellige Sache) sagt: „Ich bin nicht passend." Ja, dann weißt du noch nicht, wie hell das Licht ist! Aber ich weiß, dass Er, dessen Liebe an mich denkt, das haben muss, das passend für seine Gegenwart ist, denn Er ist Licht genauso wie Liebe, und Er hat sie in Jesus erwirkt. Der Verlorene Sohn war genauso ehrlich, als er sich in seinen Lumpen aufgemacht hat wie hinterher, aber er war nicht passend, einzutreten, bevor er nicht das beste Gewand anhatte.

Vers 13: „Der uns von der Macht der Finsternis befreit hat" usw. Hier sind wir von Natur aus im Königreich Satans, des Herrschers der Finsternis dieser Welt. Jemand mag nichts Böses meinen, aber der Ruhm dieser Welt, seine Größe, hat Einfluss auf sein Herz. Nun, das ist Finsternis, einfach Finsternis, und die ganze Zeit, die hier in Finsternis verbracht wird, ist Verlust, denn Alles, was nicht Christus ist, ist Verlust, es ist kein Leben darin.

Das Leben Christi in uns kann nicht hinter Reichtum, Macht und Vergeblichkeit her sein – die einzige Sache, die wir in der Welt zu tun haben, ist, sie zu überwinden! Die verblendende Macht Satans ist da, aber wir sind befreit davon. Es steht nicht da „ins Licht gebracht", aber es bringt das erfahrungsmäßige Bewusstsein dessen, was das Licht ist: „das Königreich des Sohnes Seiner Liebe." Es ist Licht: Ich komme heraus aus dieser Finsternis, die nur meiner erbärmlichen Selbstgerechtigkeit dient, nur mir selbst, das Gegenteil von dem, was Christus war.

Es gibt einen wahren, heiligen, gesegneten Ort: die Gegenwart Gottes. Ich bin (nicht nur in das Licht, sondern auch) in das Königreich des Sohnes gelangt. Der Eine, der die Herzensfreude des Vaters ist, das genügende und ausreichende Liebesobjekt des Herzens des Vaters, der Seine Liebe zufrieden stellt und auf sich zieht, in dessen Königreich sind wir gebracht. Wir müssen durch die Welt gehen, die aufgetaucht ist, weil der Mensch aus dem Paradies vertrieben wurde; aber ich bin fort davon in das Königreich, in dem Gottes völlige Freude an Seinem Sohn ist. Wir müssen uns selbst verurteilen und zusehen, dass das wirksam in uns vollbracht ist; aber hier dankt der Apostel dafür, dass es so ist – dass wir, sogar wenn wir noch hier sind, dahin gebracht werden, dass wir wissen, dass wir geliebt sind, wie Christus geliebt ist. Er hat uns das gegeben, was in Seinem und in unseren Herzen ausreicht, uns daran zu erfreuen, und, an zweiter Stelle, dass wir geliebt sind, wie Er geliebt ist.

„Alle Dinge wurden durch Ihn und für Ihn geschaffen." Er konnte sie aber nach Gottes Ratschluss und Liebe nicht in Besitz nehmen ohne Miterben: seine Braut.

Nachdem Er Erlösung bewirkt hatte, wurde Er nicht nur Haupt über Alles. Als Mensch, aber auch als Haupt des Leibes, hat er die Kirche geschaffen.

Vers 21: „Und Er hat Euch versöhnt", das ist mehr als „passend gemacht" für das, was Gott will, gemäß Seiner heiligen Natur. Wir sind nicht nur passend, sondern Gott hat unsere Herzen jetzt in der vollkommenen Liebe versöhnt, die hervortrat und alles in Christi Tod gewirkt hat. Die Welt ist aber nicht versöhnt. Die Versöhnung der Christen ist ein gegenwärtig wirkungsvolles Ding, durch das Wissen über die völlige Liebe Gottes, die Seinen eigenen Sohn nicht verschont hat. Er hat Ihn für meine Sünden gegeben, sie ausgelöscht, und Er hat keine Unbehaglichkeit auf meinem Gewissen zurückgelassen.

Meine Sünden sind nicht nur vergeben, sondern ich bin mit Gott versöhnt! Nehmt es in euer Bewusstsein auf, geliebte Freunde: Christus ist meine Gerechtigkeit, Sünden sind weg, ich selbst geliebt, wie Er geliebt ist – das ist mein Platz! Wie weit können eure Seelen hoch zu Gott blicken ohne einen einzigen Punkt, der eure Freude mindert? Er hat uns zu Sich selbst gebracht – uns in Seine Gegenwart gebracht, im vollen Sinn der wolkenlosen Liebe Seines Herzens.

Wir erfahren dann deren Wirkung im Hinblick auf das Zeugnis. Paulus wurde zum *Diener zweier Dinge* gemacht, und wir auch, ob in *persönlicher Seelsorge* oder *öffentlich im Dienst*. Ich habe diese Liebe, die uns versöhnt, erfahren (learned) und will sie hinaus zu jeder Kreatur tragen. Diese Liebe Christi trage ich so in meiner Seele, dass ich, wenn Bedarf (want) entsteht, das habe, was diesem dient, so in der Liebe Gottes lebend, mit dem Sinn dafür in meiner Seele, sodass es ganz natürlich hervorkommt.

Wenn ich Seelen treffe, bringe ich dann Gott zu ihnen? Das ist das christliche Zeugnis; wir tragen es dann selbst in unseren Seelen, als Passendgemachte und Versöhnte. Egal, was kommt, schwere Zeiten usw., wenn ich es nur hinaustragen kann, ist es das, was Einer im Herzen hören kann, wenn er Ohren hat zu hören. Natürlich werde ich vielleicht abgelehnt, wie Christus es wurde, aber das ist der Charakter des Zeugnisses – das Licht ebenso wie die Liebe.

Der *zweite Aspekt* ist der *Dienst an der Gemeinde* Christi. Er dient *nicht den Sündern.* Du kannst aber nicht einen angemessenen Sinn für die Gedanken und Ziele Gottes haben, uns dorthin zu stellen, wo Er es getan hat, ohne all das mit dir zu tragen. Die Gemeinde setzt die Fülle der Liebe und die Vollkommenheit der Erlösung voraus, die durch unser Zeugnis hervorbricht. Wenn wir uns dessen bewusst sind, dass Gott uns berufen hat, Christi Leib, die Braut Christi zu sein, die Er sammelt, um sie sich Selbst vorzustellen, diese Liebe, die uns in ihrer Fülle bekannt ist, dann wird sie auch den Stempel und Charakter zu allem, was wir sagen, geben.

Das ist dann ein Evangelium, das den Ruin des Menschen bezeugt, aber auch die Liebe, die sich niemals zufriedengibt, bis sie uns zum Sohn gebracht hat. Eine *völlige Erlösung* kann nicht verborgen bleiben, *ich kann kein Evangelium predigen ohne sie mit einzubringen.* Der Strom der Liebe, die wir kennen, legt im Herzen das Fundament all dessen, was darauf aufgebaut ist und gibt der Frohen Botschaft einen anderen Charakter. *Mein Bei-Gott-Sein,* entsprechend dieser vollkommenen Versöhnung, *ermöglicht mir*, hinaus zu gehen und der Not jedes armen Sünders zu begegnen. Du magst das in Schwierigkeit und Versuchung tun, aber du trägst es mit dir, und weder Unglaube noch irgendetwas Anderes kann auf diese Not eine Antwort geben.

3.14 Das Leben Christi im Gläubigen[85]

In diesem Text wird erstmalig (neben der Auslegung einiger Verse aus Kol 3[86]) auf das vierte Kapitel des Kolosserbriefs eingegangen. Gleichzeitig handelt es sich auch um Darbys einzige Auseinandersetzung mit diesem Kapitel in einem längeren Text, wenn man von den gut fünf Seiten in der „Synopsis", die sich darauf beziehen,

einmal absieht. Die Direktheit, mit der Darby hier auf spezielle Einzelfragen zum

---

[85] *The Life Of Christ In The Believer (Colossians 3,18-25; 4) Erstveröffentlichung unbekannt, CW 34,477ff*

[86] Zu Kol 3 s.a.3.2, 3.8 u.3.9

gesellschaftspolitischen Verhalten des Christen eingeht, wird manchen Leser überraschen und lässt vermuten, dass zu diesem Thema direkte Anfragen an Darby herangetragen wurden, die er hier auf biblischer Grundlage beantwortet. Da Darby in anderen Arbeiten zu Kol wiederholt erwähnt hat, dass das Thema „Heiliger Geist" in Kol nicht behandelt wird, ist erstaunlich, welchen Raum er dieser Frage hier widmet.

Was den Kolosserbrief charakterisiert, ist das Leben Christi in uns; nicht die Wirkung des Heiligen Geistes, wie in Epheser, sondern das **Leben Christi.** Der Heilige Geist ist die Kraft, die in mir wirkt: die Kraft und die Gegenwart des Heiligen Geistes ist Alles für mich, vorausgesetzt, ich habe Leben. Ich werde von Ihm geführt, die Liebe Gottes ist durch Ihn in mein Herz ausgegossen, Er ist die Anwartschaft des Erbes: das Bewusstsein und die Kraft aller unserer Beziehungen zu Gott besteht durch den Heiligen Geist, sodass unsere Leiber Sein Tempel sind. Leben ist ebenso wichtig, hätten wir es nämlich nicht, könnten wir auch den Geist nicht haben. Er könnte uns nicht versiegeln und auf dem alleinigen Grund des Lebens in uns wohnen. Aber wir sind mit Blut besprengt, deshalb kommt Er als Zeuge, dass wir weißer sind als Schnee und wohnt in uns. Das Neue Leben ist imstande, die Dinge Christi zu genießen, ist aber keine Kraft der Offenbarung, und wir brauchen die Kraft des Heiligen Geistes, um uns diese Dinge zu bringen. Sie werden geistlich unterschieden. Wir können nicht einmal das Wort ohne den Geist benutzen, es ist das Schwert des Geistes. Es ist nicht das Leben, das mich mit Christus vereint, sondern der Heilige Geist - „Durch *einen* Geist sind wir alle zu *einem* Leib getauft." Es ist der Heilige Geist, der die Macht ist und mich klar aus allen Beziehungen mit dieser Welt herausnehmen kann (der Herr sagt zu Paulus: „Ich habe dich von den Völkern und den Heiden, zu denen ich dich nun sende, frei gemacht"), und doch völlig alle Beziehungen zugesteht.

Wir finden hier Beziehungen, die Gott geschaffen hat und solche, die Er nicht geschaffen hat. Bei der Ehe bekomme ich keine Erlösung oder den Heiligen Geist, sondern das, was in der Schöpfung eingesetzt wurde, und was Gott geschaffen hat, gehört Ihm. Alle diese Beziehungen gesteht Er auf die völligste Weise zu, die es gibt. Sie können eine furchtbare Falle sein, jetzt, wo die Sünde hineingekommen ist, und verdorben und zerstört hat, was Gott gut gemacht hat. Und dann kommt da eine Kraft hinein, nicht Gnade, sondern der Geist und nimmt Paulus aus Juden und Heiden heraus und identifiziert ihn mit einem verherrlichten Christus, der ihn mit der Botschaft dessen in die Welt, was himmlisch ist, sendet, aber er ist nicht **von der Welt.** „Wie mein Vater mich in die Welt gesandt hat, so sende ich euch." Ihre Leiber waren in der Welt, aber **moralisch** waren sie nicht dort. Sie kamen von Christus, Er hatte sie gesandt. Das hebt sie über Beziehungen hinaus, obwohl Gott Sein Siegel daraufsetzt, und es ist eins der Zeichen der Letzten Tage, dass die Menschen ohne natürliche Zuneigung sind.

Er duldet diese Verbindungen, aber sie müssen alle aufgegeben werden, um Christus hier zu dienen. Gott hat die Schöpfung selbst gemacht, und Er gibt diesen Rechtsanspruch niemals ab. Es ist lediglich eine andere Kraft dazugekommen, und von dem Moment an ist es eine Frage **Christi,** dass ich alles aufzugeben habe. „Grüßt Niemanden unterwegs." Die engsten Bindungen waren die gefährlichsten; nicht, dass sie nicht völlig von Gott zugestanden sind, aber: „Wenn ein Mensch nicht seinen Vater und Mutter hasst...kann er nicht mein Jünger sein."

Die Welt – der Zustand der Dinge um uns herum – ist überhaupt nicht das, was Gott geschaffen hat, es ist das, was Sünde daraus gemacht hat. Zwar finde ich die Schönheit Seines Werkes darin, aber verdorben, weil der Teufel die Aufmerksamkeit des Menschen gewonnen hat. Die ganze Schöpfung ist unter der Fessel der Korruption, das ist nicht Gottes Werk. Es ist mühsam, die Menschen glücklich zu machen; sie suchen tausend Wege, Gott zu vergessen, denn wenn sie an Gott denken, wissen sie, dass sie verloren sind. Aber es gibt eine Welt, um die Gott sich kümmert, wo kein Sperling ohne Ihn auf die Erde fällt, alles ist unter Seiner Hand. Er hat der Obrigkeit Macht verliehen usw., und Er lässt sie zu.

Wäre ich unschuldig wie Adam in Eden, bräuchte ich keine Obrigkeit; jetzt aber ginge ohne sie in der Welt alles drunter und drüber. Der Christ soll dieser Obrigkeit untertan sein, sei es die Königin von England oder ein türkischer Herrscher, wer auch immer. Das mag keine Rechtschaffenheit sein. Ich achte aber nicht auf Rechtschaffenheit, sondern auf Gottes Rechte Hand Christus. Ich meine nicht, es **sollte** nicht so sein, aber ich **erwarte** es auch nicht. Meine Aufgabe ist es, als Christ zu wandeln und das Wesen Christi zu zeigen, aber nicht, die Welt in Ordnung zu bringen. Wenn Christus kommt, wird Er das erledigen, denn Er wird es in Seine Hand nehmen. Wenn ich nur mich selbst und andere Christen zurechtbringen könnte, dann wäre das schon etwas. Der Christ sollte eine vollkommene Darstellung des Wesens Christi in einer Welt sein, die Ihn abgelehnt hat. Wir sind lebendige Zeugen Christi, an dem wir Freude haben und den sie nicht haben wollen. Die Welt ist unter Gericht, aber in Gnade hat Gott es noch nicht durchgeführt – Er sendet seine Frohe Botschaft aus.

Momentan existiert ein großes System von Obrigkeiten, und Gott duldet es. Im Paradies gab es keine Diener, es gab keinen Diebstahl. Jetzt erlaubt Gott Besitz usw., aber das ist nicht der ursprüngliche Zustand, der in Güte eingerichtet wurde, auch nicht der himmlische Zustand, und in sich ist es auch nicht das, was der Christ ist (obwohl das Christentum das alles beibehält) – der Christ ist der Ausdruck dessen, was Christus ist, also duldet er es und unterwirft sich allem, was Gott eingerichtet hat. „Diener" meint hier, er ist Sklave, und nichts anderes als Sünde hat Sklaverei ins Spiel gebracht. Wäre die Sünde nicht da, gäbe es so etwas überhaupt nicht, aber der Apostel setzt sich damit gar nicht erst groß auseinander. Er sagt nicht, dass er dem zustimmt, sondern er lässt die Regierung der Welt einfach da, wo sie ist. Wenn ich körperliche Nöte als Christ erleichtern kann, dann soll ich das auch tun, oder jemanden daran hindern, einen anderen zu schlagen, wenn ich das auf freundliche Art tun kann, aber ich soll **die Welt in Ruhe lassen.** Es ist schwer, das zu tun, in unseren Herzen mögen wir das gar nicht.

Nehmen wir an, es ist gerade Krieg, dann wünschen wir einer Seite Erfolg; das war aber alles schon erledigt, bevor du überhaupt davon gehört hast. Da ist ein hartherziger Kaiser, der wünscht, Rom hätte nur einen einzigen Hals, und den könnte er durchschneiden, oder die Stadt anzünden und dann die Christen beschuldigen, sie hätten das getan – da musst du untertan sein: „Alle Obrigkeit ist von Gott eingesetzt."

Wo immer ich wirkliche Macht in Ausübung sehe, finde ich **Gottes Autorität.** Wenn es einen Aufstand gibt und andere Kräfte sich erheben, bin ich untertänig wie zuvor. Das ist mein christlicher Pfad, wenn auch nicht die Beziehung, die Gott geschaffen hat. Dort wird die Bindung auf dem Prinzip des Christseins aufrechterhalten. Wo es um die Frage der Sklaverei geht, ist es ebenso; wenn du frei sein kannst, dann nutze dies ruhig. Bist du aber gebunden, mach dir nichts daraus. Du bist der freie Diener des Herrn, und Paulus sendet den weggelaufenen Onesimus zurück zu seinem Herrn. Er erwartet, dass Philemon ihn freilässt, und spricht sehr anrührend - „Ich bitte dich als ein solcher, wie ich bin, Paulus, der Alte, und jetzt auch ein Gefangener Jesu Christi" -, aber er will nichts „ohne dein Einverständnis tun, in dem Wissen, dass du mehr tun wirst, als ich sage." Er erwartet Gnade, aber **er lässt die Sache, wie er sie vorfindet.**

Du wirst niemals die Welt in Ordnung bringen, du hast weder Methoden (principles) noch Macht, das zu tun. Du kannst einen unbekehrten Menschen mit unbekehrten Methoden kontrollieren, aber du kannst nicht mit ihm als Christ umgehen. Wenn ich die Welt in Ordnung bringen will, muss ich mich mit der Welt verbinden, und kann keine anderen Methoden benutzen als ihre. Dann muss ich das Christsein aufgeben, denn die Welt hat keine anderen Methoden, mit denen sie sich regieren lässt. Du kannst gnadenbringend Einfluss nehmen wie Christus es getan hat, und das müssen wir machen. Der Christ soll sein Licht leuchten lassen, und das Zeugnis seiner Prinzipien ist so klar und einleuchtend, dass sie „unsere Guten Werke sehen."

Wenn er sich mit einem Untreuen verbindet, gesteht er zu, dass Untreue die Welt in Ordnung bringen kann. Der Christ selbst hat seine eigenen göttlichen Gnadenprinzipien, nach denen er handelt, sodass ein Zeugnis dessen entsteht, was er mit diesen Prinzipien erreichen kann (das Christentum hat die Welt in einem bestimmten Sinn reformiert, weil es die Muster einer besseren Welt eingebracht hat, und die Welt sich schämt, das im Licht zu tun, was sie in der Dunkelheit getan hat). Ein Mensch wird nicht tun, was eines Menschen nicht würdig ist, aber „unwürdig des **Herrn", das** findest du nie, aber genau da hat der Christ zu wandeln.

Paulus sagt zu den Herren, „Ihr habt einen Herrn im Himmel", der alles sieht, was ihr tut. Eure Aufgabe ist es, zu zeigen, was Christsein ist und tun kann, und das ist nichts für einen Treulosen, oder wen auch immer. Dein Bekenntnis als Christ muss so einleuchtend sein, dass sie wissen könnten, wo es herkommt. Lasst die Welt ihre eigenen Wege gehen, und ihr euren, den Weg Christi. Wenn nicht, geht ihr Kompromisse ein, anstatt am Zeugnis festzuhalten.

Du merkst hier, dass der Aspekt des Gehorsams bei allem zuerst kommt. Es ist eine natürliche Sache, dass der Christ zunächst damit zu tun hat. Er ist „zum Gehorsam geheiligt." Diesen Bereich verlässt er auch nie; er scheitert natürlich dabei. Der Herr sagt: „Wie mir der Vater geboten hat, so vollbringe ich es auch." Die Apostel sagten nie, womit man oft Probleme hat, ich habe das Recht das so und so zu machen. Da steht: „Wir sollen Gott eher gehorchen als dem Menschen." Wenn ein Mensch mich daran hindert, Gott zu gehorchen, dann ist das falsch. Aber es geht nicht um ein Recht, das wir hätten, sondern ich soll „Gott eher gehorchen als dem Menschen."

Du betrittst den Pfad Christi, den Pfad göttlicher Weisheit, den das schärfste Auge nicht gesehen hat, und die Art und Weise, dich darauf zu halten ist „anhaltend im Gebet zu sein" (Kap. 4,2), unaufhörlich alles vor Gott zu bringen. Es erfolgt ein merkbares direktes Eingreifen Gottes, alles wirkt zum Guten zusammen, und durch Gebet kommen unsere Herzen durch Gnade in Verbindung mit dieser überwältigenden Kraft Gottes, entweder, um das Unheil, das Satan gerade tut, zu stoppen, oder eine Tür als Ausweg zu öffnen. „Wir wollen uns dem Gebet widmen und dem Dienst des Wortes" - nicht: dem Dienst des Wortes, und dann dem des Gebetes.

Worum auch immer es im Gebet geht, es bringt Gott ständig ins Spiel, sodass das Herz bei Gott ist. Wenn ich völlig abhängig von Ihm bin, in Ihm lebe, und Sein Wort in mir lebt, um meine Gedanken zu leiten, bin ich sicher, das zu erhalten, was ich erbitte. Dann erfahre ich das gnadenvollste Handeln in Hinsicht auf meine Nöte: „Seid um nichts besorgt"; „Vertraut Gott eure Nöte an." Es folgt dann nicht, dass alle berechtigt sind; aber brüte nicht über irgendetwas, bring es zu Gott.

Vielleicht sagt Er, Er kann deine Bitte nicht gewähren, wie bei Paulus, als er sagt, dass Gott den Dorn in seinem Fleisch entfernen möge, da sagt Gott, ich habe ihn dir zu einem bestimmten Zweck gegeben. Und dann ruhte der Friede Christi auf ihm durch die ganze Sache hindurch, die ihn hatte niederfallen lassen. So hält der Friede Gottes mein Herz.

„Wacht darin" (V.2). Wenn ich mit Gott lebe, weiß ich, um was ich Gott bitten soll, ich sehe es, wenn Satan und Gefahr kommen, oder welche Falle sonst auftaucht, an die ich überhaupt nicht gedacht habe, wie die Jünger, die vor Trauer eingeschlafen waren – sie passten nicht auf. Wenn ich wach bin und Versuchung sehe, bekomme ich die Kraft zu gehorchen und Christus darin zu zeigen, „mit Danksagung." Wenn nämlich ein Mensch den Pfad enger Verbindung mit Gott geht, ist Danksagung da. Bevor ich noch die tatsächliche Sache bekomme, um die ich bitte, bekomme ich schon Seine Antwort und sage, Gott sei Dank, Er hat sich gekümmert, auch wenn ich die Frucht im Moment noch nicht sehe.

Vers 5: „Wandelt in Weisheit." Genau wie: „Wie tote Fliegen in der Salbe eines Apothekers einen üblen Geruch verursachen, so tut eine kleine Dummheit dem, der für Weisheit bekannt ist" - göttliche Weisheit, um dem Feind keine Gelegenheit zu bieten. Ein dummes Wort, ein voreiliger Ausdruck kann eine Person hindern, der das Evangelium verkündigt wird; wenn es zum Stolperstein wird, der das Evangelium verhindert, dann ist das keine Kleinigkeit. Ihr sollt Christus bringen, da gehört es sich für euch auch, dementsprechende Träger Christi in den Bezügen, in denen ihr steht zu sein.

„Eure Rede lasst **immer** gnadenvoll sein" (V. 6). Wenn Christus durch Glaube in meinem Herzen wohnt, und ich mit Herzen und Denken gewohnt bin, bei Christus zu sein, wird Christus hervorkommen. Wie viele Worte sprechen wir am Tag, gar nicht einmal schlecht und böse, sondern sinnlos und in dem Moment gar nicht einmal böse gemeint? Das ist nicht **Christus**, und, merke, wenn es nicht Christus ist, dann ist es etwas anderes - das Fleisch! Es ist nicht so, dass wir nicht glücklich sein sollen, Christus macht uns glücklich, und das soll man auch sehen; aber unsere Rede soll **immer** gnadenvoll sein. Wenn wir Christus mit jedem Wort brächten, was für ein Leben würden wir dann leben! Die Freude des Himmels wäre das für mich, bei keinem einzigen Schritt bräuchte ich mein Gewissen. Hier aber kann ich mich nicht gehen lassen, überall gibt es Fallen, und ich brauche eine ungemeine ständige Selbstprüfung.

Vers 12: Paulus achtet darauf, dass sie „vollkommen in jedem Willen Gottes" dastehen sollen; nicht perfekt im Fleisch, sondern „in allen Stücken wachsend zu Ihm, der das Haupt aller Dinge ist." *Der Christ, der anfängt, in seinem Wandel Bestätigung zu suchen, dass er Christ ist, der liegt falsch. Andere suchen nach Zeichen. Er soll sich lieber völlig Gott hingeben, und nichts suchen als Dessen Willen, und nichts anderes.* Bist du je in Zweifel wegen irgendeiner Sache – ein Haus kaufen oder so? Frag, was der Wille Gottes ist. Wenn du dann noch Zweifel hast, behaupte ich, du bist nicht völlig auf Gott ausgerichtet (your eye is not single). Vielleicht hast du die Ursache nicht gefunden, aber Er lehrt dich, indem er dich in Umstände stellt, in denen du Motive entdeckst, von denen du nicht einmal wusstest, dass es sie in deinem Herzen gibt, damit du wie Christus bist und „vollkommen und komplett im ganzen Willen Gottes."

Liegt darin die Energie und die Absicht deines Herzens? Es ist mit dem Bewusstsein verbunden, dass wir Christus gehören. Wir sind in die Welt als Briefe Gottes gestellt, bekannt und gelesen von allen Menschen, damit wir das Leben Christi in unseren sterblichen Leibern darstellen. Bei Ihm suchen wir Stärke und Weisheit, damit wir in allen Stücken zu Ihm hin wachsen. Ist das die Absicht unseres Herzens in allem, was wir tun? Ist sie das? Will ich wirklich den Willen Gottes tun?

Der Herr gebe uns, dass wir das als unseren Wunsch haben, ständig und ernsthaft, um dann „im Gebet fortzufahren und darin wachsam zu sein." Wenn du als Christ glücklich sein willst, dann geschieht das darin, dem Geist nicht Mühe zu machen. Das nicht zu tun heißt, nahe bei Christus zu gehen, und das Geheimnis Seines Willens zu erfahren, damit du dich ohne Mühsamkeit für den Geist an Christus erfreuen kannst. Mose sah nicht, dass sein Gesicht glänzte, aber für die Leute war es das Zeugnis, dass er bei Gott gewesen war. Gebe uns der Herr, in der

Abhängigkeit des Gebetes bei Gott zu sein, und wir werden die Kraft des Herrn haben, und den klaren Blick dafür, wo wir nicht mit Ihm wandeln.

3.15 Bemerkungen über den Anfang von Kolosser[87]

Es ist mir ein Bedürfnis, euch von Zeit zu Zeit, soweit mir der Herr die Gelegenheit dazu gibt, ein paar Bemerkungen über den Brief an die Kolosser zu senden, insbesondere als Hilfe für die Jüngeren, die erst vor Kurzem durch Seine große Gnade denen hinzugetan wurden, die den Herrn Jesus Christus kennen und lieben.

Es gibt zwei Aspekte in diesem Brief, die ihn gerade für Diese besonders wertvoll machen. Der Erste ist die Art, wie er so völlig die Herrlichkeit der Person Christi offenbart, sei es als Sohn der Liebe des Vaters, in dem die Gottheit wohnt, sei es als Schöpfer und Erlöser und Haupt Seines Leibes, der Kirche. Der Zweite ist die Art, wie er „das Geheimnis" entfaltet, zur Freude und zum Trost der Heiligen – sogar Christus in ihnen, die Hoffnung der Herrlichkeit.

Das sind also die beiden großen Themen, die der Heilige Geist in dieser wertvollen Epistel vor unsere Herzen bringt. Was kann stärkender oder froh-machender sein, als Auge und Herz mit der Herrlichkeit Jesu erfüllt zu haben, und die Freude und Zusicherung unserer engen Verbindung (intimate union) mit Ihm, gepriesen in unseren Herzen durch den Heiligen Geist? Im Licht Seiner erhöhten Herrlichkeit zu wandeln, und im Bewusstsein unseres persönlichen Interesses an Seiner Liebe, das ist die große Notwendigkeit in diesen bösen Tagen. Nichts anderes wird uns Mut geben, Ihn vor den Menschen zu bekennen, und dies allein wird uns aus allen Fallen Satans befreien, sei es von Weltlichkeit auf der einen Seite, sei es von einer Religion, die nicht nach Christus ist, auf der anderen Seite. Diese Dinge werden uns nach und nach in den Blick kommen, wenn der Herr es will; inzwischen wollen wir dem Verlauf dieser Epistel von Anfang an folgen.

---

[87] *Notes On The Beginning Of Colossians, Erstveröffentlichung 1860, CW 27, 261ff*

In den ersten beiden Versen haben wir den Gruß des Apostels, und in den nächsten drei seinen Dank der Kolosser wegen. Er spricht sie an als ein Apostel Christi, ausgestattet mit der Autorität Seines Namens, und empfiehlt sie der Verbindung mit Seiner Gnade an. Darüber hinaus hatte Gott ihn mit diesem Dienst beauftragt. Am Ende des Kapitels berichtet ihnen der Apostel von einem doppelten Dienst, der ihm als Gefäß der Gnade Gottes anvertraut war: Erstens ein Dienst der Verkündigung des Evangeliums für Sünder, und zweitens ein Dienst an der Kirche[88], um den Heiligen die unausforschlichen Reichtümer Christi bekannt zu machen. In der Ausübung dieses zweiten Dienstes schreibt er diese Epistel. Sie soll den Herzen der Heiligen gesicherte Erkenntnis und Freude an ihrer Stellung und Teilhabe in Christus bringen, damit sie in friedlicher Verbindung mit Ihm wandeln, bis Er erscheinen wird.

Diesen Dienst erfüllt er im Namen und als Apostel Jesu Christi. *So fließt die ganze Epistel direkt von Christus durch Seinen auserwählten Apostel.* Er schreibt, wohlgemerkt, an die Heiligen und gläubigen Brüder in Christus und, wie wir gesehen haben, an Christi statt. Sie waren „in Christus", dem großartigen Mittelpunkt der Neuen Schöpfung, heilige und gläubige Brüder in Ihm. Dann reicht er ihnen den süßen Strom der Gnade und des Friedens von Gott dem Vater und dem Herrn Jesus Christus dar. Genau wie Jesus von seinen Jüngern beim Akt der Segnung getrennt war, so beginnt der Apostel Christi seine Epistel an die Kolosser, indem er sie, bevor er auf irgendetwas anderes eingeht, mit der Gnade und der ungetrübten Gunst des Vaters und des Sohnes begrüßt, deren Objekt sie immer waren, indem sie in Christus waren, und mit dem Frieden, der die Frucht dieser Gunst ist.

Danach folgt seine Danksagung. Er dankte Gott, sogar dem Vater „unseres Herrn Jesus Christus", indem er ständig für sie betete, für die Hoffnung, die um ihretwillen im Himmel aufbewahrt war. Wir sehen hier, wie Paulus sich mit den Interessen des Himmels identifizierte. Er hatte vom Glauben und von der Liebe dieser Kolosser gehört, und sein Herz wandte sich Gott sofort in Danksagung und

---

[88] *Vgl. FN 17*

Gebeten zu: Danksagung, dass Er sofort diese neue Gemeinschaft von Gläubigen mit dem Himmel verbunden hatte und dass Er es bewirkt hatte. Und wohlgemerkt, es ging nicht darum, wovon sie befreit waren, was ihn hier beschäftigt (obwohl er das nicht vergisst, wie wir weiter unten sehen), auch nicht darum, was in ihnen bewirkt war, wie gesegnet das auch war, sondern darum, *wohin* sie gerufen waren, dieses herrliche gesegnete Teil im Himmel; dort oben war ihre Hoffnung aufbewahrt. So wollte er ihre Gedanken offensichtlich mit dem füllen, wohin sie nun gehen würden, und im eigentlichen Sinn von dessen übersteigender Vortrefflichkeit und Herrlichkeit dankt er Gott um ihretwillen als Empfänger eines solchen Erbes.

Dies ist ein sehr wichtiger Punkt. Es gibt nämlich eine große Tendenz, in der ersten Glaubensfreude und im Überschwang der Gefühle, mit der Freude und mit den Gefühlen selbst beschäftigt zu sein, und wenn man dann hinterher durch Versuchungen und Prüfungen des Herzens und des Gewissens hindurch muss, ebenfalls mit diesen selbst beschäftigt zu sein, oder mit dem, was schnelle Befreiung und Hilfe gibt, und die strahlende und gesegnete Hoffnung zu vergessen, die für uns im Himmel aufbewahrt ist, der Platz der Ruhe und Herrlichkeit bei Ihm selbst, den Jesus für uns bereitet hat.

Aber wie kann ich durch die Versuchungen und Prüfungen der Wildnis nach Kanaan reisen, wenn mein Herz das Gefühl für das Gesegnet-Sein des Kanaans verloren hat, zu dem ich unterwegs bin? *Wir sind nicht für die Wildnis erlöst, sondern für Kanaan!* Wir erfreuen uns an der Hoffnung der Herrlichkeit Gottes. Und wenn die Herrlichkeit Gottes tatsächlich unsere Freude ist, können wir hinzufügen: „und nicht nur daran, sondern wir triumphieren auch in Versuchungen." Denn dann wissen und erfahren wir auch, dass genau diese Versuchungen alle gemacht sind, um zu unserem Besten zu wirken, und uns auf unserem Weg zu unterstützen. Denn „Versuchung schafft Geduld." Möge diese uns von der Rastlosigkeit unseres eigenen Willens befreien, die uns nur ablenken würde. Geduld macht uns, nebenbei erwähnt, auch frei von der Furcht davor, was Menschen uns antun könnten.

Wir lernen, auf Gott zu vertrauen. Darüber hinaus lernen wir, wie wenig wir Urheber unseres eigenen Segens sein können, und wir zählen mehr und mehr auf die ständige Wachsamkeit und Liebe und Fürsorge eines Vaters im Himmel. Seine Liebe ist durch den Heiligen Geist, der uns gegeben ist, in unsere Herzen ausgegossen. Wir wissen, dass wir in manchen Prüfungen sind, weil wir Gegenstand Seiner Liebe sind, die Erretteten Seiner Gnade vor dem Feuer, das nie erlöscht. Und außerdem sind wir unterwegs zu Gott. Wenn wir so das Ende im Blick haben, versetzt uns das in den Stand zu bekennen, dass wir Fremde und Pilger auf der Erde sind, und das erleuchtet jeden Schritt auf dem Weg mit Hoffnung. Wir würden sonst ermüden und geistlich schwach werden, aber durch das Leben mitten in den Dingen, die unsichtbar und ewig sind, wird der innere Mensch Tag um Tag erneuert, und genau das ist auch die Zeit, in der die äußere Welt verfällt und zerfällt.

Jetzt kommen wir zu einem dritten Punkt, und das ist der Grund des Dankes im Blick auf die Kolosser. Wie konnte der Apostel mit dieser Sicherheit um ihretwillen danken, *obwohl er sie noch nie gesehen hatte*? Das sagt uns Vers 4: Es war, weil er *von ihrem Glauben an den Herrn Jesus gehört hatte, und von ihrer Liebe zu allen Heiligen.* Das waren die Unterscheidungsmerkmale und die Kennzeichen des göttlichen Lebens im Menschen. Und da diese eben von Gott kommen, wusste er sehr wohl, dass alle die, die diese besaßen, für immer in das Bündel des Lebens beim Herrn Jesus Christus eingebunden waren, und dass sie dort, wo Er war, ebenfalls sein würden. Das waren die Grundlagen. In Christus zählt nur der „Glaube, der durch die Liebe wirkt."

Also erstens, ein Glaube, der zu Jesus mit seiner ganzen Sündenlast und Wertlosigkeit kam, weil er sonst nichts hatte, wohin er sich wenden konnte, und weil er in Ihm eine Liebe und Heiligkeit sah, die die Sünder annahm und sie zu Seinen Begleitern und Freunden machte. Und zweitens, eine Liebe, die Ihn zum Gegenstand hat, und demzufolge auch alle die Seinen. So wendet sich der Glaube nicht nur zuerst zu Ihm, sondern bindet die Seele an Ihn als auferstanden und empfängt ständig aus seiner Fülle. Und Liebe, die die Heiligen als Schatz Seines

Herzens erkannt hat, umgibt sie für immer mit zartester Zuneigung in der Brust. Sie sind ihm ebenfalls lieb. Das ist das Motiv der Liebe, die niemals ermattet. Sie bedeckt mit göttlicher Anmut alle Gegenstände Seiner Liebe. Und was die Liebe für sie tut, tut sie wie für Ihn, und die Belohnung ist groß.

In den vorangegangenen Versen wurden uns *drei Punkte* nahegebracht. Der *Erste* war der Gruß des Apostels, in dem er die Heiligen als Gegenstand der gegenwärtigen Zuneigung des Vaters betrachtet, und des Friedens, den Er gibt. Glückliche Stellung, die uns für immer in Christus gesichert ist! Und süß ist es, *die Heiligen jederzeit so zu sehen, wie auch immer ihr praktischer Zustand aussehen mag,* als Geliebte Gottes, die Auserwählten der Erde, deren gegenwärtigen Frieden und Segen Er sucht, genau wie Er ihn für immer in Christus gesichert hat. Mit diesen Gedanken Gottes vertraut, grüßt der Apostel sie mit Gnade und Frieden von Gott, ihrem Vater und dem Herrn Jesus Christus.

Zum *Zweiten* fanden wir da seinen Dank für die Hoffnung, die für sie im Himmel aufbewahrt ist. Seine Gedanken waren nahe beim Himmel. Dort war Jesus, dort war Er eingetreten und bereitete einen Platz für sie. Er wird wiederkommen, um uns zu sich zu holen, damit wir für immer bei Ihm sind. Und wenn Er erscheinen wird, dann werden auch wir mit Ihm in Herrlichkeit erscheinen. Letzteres war ihre ganz besondere Hoffnung hier vor Ihm, Christus in ihnen, „die Hoffnung der Herrlichkeit."

Welche Ruhe des Herzens hatte der Apostel, wenn er diesen Aspekt des Werkes Christi um ihretwillen betrachtete, und dass sie für immer im Himmel bei Ihm waren! Manche Prüfung hatte er ihretwegen erlitten, wenn es um den Zustand ging, in dem sie waren, als er ihnen geschrieben hatte: sie hatten den Sinn für ihre Stellung mit ihrem auferstandenen Haupt verloren, zumindest war er sehr schwach geworden, und mit der Schwächung angesichts dieser Sache war alles andere ebenfalls geschwächt worden.

Er litt ihretwegen große Schmerzen, und es war Christi Geist, der sich in ihm nach ihrer Hingabe sehnte, und nach dem Eintritt in die lebendige Kraft und in die Freude und den Trost des Geheimnisses. Wenn er sich aber dem Himmel zuwandte, war alles Frieden. Er konnte dem Vater für den Anteil danken, den Dieser für sie dort aufbewahrt hatte. Christus war da. Das Haupt war da, und mit Ihm sollte jedes Glied in Herrlichkeit erscheinen.

Zum *Dritten* hatten wir in Vers 4 den Grund dieser Danksagung, soweit sie betroffen waren, sogar ihren Glauben an den Herrn Jesus und ihre Liebe zu allen Heiligen. Die Gnade hatte schon in ihnen gearbeitet, und er verbindet das sofort mit Herrlichkeit.

Am Ende von Vers 5 und in dem nächsten greift er ein neues Thema auf, das Evangelium, „das Wort der Wahrheit des Evangeliums." In Verbindung damit stellt er *drei Dinge* fest, jedes davon schwerwiegend und wichtig, weil in der Tat jedes Wort von Gott ist.

Erstens verbindet er die Hoffnung, die für sie im Himmel aufbewahrt ist, mit dem Wort der Wahrheit des Evangeliums. Das Evangelium, die Gute Nachricht der Gnade, beinhaltete auch die Gute Nachricht der Herrlichkeit. Im Wort der Wahrheit des Evangeliums hatten sie von der Hoffnung gehört, die für sie im Himmel aufbewahrt war. So groß war die Weite und die Perspektive des Evangeliums, zumindest dessen, das sie gehört hatten. Es war Gottes Gute Nachricht nicht allein von der Vergebung der Sünden durch das Blut Seines Sohnes, sondern auch von dem ewigen Gesegnet-Sein mit Ihm im Himmel.

Wie könnte es auch anders sein? Christus war im Himmel, und wir sind erlöst, um bei Ihm zu sein. Das Kreuz brachte Ihm Herrlichkeit, und allen anderen, die an Ihn glauben, auch. Gesegnet ist es, zu wissen, wovor wir errettet sind, dem Lohn für Sünde, ewiger Trennung von Gott, der Liebe ist, dem Springquell aller Güte und Freude, und auch noch errettet vor dem Lohn der Sünde als Ausdruck Seines ewigen Missfallens. Aber noch viel gesegneter ist es, zu wissen, dass Seine vollkommene Liebe Seinen eigenen Sohn nicht verschont hat, nicht nur, damit ich nicht verloren bin, sondern damit ich Ihn kenne und für immer bei Ihm bin! Jesus war für uns verlassen, damit wir für immer nahegebracht werden konnten. Das gibt dem Herzen seinen Gegenstand, und auch uns vollkommenen Frieden für das Gewissen.

Es befreit uns auch von dieser bösen Welt, die Leuchtkraft und die Segensfülle des Einen deckt den wahren Zustand dieser Welt auf – von Gott entfernt und in Fesseln des Satans und unter Fluch, weil Jesus verworfen wurde. Das Wort der Wahrheit des Evangeliums enthüllt all das, den wahren Zustand der Menschen und ihrer Welt, zeigt aber auch die vollkommene Gnade, die am Kreuz für sie tätig war, und die durch das Evangelium in ihnen gewirkt hat und ihnen sogar noch jetzt einen Platz bei Ihm gibt, Der es für sie ertragen hat, und die Hoffnung, für immer bei Ihm im Himmel zu sein.

Es war das Wort der Wahrheit des Evangeliums, und darauf können wir uns vertrauensvoll verlassen. Die Menschen und ihr Ruhm vergehen, aber das Wort des Herrn wird ewig bestehen, und das war das Wort, das ihnen durch das Evangelium gepredigt war.

Welche Sicherheit des Trittes und welche Lebendigkeit des Geistes gibt diese himmlische Hoffnung dem, der sie besitzt, wenn er durch diese Welt geht! Wir merken dann, dass wir nicht von ihr sind, und dass wir unterwegs zu Gott sind.

Eine _zweite_ Eigenschaft des Evangeliums war seine Allgemeingültigkeit. Es hatte sie erreicht und war unter ihnen, wie es ja auch in der Welt war. Das waren nicht nur jüdische Neuigkeiten, sie waren für alle Menschen bestimmt. Angriffe seitens der Juden gab es im Überfluss, aber da, wo es „Sünde" im Überfluss gab, eine Sache von viel größerer Tragweite, da war auch Gnade im Überfluss.

Drittens dann brachte das Evangelium in aller Welt Frucht, und auch unter ihnen. Wohin es kam, sammelte es Seelen für Gott durch Jesus Christus, aber bewirkte zudem auch Frucht in denen, die gesammelt wurden. Dieser letzte Punkt ist deutlich im folgenden Satz enthalten: „Seit dem Tag, da ihr es hörtet, und die Gnade Gottes in Wahrheit kanntet." Seit damals war es die Kraft des Fruchtbringens, ebenso wie es zu Anfang der Same ewigen Lebens war. Das ist ein sehr wichtiger Punkt, den wir oft zu vergessen geneigt sind. Der Same, der auf den guten Boden fiel, brachte Frucht; einiges dreißigfach, einiges sechzigfach, einiges hundertfach.

Durch den Leib Christi starben wir dem Gesetz, damit wir mit jemand anderem *vermählt würden, nämlich mit Ihm, der von den Toten auferstand, damit wir Frucht für Gott bringen.* Das ist das einfache, natürliche Ergebnis der Verbindung mit dem auferstandenen Christus. Und *wenn die Gnade Gottes in Wahrheit erkannt ist, setzt sie uns in Christus vor Gott, und die <u>Früchte</u> dieser Verbindung haben wir <u>hier unten auf der Erde</u> zu bringen.* Wir sollen in Neuheit des Lebens (newness of life) wandeln, also als Antwort in Richtung auf Gott. Deshalb müssen wir Ihn im Überfluss haben. Wenn wir nur am Haupt festhalten, ist alles Frucht, Frucht für Gott.

Welch ein Ehrenplatz und welche Herrlichkeit ist das, hier in dieser Welt als lebendige Kanäle der Zuneigung und der Tugenden Christi, verborgen in Gott zu sein. Ach, wenn wir das nur mehr schätzen würden! So schmücken wir die Lehre von unserem Retter, indem wir in dieser Welt der Sünde und in den versuchlichen Umständen des täglichen Lebens nicht darstellen, was Fleisch ist, sondern was Christus ist. Unsere Herzen nähren sich von Seiner Liebe, während wir uns auf Seinen Arm stützen und von Seinen Augen geleitet werden. Wie wichtig ist Ihm unser Fruchtbringen, damit Sein Vater verherrlicht wird! Wird Er uns in der Stunde der Not verlassen? Er lässt uns hineingeraten, nur damit wir beweisen, wie überfließend Seine Möglichkeiten sind, uns zu Siegern über alle Kräfte des Feindes zu machen.

Möge er uns nahe bei Sich selbst halten, damit wir in Seiner Liebe glücklich sein können, und deshalb stark darin, für Ihn zu leben.

3.16 Bemerkungen über den Brief an die Kolosser[89]

Wir leben hier auf der Erde, wo wir auch Frucht bringen sollen, jedoch zugleich auch als mit Christus Gestorbene und Auferstandene vor Gott, dem Vater. Diese Aspekte wurden im vorangegangenen Artikel zum Schluss noch einmal besonders betont. Der letzte der hier noch zu übersetzenden Texte greift diese Punkte auf. Zugleich bietet er dem Leser noch einmal einen zusammenfassenden Überblick

---

[89] *Notes On The Epistle To The Colossians, Erstveröffentlichung 1857, CW 27, 249ff*

über Darbys Auslegungen des Kolosserbriefes und hat insofern auch die Funktion, quasi „den Sack zuzubinden".

Zwei Briefe des Neuen Testamentes befassen sich mit dem Geheimnis der Kirche als einem Leib, zu dem sie mit Christus vereinigt ist, der Brief an die Epheser und der an die Kolosser. Infolgedessen gibt es bis zu einem gewissen Maß Gleiches in den beiden Briefen. Sie zeigen jedoch den Gegenstand jeweils unter einem besonderen Aspekt und stellen in den Details einen merkbaren Unterschied vor. Im Ersteren sieht Paulus die Kirche in Christus, wobei die Heiligen ihren Platz im Himmel besetzt haben, im Letzteren sieht er *Christus in den Heiligen (nicht sie in Ihm) hier auf der Erde.*

Kapitel 1, 1-3: Paulus wendet sich an die Kolosser von unserem Gott und Vater (und dem Herrn Jesus Christus)[90] her, das heißt, auf der Grundlage unserer Beziehung zu Gott. Er preist den Gott und Vater unseres Herrn Jesus Christus, der Hauptquelle (first source) all unserer Segnungen. Das ist die Einstellung, in der er sich diesem Thema zuwendet. Die Eröffnung ist die gleiche wie die im Epheserbrief.

Verse 4 - 12: Aber hier gibt einen Unterschied. Im Epheserbrief lässt Paulus zunächst einen ganzen Strom der Reichtümer und der Gnade Gottes fließen (Eph 1, 3-14), bevor er zu dem kommt, was den Glauben der Heiligen und ihren geistlichen Zustand betrifft. Im Kolosserbrief dagegen befasst er sich sofort mit ihrem Zustand. Das zeigt wohl an, dass die Letzteren eher einen niedrigeren moralischen Zustand hatten als die Ersteren. Zu den Ephesern konnte er sofort von den Reichtümern und den Ratschlüssen Gottes sprechen, bei den Kolossern musste er sich hingegen zuerst mit ihnen selbst befassen. In Vers 4 greift Paulus ihren Glauben auf, und in den Versen 5 – 12 erinnert er an das Wirken Gottes zu ihren Gunsten und spricht von seinen Wünschen und Gebeten hinsichtlich ihres geistlichen Reichtums.

Verse 9 – 12 Diese Einführung liefert uns eine sehr schöne Zusammenfassung all dessen, was Christen von Gott erbitten können. Hätten wir genügend Vertrauen in Gottes Anteilnahme an Seinen Kindern, hätten wir auch größere Kühnheit, Gott

---

[90]   Die Kritiker lassen „und dem Herrn Jesus Christus" an dieser Stelle aus. (*S.a. FN 1*)

zu bitten, gemäß den Absichten Seiner Gnade. Wir leben nicht genug aus dieser Gnade, und deswegen haben unsere Gebete immer wieder hauptsächlich Wunsch-charakter. Oft sind wir der Abraham von 1 Mos 15, der für sich selbst bittet und zu Gott sagt: „Was willst Du mir geben?" Aber Paulus zeigt hier den Abraham aus 1 Mos 18, der vor Gott sitzt, Ihn anbetet und Fürbitte für Andere tut.

Vers 10 Gottgemäß wandeln heißt nicht nur, nicht zu fallen, sondern so zu handeln, dass wir Gott gefallen. Es bedeutet, Ihm einen Wandel zu zeigen, der in Harmonie mit der Erkenntnis ist, die Er uns über Sich selbst und über Seinen Willen gegeben hat.

Vers 11 Gestärkt mit aller Macht gemäß der Kraft Seiner Herrlichkeit – nicht nur „herrlich". Die Kraft, von der in diesen Worten die Rede ist, ist die, die die Herrlichkeit Gottes besitzt.

Vers 12 Dem Vater dankend, der uns passend gemacht hat, Teilhaber des Erbes der Heiligen im Licht zu sein. Wir erben von Gott als Kinder (Rö 8,17), also haben wir das Erbe von unserem Vater. Und der Vater, der uns das Recht zum Erbe gibt, bereitet uns so vor, es zu empfangen und uns daran zu erfreuen. „Im Licht" - Er hat uns so gemacht, dass wir imstande sind, im Licht zu leben. Wir können dort mit Freude leben, wo die absolute Heiligkeit zu finden ist.

Vers 14 „Versetzt in das Königreich des Sohnes Seiner Liebe." Gott möchte die Seinen nicht in absolute Reinheit versetzen, ohne ihnen ein Liebesobjekt zu geben. Dieses Erbe, das Er uns gibt, ist zugleich das Königreich des Sohnes Seiner Liebe, in das wir praktisch durch die Erlösung, die Sein Sohn vollbracht hat, eingehen.

Verse 15 – 29 Nachdem Paulus Christus so eingeführt hat, macht er jetzt weiter, indem er Ihn in der Herrlichkeit Seiner Person vorstellt. Er lehrt uns, was Christus in Sich selbst ist, das Werk, das er vollbracht hat, was Er aus sich heraus ist. All das sind, wie wir feststellen, Elemente Seiner Herrlichkeit, *zwei Funktionen als Haupt, eins in der Schöpfung, das andere in der Auferstehung (V 15 -18), zwei Versöhnungen, die der Schöpfung, und die der Heiligen, die die Kirche darstellen (Verse 19 – 22), und zwei Dienste, die von Ihm ausgehen, das Evangelium, gepredigt aller Kreatur, und der Dienst an der Kirche (Verse 23 -29).*

Vers 15 Welche Herrlichkeit liegt in der Person Christi! Er ist auf der einen Seite das Abbild des Unsichtbaren Gottes und stellt in seiner Person den Gott, den man nicht sehen kann, dar, und auf der anderen Seite ist er das Haupt der ganzen Schöpfung.

„Erst – Geborener", Dieser Titel zeigt an, dass der, der diesen trägt, Haupt über Alles ist. Ein Beispiel dafür sieht man in Psalm 89,27, wo Salomo, der zehnte Sohn Davids (1 Chr 3), mit dem Titel „Der Erst – Geborene" das Anrecht auf den Thron seines Vaters erhält. Es ist nicht schwer zu begreifen, dass, wenn der Schöpfer – Gott es gut findet, einen Platz in der Schöpfung zu finden, Ihm der Erste gehört. Der Sohn nahm Seinen Platz ein, indem Er Mensch wurde.

Verse 14 – 17 Der Sohn, der vor allen Dingen ist, schuf alle Dinge von Anfang und durch dieselbe Macht, die Er bei der Schöpfung (formation) der Welten zeigte, hält Er bis heute alle diese Dinge. Ohne Ihn würde sich alles in der Schöpfung auflösen.

Vers 16 Sichtbare und unsichtbare Dinge, seien es Throne oder Herrschaften, oder Fürstentümer oder Gewalten, alles Mächtige hängt von der Macht Christi ab, der alles schuf. Und es *nicht nur durch Ihn, sondern auch für Ihn*, dass all diese Dinge geschaffen wurden.

Vers 18 Er ist das Haupt bei der Auferstehung, nicht nur bei der Schöpfung.

Vers 19 Bis hierhin haben wir Christus als Bild Gottes und Haupt aller Dinge gesehen. Jetzt zeigt Er sich uns, indem er alle Fülle in Seiner Person vereinigt. Hier wohnt die *ganze* Fülle. Die Gnostiker hatten die Vorstellung einer Fülle, in der Jesus nur einen einzelnen Platz besetzte. Um nun für den Herrn Seinen wahren Platz zu bewahren, erklärt der Apostel, dass Jesus, weit davon entfernt, zu einer Fülle zu gehören, Derjenige ist, in dem es der ganzen Fülle gefiel zu wohnen. Was ist diese Fülle? Es ist Göttlichkeit (deity).

Vers 20 Es gefiel dieser Fülle, die alles geschaffen hat, alle Dinge zu versöhnen, nachdem sie nach dem Eindringen der Sünde in Unordnung geraten waren. „Alle Dinge zu versöhnen", das heißt, Schöpfung außerhalb Seiner und die Kirche in Ihm selbst. Die Versöhnung der Kirche ist bereits vollbrachte Tatsache. „Euch **hat** Er versöhnt."

Der allgemeine Zustand der Dinge ist völlige Verwirrung: die gesamte Schöpfung ist in Unordnung, Satan ist an himmlischem Ort, und weil er der Gott dieses Zeitalters ist, führt er den Lauf dieser Welt. Aber diese Unordnung wird nicht für immer bestehen. Gott wird Seine Hand anlegen, der Zustand der Dinge wird sich verändern. Inzwischen ist die moralische Versöhnung bereits erwirkt, wir sind mit Gott versöhnt. Auch für unsere Leiber, die am Verfall teilhaben, wird Versöhnung kommen, darauf warten wir, auf die Versöhnung der Schöpfung.

Wenn Paulus von Versöhnung spricht, meint er weder böse Menschen noch Satan – sie werden aufgezählt, wenn es um die Frage der Unterwerfung aller Dinge unter Christus geht (Phil 2). Aber wenn es um Versöhnung geht, ist offensichtlich, dass von diesen beiden nicht die Rede sein konnte.

Vers 21 Die Versöhnung der Heiligen, die die Kirche darstellen, ist eine besondere Tatsache. Als Paulus sie ansieht, findet er die Gegenstände dieser Versöhnung in größter Entfernung von Gott. Er sieht die Kolosser (ihr Zustand ist der gleiche wie bei Jedem, der im Fleisch ist) als solche, die nicht nur an der allgemeinen Unordnung der Schöpfung teilhaben, sondern auch als entfremdet von Gott. So sind die, die Christus mit Gott versöhnt hat. Er hat sie im Leib Seines Fleisches versöhnt, in Sich selbst.

Vers 22 Es ist wichtig zu betonen, dass die Versöhnung der Kirche, sowie die Herrschaft Christi in der Auferstehung in Verbindung mit Seiner Person stehen.

Vers 23 „Wenn ihr in dem Glauben bleibt." Aus diesen Worten kann man annehmen, dass unter den Kolossern in dieser Hinsicht nicht viel Stabilität war. Die Worte „Wenn ihr in dem Glauben bleibt" zeigen einen Zustand an. Was diesen betrifft, dürfen wir feststellen, dass die Darstellung unserer Person vor Gott, an die dieser Zustand geknüpft zu sein schien, für uns sehr frei ist, denn es ist ja Gott, der alles tut, was dieser Zustand erfordert (Vers 22). Wenn wir dann aber (Vers 23) das Christsein verlassen würden, würden wir unseren Vorzug verlieren, weil wir dann sähen, dass wir dadurch die Gnade zurückgewiesen hätten, durch die wir Gott dargestellt würden.

Das berührt keineswegs die Erwählung und die Ausdauer der Heiligen (diese Ausdrucksweise findet man ständig in den Episteln); es zeigt nur, dass Gott, dessen Treue die Erfüllung Seiner Ratschlüsse garantiert, uns hält und dass Er uns auch moralisch festhält.

Verse 23 – 25 Man achte auf diese beiden Dienste: die Predigt des Evangeliums an alle Schöpfung, die unter dem Himmel ist, und den Dienst des Paulus als Diener der Kirche. Diese beiden Dienste sind verschieden, aber in der Person des Paulus sehen wir beide miteinander verbunden. Im Allgemeinen werden Dienste, die niedriger sind als das Apostelamt, für den einen oder den anderen dieser Dienstzweige gegeben, obwohl es eben auch passieren kann, dass Gott ein und denselben Diener benutzt, um den sehr verschiedenen Nöten der Seelen gerecht zu werden.

Vers 25 „Um das Wort Gottes zu erfüllen." Die Lehre von der Kirche vervollständigt das Wort Gottes, die Schriften. Was danach gegeben wurde, fügte der Offenbarung Gottes nichts Neues hinzu. Die Offenbarung zum Beispiel gibt viele neue Details der Prophetie. Sie wirft viel Licht auf die Propheten des Alten Testaments usw., aber es sind keineswegs neue Wahrheiten.

Verse 26,27 „Das Geheimnis, das von Zeitaltern her verborgen war." Die Ankündigung des Kommens Christi auf die Erde; Seine Leiden, Seine Auffahrt, Seine Rückkehr in Herrlichkeit, um ein neues Königreich zu errichten – all dies war kein Geheimnis, es war offenbart. All diese Offenbarungen kann man auch missverstehen, und in diesem Fall war das Unkenntnis oder Fehler. Aber ein herrlicher und himmlischer Christus, der all dies in Seiner Person vereinte, der den gleichen himmlischen Leib aus geretteten Juden und Heiden formte, wurde nur im Neuen Testament offenbart. Und dieses Geheimnis war nicht nur verborgen, sondern stimmt auch überhaupt nicht mit den Hoffnungen der Juden überein, denn ein Christus, der (durch Seinen Geist) unter den Heiden gegenwärtig ist, der auch noch die einzige Hoffnung der Herrlichkeit ist, ist weit davon entfernt, die Erwartungen der Juden zu erfüllen, die darauf warteten, dass der Messias nun käme und ihnen Herrlichkeit bringen und das Königreich aufrichten würde.

„Christus in euch", oder unter euch, den Heiden. Das ist die Seite des Geheimnisses, das an der Gegenwart des gekommenen Christus hängt, als Er den Heiligen Geist gegeben hat (Apg 2). „Kam und verkündigte den Frieden, euch, den Fernen, und euch, den Nahen (Eph 2,17)." Dieser Ausdruck „unter euch" bezieht sich, entsprechend den Haushaltungen Gottes, auf diese besondere Zeitperiode, während der Christus durch Seinen Geist unter den Heiden ist.

Verse 28,29 Paulus arbeitete dafür, „jeden Menschen untadelig in Christus Jesus" vorzustellen. Für das geistliche Leben reicht es nicht aus, dass jemand in Christus ist, ohne irgendetwas anderes. Nötig ist, nebenbei, dass man lernt, wer Christus ist, und dass unser Charakter durch dieses Wissen geformt wird. Ein Jude oder Heide, der zum Glauben kam, war gerettet, aber er hatte im Hinblick auf unseren Retter noch viel zu lernen. Er musste lernen, dass Jesus der Herr über alles ist, Haupt über alles, und was die Kirche angeht, dass er der Hohepriester all der guten Dinge ist, die noch kommen, usw. Paulus ließ nicht nach in seinen Anstrengungen, Jesus bekannt zu machen. Sein Herz wünschte einen lebendigen Weg, auf dem jeder Mensch ein geformter und erwachsener Christ werden sollte. Jedermann „vollkommen (perfect)" meint erwachsen. Das gleiche Wort erscheint auch in Phil 3,15 und in Heb 5,14.

Kap. 2, Vers 2 „Zusammengefügt in der Liebe und zu allen Reichtümern der vollen Gewissheit des Verständnisses." Das Neue Testament spricht in Heb 10,22 von der vollen Gewissheit des Verständnisses, und von der „vollen Gewissheit der Hoffnung in Kapitel 6,10 der gleichen Epistel. Aber in dem Text, den wir gerade studieren, lesen wir „volle Gewissheit des Verständnisses". In seinem Gebet bat Paulus für die Kolosser um Freude an dieser „vollen Gewissheit des Verständnisses zur Erkenntnis des Geheimnisses Gottes." Letzteres ist umfassender und weiter, alles ist in Verbindung mit der Herrlichkeit Christi. Die volle Gewissheit des Glaubens und der Hoffnung zielt mehr auf uns selbst und unsere Freude, die volle Gewissheit des Verständnisses bringt uns in die Gewissheit des Geheimnisses Gottes, und das gibt uns Verständnis all Seiner Wege. *Es ist erstaunlich zu sehen, wie schnell sich unsere Gedanken dem Irdischen zuwenden und die himmlischen Dinge für unser Leben zurücktreten lassen.*

Das erklärt, warum unter Christen so oft Gesetzlichkeit zu finden ist, denn die Elemente der Welt und des Gesetzes gehören zusammen. Wenn wir gemäß unserer himmlischen Stellung leben und die Freude der Verbindung mit Gott in dieser Stellung erleben, sehen wir die Dinge in Gott und betrachten seine große Liebe von oben aus. Es ist Liebe, die uns diese Gewissheit des Verstehens gibt, und die Vorrang hat. In dieser Liebe können wir göttliche Dinge verstehen, sonst finden wir uns geführt vom Selbst; Egoismus versteht nichts von den Dingen Gottes.

Verse 2,3 Lass einmal in diesen Versen die Worte „und des Vaters und des Sohnes" weg und lies „die Anerkennung des Geheimnisses Gottes, in dem alle Schätze der Weisheit und der Erkenntnis verborgen sind." Die Kirche ist Teil des Geheimnisses Gottes, aber es schließt mehr ein als die Kirche. Gott hatte vor Anbeginn der Zeit das Ziel vor Augen, alles unter einem Haupt zu vereinen, Christus, indem er Ihm als Zentrum dieses Ganzen die Kirche aus Juden und Heiden zusammengesetzt gab, um diese zu einem einzigen Leib mit Ihm zu bilden. Uns so nimmt Christus, gemäß den Absichten Gottes, seinen Platz als Haupt über alle ein, die zu dieser Zweiten Schöpfung gehören, und hat in Herrlichkeit diese Kirche als Leib.

Gottes Regierung hier unten stellt die Elemente der Herrlichkeit Christi dar, aber diese sind nicht Teil des Geheimnisses, deshalb gehören die Herrlichkeit des Messias unter den Juden und die Herrschaft des Menschensohns über die Nationen nicht zum Geheimnis Gottes. Diese Dinge wurden im Alten Testament geoffenbart.

Vers 6 Man erkennt, dass die Kolosser einen Hang zu Philosophie, Gesetzlichkeit usw. hatten. Um sie davon abzubringen, sagt der Heilige Geist: „Solche Elemente sind nicht in den Dingen, die ihr empfangen habt, aber haltet das fest, was ihr empfangen habt, und wandelt darin." Hin und her zu überlegen (reasoning) ist eine nutzlose Täuschung. *Wenn der Mensch nicht das Zeugnis des Wortes Gottes annimmt, versteht er nichts innerhalb der Verwirrung, die ihn umgibt.* Philosophen sagen: „Alles ist Gott." Da aber nun das Böse in der Welt ist, was folgt dann daraus? Ist das Böse von Gott? Gib zu, dass der Mensch gefallen ist, dann verschwinden diese Irrtümer.

Lies anstatt „gemäß der Tradition (tradition) der Menschen", „gemäß der Lehren (teaching)", dieses Wort bedeutet „Weitergabe an einen Anderen." Die Juden übernahmen nicht wenig von den Elementen der Philosophie, sie übernahmen die Form und statteten sie mit jüdischen Elementen aus.

„Die Überreste der Welt." Weiter geht Philosophie nicht, sie könnte uns eh nichts geben, und wo die Wahrheit Gottes in Frage steht, schon gar nichts. Alles, was wir von dort hinzugefügt finden, führt letztlich zur Zerstörung. Gnostische Erfindungen weisen die Gottheit Jesu zurück, ebenso das Geheimnis der Fleischwerdung, noch spätere Erfindungen lassen weitere Wahrheiten verschwinden. Deshalb verneint die Masse das perfekte Opfer des Kreuzes - und das Anrufen von Heiligen, damit sie eingreifen, erkennt das Priestertum Christi nicht an. Deshalb sollte der Christ nichts außerhalb von Christus suchen. Wir sind in Ihm, in dem alle Fülle lebt, was können wir noch mehr wollen? Wir sind in Ihm komplett und perfekt.

Vers 9 „Denn in Ihm wohnt die ganze Fülle der Gottheit leibhaftig." In diesem Vers, wie in Kap. 1,19 bereits erwähnt, sehen wir, dass alle Fülle in Jesus wohnt. Dort sieht man, dass diese Fülle die Ratschläge Gottes respektiert, den Guten Willen Gottes, hier ist eher vom erfüllten Erlösungswerk die Rede.

Vers 10 „Ihr seid komplett in Ihm." Merke: weit davon entfernt, jemanden zwischen uns und Christus zu haben, sind wir in Ihm, der das Haupt aller Fürstentümer und Gewalten ist. Diese Position verlieren wir, wenn wir zum Beispiel einem Engel erlauben, zwischen uns und Christus zu kommen, auch wenn ein Engel uns bei Weitem überlegen ist. Es gibt keinen Mittler zwischen uns und Christus. Zwischen uns und Gott ist genau dieser Mittler Christus selbst.

Vers 11 Paulus zeigt, dass wir in Christus die Wirklichkeit all der Dinge haben, auf die uns die Vorschriften hinweisen. Da wir in Christus sind, haben wir Leben, und dieses Leben bringt Tod im Fleisch hervor, die wahre Beschneidung.[91] Leben

---

[91] Diese Wahrheit entscheidet die Frage, die zwischen Mönchen und Irvingiten diskutiert wird. Sie

durch den Tod zu suchen, würde bedeuten, dass wir uns den Tod außerhalb Christi wünschen. Es wird uns nirgendwo befohlen, der Sünde abzusterben, sondern da steht, dass wir der Sünde tot *sind*. Es ist wahr, dass man in der Praxis das Leben in dem Maß wahrnimmt, wie man tot ist.

In Christus bedeutet Beschneidung, den Leib (der Sünden) des Fleisches abzulegen. Mit einem Aufleuchten (gleam) des Glaubens, ist man völlig von der Sünde als Ganzer befreit. Dieser Text bezieht sich nicht auf das praktische Leben. Sie zeigt einen moralischen Zustand, der tatsächlich eintritt, wenn wir Christus durch den Glauben empfangen. Merke: hier steht nicht „die Sünden des Leibes", sondern „der Leib der Sünden" - Sünde wird hier als Hauptwesenszug des Leibes betrachtet. Die Beschneidung Christi besteht in der Tatsache, dass wir der Sünde gegenüber als tot erklärt sind.

Vers 12 Um das Thema noch voller zu entfalten, fügt Paulus hinzu: „Mit Ihm in der Taufe begraben, worin ihr auch mit Ihm auferstanden seid," V.12,13. Man kann den Menschen auf zwei Arten sehen: als lebend in der Welt, oder und als tot in seinen Sünden. Paulus sieht in Rö 6 den Christen aus der Ersten dieser zwei Perspektiven. „Sollen wir in Sünde weitermachen?" und in Eph 2 sieht er ihn aus der Zweiten: „Ihr wart tot." Und hier finden wir die Gnade, die diesen beiden Perspektiven entspricht: „Ihr wandeltet gemäß dem Lauf dieser Welt; jetzt seid ihr mit Christus begraben... Ihr wart tot in euren Sünden, Gott hat euch lebendig gemacht."

Vers 13 Dieser Vers stellt ein Detail vor, das, glaube ich, in Epheser nicht festgehalten war, nämlich dass Gott, *indem* Er uns erhöht, uns unsere Vergehen vergibt. Mit einer einzigen Handlung tut er Beides. Die Kenntnis unserer Sünden hindert ihn nicht daran, uns zu erhöhen. In diesem Fall bringt die Erhöhung von sich selbst die Vergebung unserer Sünden. Wenn, beispielsweise, mein Kind bestraft wird, und ich komme und nehme es auf einen Spaziergang mit, ist es klar, dass ihm vergeben ist. Man sieht im Licht solcher Gnade, wie der Mensch Freiheit durch Christus hat.

---

wollen durch Tod Leben erhalten, anstatt zu erkennen, dass wir tot sind durch die Tatsache, dass wir Leben empfangen haben.

Verse 13-15 Jesu Tod entspricht auf verschiedene Arten den Zuständen und Nöten des sündigen Menschen. Einmal den Übertretungen – Gott hat sie vergeben (V. 13); Vorschriften – Er hat sie ausgelöscht (V.14); Fürstentümer und Gewalten – Er hat über sie triumphiert. Wie wertvoll das Kreuz dadurch wird! Dieses Geschenk hoch zu schätzen, steht allen Heiligen als Einzelnen zu, nicht der Kirche als Leib. Dieser Leib hat seine Existenz allein in Christus. Die Kirche war nie unter der Gewalt des Todes, noch unter Gericht, sie musste nie gerechtfertigt werden, das alles ist individuell. Wo von der Kirche die Rede ist, ist kein Raum für derlei Fragen.

Sehen wir denn aber in Eph 5,25 nicht, dass Christus Sich selbst für die Kirche dahingegeben hat? Ja, bevor Christus die Kirche für sich selbst gebildet hatte, kaufte Er sie für einen Preis. An dieser Stelle ist der Hauptgedanke nicht Rechtfertigung, sondern die Liebe, die Christus hatte, als Er Sich selbst für die Kirche dahingab. Rechtfertigung, das ist sozusagen die Gnade, die es dem Sünder ermöglicht, vor Gott zu stehen, wird in dem Brief an die Epheser nicht hervorgehoben. Dieser Brief spricht von der Kirche als an himmlischen Örtern, mit Christus vereinigt, und Erbin Seiner Herrlichkeit, gemäß den Ratschlüssen Gottes. Er zeigt auch die Liebe und Fürsorge Jesu für Seine Kirche.

Entsprechend dieser Liebe gab Jesus Sich selbst für sie, erkaufte sie durch Seinen Tod. Und jetzt, wo sie die Seine ist, reinigt Er sie durch das Wort, bevor Er sie Sich selbst verherrlicht darstellt. In diesem letzten Fall ist die Kirche der Gegenstand seiner Pflege, ähnlich wie der, die Esther empfing, bevor sie dem König Ahasveros vorgestellt wurde. Aber das alles ist nicht Rechtfertigung.

Vers 14 Die Handschrift sollte „die Verpflichtung" lauten, die Verpflichtung, die in Vorschriften bestand. Eine Vorschrift ist alles, was jemandem im Fleisch gegeben wird, damit er es erfüllt. Petrus nennt es ein Joch, das weder wir noch unsere Väter ertragen konnten. Die Zehn Gebote sind in der Form einer Vorschrift gegeben, aber sie weisen auf etwas Größeres hin. Sie zielen auf das Verhalten eines Geschöpfes hin, das Liebe kennt und sind daher der Ausdruck eines großartigen moralischen Prinzips, dem sogar Engel gehorchen.

Ist das Brotbrechen eine Vorschrift? Nicht in dem Sinne, in dem wir eine Vorschrift verstehen; es ist ein Privileg, das uns gewährt wird, damit wir uns an Jesus erinnern. Das Fest der Ungesäuerten Brote war demgegenüber eine Vorschrift, der man unter dem Schmerz des Abgeschnittenseins gehorchen musste. Das Brotbrechen ist auch kein Sakrament. Ein Sakrament war ursprünglich ein Treueschwur, den die römischen Soldaten ihrer Flagge gaben. Die Kirchenväter nannten viele Dinge so: Brotbrechen, Taufe und Eheschließung waren alles Sakramente für sie.

In einer Zeit der Verfolgung war das Brotbrechen insofern gut, um die Treue Christi zu bekennen, gleichzeitig geschah es aber, um zu bekennen, dass die Treue nicht mehr war als Brotbrechen.

Dieser Ausdruck „ein Sakrament" wurde so kirchlich, dass er das Denken in eine falsche Richtung bringt. *Brotbrechen und Taufe sind nicht mehr Sakramente als Sterbekommunion (viaticum) und Eheschließung. Es ist gut, von diesem Aberglauben wegzukommen.*

Christus hat uns zwei Zeichen hinterlassen: eins Seines Todes und Seiner Auferstehung, die Taufe, und das andere als Gedächtnis Seines Todes, *das Brotbrechen. Es ist traurig, dass es Vorschrift genannt wird, wenn mehr damit gemeint ist als die Einsetzung durch den Herren. Als Jesus sagte: „Tut dies zu Meinem Gedächtnis", meinte Er sicherlich, dass es getan werden sollte; aber durch diese Worte gab Er lediglich ein Motiv, aber Er richtete keine Vorschrift ein.*

Brotbrechen und Taufe waren Dinge, die auch von den Juden praktiziert wurden. Sie brachen Brot mit den Trauernden (Jer 16,7), sie hatten Becken für ihre Taufen. Der Herr übernahm den ersten dieser zwei Bräuche (customs) für das Brotbrechen, den zweiten für das Bad der Wiedergeburt. „Er nahm Brot und segnete es" (Lk 24,30) bedeutet, Er dankte Gott, *und nicht mehr.*

Vers 15 Nachdem Er Mächte und Gewalten besiegt hatte, stellte er sie öffentlich zur Schau. Jesus hat ja den Feind öffentlich gemacht, historisch gesprochen ist es der Feind, der die Dinge so geführt hat.

Vers 16 Drei Ergebnisse finden sich aus Vers 12: „Darum lasst euch von Niemandem beurteilen," usw. (V. 16-19), „Deshalb, wenn ihr mit Christus gestorben seid," usw. (V.20-23) und „Wenn ihr nun mit Christus auferweckt seid," usw. (Kap. 3,1-4). „Wegen des Sabbats" - alle Tage, die zum Ruhetag erklärt wurden, wurden Sabbate genannt.

Vers 18 „Lasst euch von Niemandem um euren Kampfpreis bringen." Die Idee hinter diesen Worten ist, dass man nach dem Lauf um seine Krone gebracht wird. „In einer freiwilligen Erniedrigung und Verehrung von Engeln, indem er in Dinge eindringt, die er nicht gesehen hat." Aber der Feind ist zufrieden, auf diese Weise gelingt es ihm nämlich, euch auf einen Umweg zu zwingen, und eure Gedanken von dem eigentlichen Gegenstand eures Glaubens abzubringen. Sobald Menschen die Gewohnheit der freiwilligen Selbsterniedrigung annehmen, „halten sie" nicht „am Haupt fest." Wie kann es sein, dass Einer, der das Recht hat, eins mit Christus zu sein, so ein Privileg auf andere Gegenstände richtet?

Vers 19 Der Herr hat, weit davon entfernt, eine Rangordnung von Dingen aufzustellen, die zwischen Ihn und uns kämen, den Dienst getan, der darauf abzielt, die Glieder dem Leib hinzu zu fügen und die Glieder des Leibes mit dem Haupt vereinigt zu halten. Dieser Vers zeigt uns die direkte Einheit jedes Gliedes mit dem Haupt.

Vers 20 Warum unterwerft ihr euch Satzungen, als ob ihr noch in der Welt *lebtet*? Es geht nicht nur einfach um die Tatsache des In-der-Welt-*Seins*, das diese Worte mit sich bringt, sondern darum, in ihr und von ihr *gelebt* zu haben, außerhalb Christi. Diese Art von Leben ist es, in der Satzungen angewendet werden. Es ist auffallend, dass genau die Dinge, in denen Christsein dem Menschen Raum gibt, Taufe und Brotbrechen, und aus denen das Fleisch dann Satzungen macht, den Menschen für tot erklären.

Kapitel 3,1-4 Durch Teilnahme an der Auferstehung Christi erkennt der Mensch sich als himmlische Person. Jesus, der sein Leben und seine Freude ist, ist verborgen im Himmel, und so kann der Christ nur himmlische Gedanken und Gefühle haben.

Vers 4 „Wenn Christus, der unser Leben ist, erscheinen wird, dann werdet auch ihr mit Ihm in Herrlichkeit erscheinen." Wir haben Leben, wir sind schon erhöht, aber von diesem Leben ist noch mehr zu erwarten – Gott wünscht, dass wir in Herrlichkeit erstrahlen. Das Versprechen ist gegeben, und wenn Christus erscheinen wird, dann werden auch wir mit Ihm erscheinen.

Vers 5 Wenn es Dinge gibt, die wir nicht suchen sollen, dann gibt es auch andere, die wir bekämpfen sollen.

Vers 6 Einige sagen, Unglaube ist die einzige Sünde, auf die das Gericht Gottes fallen wird, aber wir sehen durch diesen und die vorangehenden Verse, dass Gottes Gericht noch wegen anderer Sünden als Unglaube auf die Widerspenstigen fallen wird.

Vers 10 Der Neue Mensch wird in der Erkenntnis erneuert, oder, in anderen Worten, neu gemacht zur Erkenntnis. Er ist der Christ, der in seiner Neuen Natur durch das Neue Leben gesehen wird. „Nach dem Bild Dessen, der ihn geschaffen hat." Die Erneuerung, die Gott in uns vollendet, ist nicht nach dem Muster des Ersten Adam, sondern eine Erneuerung gemäß Christus. Dieser Vers zeigt zwei Vorrechte des Christen auf, die göttliche Natur in ihm, dem Neuen Menschen, und einen Gegenstand außerhalb seiner selbst, Christus, den Gegenstand seines Glaubens und seiner Gedanken.

Vers 11 In der Erwartung der Herrlichkeit, wenn Gott alles in allen sein wird, lebt Christus bereits in Seinen Heiligen. Er hat in ihnen den Neuen Menschen gebildet, in dem auch Er alles und in allen ist. Der Alte Mensch mag Vorschriften und Philosophie haben, aber für den Neuen Menschen ist Christus alles.

Vers 15 Lies: „Lasst den Frieden Christi."

Vers 16 „Lasset das Wort Christi reichlich in euch wohnen." Durch die Wirkung des Wortes soll eine Entfaltung des Christus, an den ihr glaubt, stattfinden, und es sollte perfekt sein.

Kapitel 4,5 „Wandelt in Weisheit: kauft die Zeit aus."

Vers 16 Lies: „Der aus Laodizäa," der Brief der aus Laodizäa zu euch kommen wird.

Bemerkungen:

Der Vergleich zwischen den Briefen an die Epheser und Kolosser führt zu den nun folgenden Bemerkungen. Beide Briefe handeln von der Kirche Christi, mit Christus vereinigt als Sein Leib. Aber der Brief an die Kolosser zielt eher dahin, die Makellosigkeit des Hauptes zu entfalten, als die Vorrechte des Leibes zu zeigen, beim Epheserbrief ist es umgekehrt. Da die Epheser im Glauben fest gegründet waren und an der Wahrheit ihrer Einheit mit Christus festhielten, konnte der Heilige Geist vor ihnen die großen Vorrechte, die sich aus dieser Einheit ergaben, entfalten.

Für die Kolosser war es demgegenüber nötig, dass man sie im Glauben fester gründete und ihnen Christus, das Haupt der Kirche, in Seiner Fülle zeigte. So sind die beiden Themen vollständig und zeigen uns sofort sowohl die Makellosigkeit des Hauptes als auch die Vorrechte des Leibes.

Im Brief an die Epheser ist die Kirche in gutem Zustand, und wird als erhöht in ihrer Stellung zu Christus angesehen und betrachtet von oben, was Gott tut und tun wird. Im Kolosser zeigt Paulus eher, was in der Höhe ist, lenkt den Blick des Christen aufwärts, zeigt ihm die Makellosigkeit Christi und die Hoffnung, die für ihn im Himmel aufgehoben ist.

Diese Stellung des Christen, der die himmlische Herrlichkeit erwartet, ähnelt ein wenig dem, was er ihm für den Wettlauf mitgegeben hat, indem er ihn für das Erreichen des Ziels anfeuert. In dieser Hinsicht ähnelt das Thema von Kolosser dem von Philipper. Diese beiden Aspekte der Position des Christen erklären auch einen anderen Unterschied, den man zwischen Epheser und Kolosser bemerkt. In dem einen sagt Paulus, dass Christus erscheinen wird, in dem anderen spricht er nicht von Seiner Wiederkehr. Die Epheser werden als bereits in der Höhe seiend gesehen. Es gibt noch einen anderen Brief, den an die Galater, in dem Paulus nicht vom Kommen Jesu spricht, zweifellos aus genau gegenteiligem Grund: der moralische Zustand der Galater war zu niedrig.

Viele Dinge, die in Epheser mit dem Heiligen Geist verbunden werden, sind in Kolosser mit dem Neuen Menschen verbunden. Damit wird dem Unterschied zwischen beiden trotz dem gemeinsamen Thema Rechnung getragen. Im Brief an die Epheser, in dem Paulus hauptsächlich auf den Leib schaut, erwähnt er notwendigerweise den Heiligen Geist, der im Leib ist und alle in Einem zusammenhält. Im Kolosserbrief, in dem die Individualität stärker betont ist, sieht er den Neuen Menschen durch das Individuelle charakterisiert. Damit ergeben sich wieder zwei unterschiedliche Schwerpunkte: einerseits der Heilige Geist, die Kraft Gottes, die in uns wirkt, und andererseits der Neue Mensch, dem seine göttliche Natur geoffenbart ist, die ihm entsprechende Verantwortung bringt.

4. Schlusswort

Ich bin meinem Herrn dankbar, für die Freude, die Er mir beim Verfassen dieses Buches geschenkt hat. Ich habe es nie als lästige Arbeit empfunden, die Texte John Nelson Darbys lesen und übersetzen zu dürfen, im Gegenteil.

Mit jedem übersetzten Satz durfte ich meinen Herrn und Heiland Jesus Christus noch besser kennenlernen, Gottes Heilshandeln an mir und den Seinen noch tiefer verstehen und dankbarer werden, dass ich selbst ein Kind dieses Gottes sein darf. In John Nelson Darby hat Gott uns ein wunderbares Werkzeug geschenkt, um die Liebe Gottes in Jesus Christus noch besser zu erkennen, aber andererseits auch unsere Aufmerksamkeit gegenüber Irrtümern und fragwürdigen Gepflogenheiten zu schärfen, die auch in den Reihen der Seinen Fuß fassen und sich einschleichen konnten. All dies hat sich selbst in diesem kleinen Bruchteil des Gesamtwerkes Darbys, mit dem sich dieses Buch befasst, deutlich gezeigt.

Umso bedauerlicher habe ich es immer wieder empfunden, dass nur so wenige von Darbys Schriften ins Deutsche übersetzt worden sind. Leider muss aber auch der Darby – Experte Crutchfield für den gesamten englischsprachigen Raum feststellen: „His works are little known and seldom read" (Seine Arbeiten sind wenig bekannt und werden selten gelesen).

Grundlage jeder Kenntnis und Erkenntnis über das Wesen, Denken und Handeln Gottes ist und bleibt, und das möchte ich bei aller Dankbarkeit für Darbys Werk doch noch einmal betonen, die Bibel, das Wort Gottes selbst.

Literatur

In wissenschaftlichen Büchern ist es üblich, jedwede Quelle (Bücher, Internettexte usw.), die der Verfasser als Quelle seiner Arbeit herangezogen hat, an dieser Stelle in alphabetischer Reihenfolge, präzise mit Angabe des Verfassers, des Herausgebers, des Erscheinungsortes, des Erscheinungsjahres, der Auflage usw. anzugeben.

Das ist guter wissenschaftlicher Brauch und hilft der weiteren Erforschung eines Themenbereiches.

Da dieses Buch zwar nach wissenschaftlichen Kriterien erstellt wurde, sich aber eher nicht an die Fachwelt, sondern an den interessierten Laien richtet, verzichte ich an dieser Stelle bewusst auf die ansonsten übliche Art des Literaturverzeichnisses. Stattdessen erinnere ich hier an zwei wissenschaftliche Arbeiten zu Darby, die ich bereits in der Einleitung vorgestellt habe, nämlich die beiden Doktorarbeiten von Erich Geldbach von 1971 („Christliche Versammlung und Heilsgeschichte bei John Nelson Darby") und and die von Berthold Schwarz von 2008 („Leben im Sieg Christi. Die Bedeutung von Gesetz und Gnade für das Leben des Christen bei John Nelson Darby").

Beide Werke haben am Schluss sehr ausführliche wissenschaftliche Quellenangaben, insbesondere die Arbeit von Berthold Schwarz, in der sich die Literaturangaben über 70 (!) Seiten erstrecken. Dort sollte jeder Darby-Interessierte fündig werden. Dieses Buch kann ich auch guten Gewissens zur Anschaffung empfehlen, da es trotz seiner hervorragenden wissenschaftlichen Qualität in leicht zu verstehender Sprache geschrieben ist.

Genauere Informationen über die CW habe ich bereits in 2.1 angegeben. Dieser Arbeit liegen, wie bereits erwähnt, insbesondere Texte aus den CW 16,27,31 und 34 zugrunde.

Wer selbst Texte aus den CW lesen oder übersetzen möchte, dem sei die Anschaffung eines (antiquarischen) englisch-deutschen Wörterbuches aus der Zeit Darbys empfohlen, insbesondere das Werk von F.W. Thieme, erschienen in Leipzig 1846, oder die etwas handlichere Ausgabe von William James. Mir liegt davon die 33. Auflage vor, erschienen in Leipzig1893. Ein modernes Wörterbuch hilft nicht immer weiter, wie ich in 2.3 verdeutlicht habe. Empfehlenswert ist in diesem Zusammenhang auch die Nutzung einer King-James-Bibel.

Ansonsten möchte ich dem Interessierten raten, die wenigen Darby-Texte, die auf Deutsch erhältlich sind, zu lesen, insbesondere, wie ich in 2.2 bereits empfohlen habe, seine „Synopsis"-Bände.